Thomas Stöckle

GRAFENECK 1940

In diesem Buch wird aus Gründen der besseren Lesbarkeit das generische Maskulinum verwendet. Weibliche und anderweitige Geschlechteridentitäten werden dabei ausdrücklich mitgemeint, soweit es für die Aussage erforderlich ist.

Thomas Stöckle

Grafeneck 1940

»Euthanasie«-Verbrechen in Südwestdeutschland

SILBERBURG

1. Auflage 2020
Vollständig überarbeitete Neuauflage,

Schweickhardtstraße 5a, D-72072 Tübingen.
(Originalausgabe mit dem Titel: »Grafeneck 1940.
Die Euthanasie-Verbrechen in Südwestdeutschland«,
ISBN 978-3-87407-507-7, 3 Auflagen,
© 2002/2006/2012)

Umschlaggestaltung: Andrea Longerich,
César Satz & Grafik GmbH, Köln.
Coverfoto: © Archiv der Stiftung Liebenau.
Vordere Umschlagseite:
Reichspost-Omnibus der Gekrat-Staffel
von Grafeneck – Liebenau Herbst 1940.
Hintere Umschlagseite: Schloss Grafeneck 1930.
Satz und Layout: Sabine Düde,
César Satz & Grafik GmbH, Köln.
Lektorat: Michael Raffel, Tübingen.
Printed in Slovenia by Florjančič tisk d.o.o.

ISBN 978-3-8425-2330-2

Inhalt

Vorwort

Thema des vorliegenden Buches sind die »Euthanasie«-Morde in Grafeneck im Jahr 1940. Der Band versteht sich als eine knappe, allgemeine und allgemeinverständliche Einführung in ein schwieriges Thema deutscher und südwestdeutscher Zeitgeschichte. Bewusst bietet das Buch aus diesem Grund eine Mischung aus bekannten, weniger bekannten, aber auch neuen Fakten und Interpretationen. Die Darstellung wählt einen vielleicht unüblichen Einstieg, mit einer Episode aus dem Jahr 1942. Im Auftrag des Reichsinnenministeriums bereisen drei Herren aus Berlin die württembergischen und badischen Heil- und Pflegeanstalten und fertigen hierüber zwei detaillierte Berichte an. Wohlverstanden – tausende von Menschen waren bereits in Grafeneck ermordet und eine Vielzahl der Anstalten aufgelöst und der Wehrmacht oder anderen Staats- oder Parteiorganen übergeben worden. Es beginnt also mit einem Geschehen, das nach dem Morden des Jahres 1940 liegt. Interessant ist hierbei nicht nur, was die Kommission über Grafeneck vermerkt, sondern vielmehr, was gerade keine Erwähnung findet.

Dies leitet über zur historischen Bedeutung Grafenecks, seinem Stellenwert und seiner Einbettung in eine Geschichte Deutschlands im Nationalsozialismus, mit all den landes- und regionalgeschichtlichen, stadt- und kommunal- sowie nicht zuletzt familiengeschichtlichen Anknüpfungspunkten.

Das zweite Kapitel macht das Geschehen auf Reichsebene deutlich, beleuchtet aber auch die zentrale Rolle der badischen und vor allem auch der württembergischen Innenverwaltung, ohne die die konkreten Vorgänge um und in Grafeneck unverständlich blieben. Das dritte und umfangreichste Kapitel ist Grafeneck als Tötungs- und Vernichtungsanstalt vorbehalten, also den Jahren 1939 bis 1941 und vor allem dem Jahr 1940.

Schwerpunkte der Darstellung sind hier der Aufbau der Vernichtungsstätte, die Deportationen und Morde des Jahres 1940, die Opfer, aber auch die Täter von Grafeneck. Der historische Teil der Darstellung schließt mit der Beendigung des Mordgeschehens im Dezember 1940. Die Vielfalt der Reaktionen auf die »Euthanasie« kann nur angedeutet werden. Deutlicher als bisher wird auf die Zusammengehörigkeit und Komplementarität der verschiedenen Stränge und Strategien nationalsozialistischer Vernichtungspolitik hingewiesen. Die Täter der Krankenmorde finden sich ab 1941/42 wieder in den Vernichtungslagern des Ostens. Dies gilt für jeden fünften des Grafenecker Personals von 1940; so mancher durchlief eine steile Karriere: Lagerarzt in Auschwitz-Birkenau, Kommandant von Treblinka oder Belzec, stellvertretender Kommandant von Sobibor bis hin zum *Generalinspekteur der Aktion Reinhardt* und damit zur gesamten Zuständigkeit für die Vernichtungslager Belzec, Sobibor und Treblinka. Deutlich wird in dieser Perspektive die historische Verbindung und Interdependenz von *Krankenmord* und *Judenmord* im Nationalsozialismus. Das Buch schließt mit Ausführungen zur Entstehung der Gedenkstätte und des Dokumentationszentrums in Grafeneck sowie zur Erinnerungskultur der letzten beiden Jahrzehnte. Eine *Geschichte der Erinnerung* an die Verbrechen und die Opfer wäre ein neues, noch zu schreibendes Buch.

Der Autor, Historiker an der Gedenkstätte Grafeneck, fühlt sich den Darstellungen von Ernst Klee, Götz Aly, Hans Walter Schmuhl und Henry Friedlander verpflichtet, die einen nicht mehr zu hinterschreitenden Wissensstand – auch über Grafeneck – geschaffen haben. Er knüpft ebenfalls an Karl Morlok an, der 1985 den bisher einzigen Versuch unternommen hat, das Thema in seinem Büchlein *»Wohin bringt ihr uns?« Geheime Reichssache Grafeneck* monographisch zu bearbeiten. Der heutige Kenntnisstand verdankt sich aber auch, und dies darf hierüber nicht in Vergessenheit geraten, einer großen

Zahl von Lokalstudien über einzelne der nahezu 50 Heil- und Pflegeanstalten, aus denen die Opfer nach Grafeneck kamen. In vielen dieser Einrichtungen begann die historische Spurensuche ebenfalls erst in den 1980er und 1990er Jahren, in manchen steht sie noch bis heute aus. Das Motiv, den Opfern historische Gerechtigkeit widerfahren zu lassen, spielt ganz generell bei der Beschäftigung mit der Thematik eine wichtige Rolle: Die Opfer wurden von den Tätern als *lebensunwertes Leben* charakterisiert, ihre Ermordung als *Gnadentod* bezeichnet. Die Tat stand am Ende eines langen, mindestens ein halbes Jahrhundert zurückgehenden Prozesses. Voraus gingen Ausgrenzung, Entwürdigung und schließlich die Aberkennung jeglichen Rechts auf Leben. Die Suche nach den Namen der Opfern setzte erst nach dem Bau der Gedenkstätte in Grafeneck 1990 ein – ein bis heute sowohl konkreter wie symbolischer Akt: Steht doch jeder einzelne Name für ein ganz individuelles Lebensschicksal.

Die Bezeichnung *Krankenmord* hat sich in den letzten Jahren zunehmend im wissenschaftlichen wie im öffentlichen Sprachgebrauch verbreitet. Auch in der vorliegenden Darstellung wird der Begriff benutzt, jedoch mit einer gewissen Skepsis und mit einem gewissen Unbehagen. Denn letztendlich liegt dieser Begriffsbildung ein unreflektierter Krankheitsbegriff beziehungsweise dessen unreflektierte Benutzung zugrunde. Zu den in Grafeneck ermordeten Menschen gehörten mit Sicherheit in der überwiegenden Mehrzahl Personen mit psychischen Erkrankungen oder geistigen Behinderungen, daneben aber auch Männer und Frauen, die auf gerichtliche Anordnung in Heil- und Pflegeanstalten eingewiesen worden waren, die als politisch unliebsam oder sozial unangepasst galten oder auf Betreiben der Familie entmündigt worden waren. Mit anderen Worten: Der Krankheitsbegriff ist zweifelsohne nicht auf alle Opfer der »Euthanasie«-Morde anwendbar.

Das Thema ist historisch zu nennen, doch wer das Buch zur Hand nimmt, sieht eine Vielzahl aktueller Einlassungen. Das Denken, das zu den Verbrechen des Nationalsozialismus führte, war nicht mit dem Jahr 1933 in die Welt getreten. Ebenso wenig endete es 1945 – auch war und ist es nicht auf Deutschland begrenzt. Jedoch nur hier führten politischer Radikalismus und Extremismus gepaart mit nüchternem sachlichen und technokratischen Sachverstand nach 1933 in einen beispiellosen historischen Abgrund.

Deutlich wird der Wert der Demokratie und die Idee individueller Menschenrechte. Erst deren Beseitigung ermöglichte den Weg zur Tat und zum Verbrechen – von staatlicher Seite angeordnet und mit der Hilfe staatlicher Organe vollstreckt. Nicht die geringste Lehre, die man aus *dieser* Geschichte ziehen kann, ist es, eine demokratische Grundordnung zu bewahren und zu verteidigen. Jedoch ist auch diese, wie wir heute immer wieder sehen, brüchig und fragmentarisch. Die Fragen, auf die auch die Demokratie wie jedwede Regierungs- und Gesellschaftsform eine Antwort finden muss, sind überzeitlich und nicht an eine bestimmte Epoche gebunden. Wie regelt sie den Umgang mit Minderheiten jenseits der Mehrheitsgesellschaft? Wie steht es um Integration und Inklusion von Menschen mit Behinderungen, Einschränkungen und Erkrankungen, von Älteren oder Menschen mit Migrationshintergrund und -erleben? In welchem Umfang ist die Gesellschaft bereit, Aufmerksamkeit und materielle Ressourcen bereitzustellen und einzusetzen? Deutlich wird, dass es hierbei nicht um den Umgang mit den *Anderen*, sondern um ein *Miteinander* geht. Auch dies kann man, nicht zuletzt aus der Beschäftigung mit der Vergangenheit, lernen.

Zu großem Dank ist der Autor allen verpflichtet, die den Band von seiner Entstehung bis zu seiner Verwirklichung angestoßen, ermöglicht oder helfend begleitet haben. An erster

Stelle ist hier der Verein Gedenkstätte Grafeneck e. V. mit seinem Vorstand zu nennen.

Nicht nur räumlich, sondern auch institutionell eng verflochten ist die Gedenkstätte und ihre Arbeit – auch dies soll nicht vergessen werden – mit dem Samariterstift Grafeneck und dessen Träger, der Samariterstiftung Nürtingen. Ohne deren Unterstützung wäre Gedenkstättenarbeit in Grafeneck in all ihren wissenschaftlichen und pädagogischen Facetten unmöglich. Dem Verein selbst gehören heute mehrere hundert Personen, aber auch Gemeinden, Landkreise, staatliche, kirchliche und private Einrichtungen und andere Institutionen an. In einer losen Form existierte ein Arbeitskreis Gedenkstätte Grafeneck bereits seit Ende der 1970er Jahre, genau gesagt seit 1979. Er ergriff in den Jahren die Initiative, wo es darum ging, die Erinnerung an die »Euthanasie«-Morde wach zu halten bzw. sich ihrer überhaupt erst wieder zu stellen. Diese Bemühungen führten schließlich zum Bau der Gedenkstätte in Grafeneck, die an die Opfer der »Euthanasie« im deutschen Südwesten erinnert. Die Beschäftigung des Autors mit diesem Thema geht ebenfalls auf einen Anstoß des Arbeitskreises – seit 1994 nunmehr ein eingetragener Verein – zurück.

Ein Dank gilt nicht zuletzt der Gedenkstättenförderung des Bundes und des Landes Baden-Württemberg sowie der Landeszentrale für politische Bildung Baden-Württemberg, ohne deren materielle und ideelle Hilfe das Ersterscheinen dieses Buchs nicht möglich gewesen wäre. Ein letzter Dank gilt dem Silberburg-Verlag und seinen Mitarbeiterinnen und Mitarbeitern, die die hier vorliegende überarbeitete und erweiterte Auflage umsichtig betreut und realisiert haben.

Die Planungsfahrt Württemberg 1942

Zwischen dem 21. Oktober und dem 12. November 1942 bereiste eine dreiköpfige, dem Reichsinnenministerium in Berlin unterstehende Kommission die württembergischen Anstalten der Psychiatrie und der Behindertenhilfe. Die Kommission, die aus Dr. med. Becker, einem Oberinspektor Trieb und einem Fotografen namens Wagner bestand, legte ihre Eindrücke in einem 22-seitigen abschließenden Dossier mit dem Titel *Bericht über die Planungsfahrt Württemberg*[1] nieder.

Die Fahrt erfolgte in enger Absprache und in Abstimmung mit dem Württembergischen Innenministerium in Stuttgart, insbesondere mit dessen Geschäftsteil X, der Medizinalabteilung, die von Ministerialrat Dr. Stähle und seinem Stellvertreter, dem *Hauptberichterstatter für das Irrenwesen,* Obermedizinalrat Dr. Mauthe, geleitet wurde. Am ersten Tag besuchten die drei Herren aus Berlin, deren Erscheinen bereits 1941, ein Jahr zuvor, angekündigt worden war, das Stuttgarter Innenministerium:

Am 21.10.1942 fand die Vorbesprechung in Stuttgart (Innenministerium) mit Herrn Obermedizinalrat Dr. Mauthe statt. Von ihm wurde uns freundlicher Weise jede Unterstützung zuteil.[2]

Warum ein solch immenser Aufwand in einer Zeit, als das allgemeine Kriegsgeschehen für das nationalsozialistische Deutschland eine bereits besorgniserregende Wendung genommen hatte und ernste Rückschläge zu verzeichnen waren?

Im Oktober 1942 hatten die britische Gegenoffensive in Nordafrika und der deutsch-italienische Rückzug begonnen, im November wurde die 6. Deutsche Armee bei Stalingrad eingekesselt.

In dieser Situation bereisten Ärztekommissionen das Reich. Allein in Württemberg wurden hierbei, wie aus dem Bericht mit dem Abschlussdatum 25. November 1942 hervorgeht, über 20 Anstalten – darunter auch das frühere Samariterstift Grafeneck – angefahren, akribisch beschrieben, fotografiert und kategorisiert.

Grafeneck als Einrichtung nimmt in diesem Bericht keine prominente Stellung ein. Nur wenige Zeilen werden diesem Ort gewidmet. Unter der Überschrift *Völlig anderen Zwecken wurden von Württemberg [...] folgende Anstalten zugeführt* heißt es hier:

2) Grafeneck. War Anstalt für Körperbehinderte mit geringer Zahl Schwachsinniger. Seit 1941 HJ. zur Verfügung gestellt.[3]

Deutlich geht aus dem Bericht hervor, dass diejenigen Anstalten im Lande, die *anderen Zwecken [...] zugeführt (wurden)*, nun nicht mehr länger der psychiatrischen Versorgung sowie der Fürsorge für geistig behinderte Menschen zur Verfügung standen.

Der Bericht verschweigt jedoch mit voller Absicht, wofür Grafeneck während des Jahres 1940 missbraucht wurde. Betrachtet man den Abschlussbericht aber genauer, so wird schnell die dahinterstehende Absicht klar: Zum einen war er eine Art Zwischenbilanz, zum anderen eine Planungsgrundlage für die Nachkriegszeit. Ziel der Planungen war es, das Anstaltswesen im Sinne des nationalsozialistischen Staates neu zu organisieren. Zu diesem Zweck wurde durch die Arbeit der Kommission eine statistische Datenbasis geschaffen und Vorschläge für eine Anstaltsplanung in Württemberg nach dem Krieg gemacht.

Hiermit zogen die Planer nicht zuletzt die Konsequenzen aus einer tiefgreifenden und radikalen Umgestaltung der südwestdeutschen, württembergischen und badischen Anstaltslandschaft durch eines der größten Verbrechen, die das nationalsozialistische Deutschland hervorgebracht und ermöglicht hatte: Über 70.000 Menschen mit geistigen Behinderungen und psychischen Erkrankungen wurden in den Jahren 1940 und 1941 in einer ersten Mordphase, genannt *Aktion T4*, ermordet.

Die zentrale Tötungsstätte für Südwestdeutschland war – genau das verschweigt der oben genannte Bericht über die *Planungsfahrt Württemberg* – das 65 Kilometer südlich von Stuttgart auf der Schwäbischen Alb gelegene Schloss Grafeneck.

Grafeneck 1940

Schloss Grafeneck 1930

Nirgendwo sonst in Baden-Württemberg lassen sich die Verbrechen des NS-Staates räumlich und zeitlich so verorten wie in Grafeneck 1940.[4] Schon kurz nach dem Zweiten Weltkrieg war die historische Tragweite offenkundig. Die Medien, wie zum Beispiel die Zeitungen und der neu entstandene Rundfunk, berichteten, die Staatsanwaltschaften strengten Ermittlungen an, Gerichte sprachen 1948 und 1949 in Freiburg und Tübingen ihre Urteile über eine kleine Zahl von Tätern: Grafeneck war 1940 zu einer *Menschenvernichtungsanstalt* geworden.[5] 10.654 Menschen wurden dort 1940 ermordet. Über 500 weitere Patientinnen und Patienten aus Baden und Württemberg fielen der NS-»Euthanasie« im Folgejahr 1941 zum Opfer und wurden im hessischen Hadamar bei Limburg an der Lahn ermordet.[6] Die historische Forschung, die in den 1980er Jahren einsetzte, hat hierzu bis heute weitestgehende Klarheit geschaffen. In Untersuchungshaft und später angeklagt waren in beiden »Euthanasie«-Verfahren, die 1948 und 1949 in Freiburg und Tübingen stattfanden – getrennt für Baden und Württemberg –, leitende Ministerialbeamte des badischen und württembergischen Innenministeriums. Im Tübinger Grafeneck-Prozess lautete die Anklage auf *Beihilfe zum Mord und Verbrechen gegen die Menschlichkeit*.

Der zentralen »Euthanasie«, der sogenannten *Aktion T4* in den Jahren 1940/41, folgte die dezentrale, die bis Kriegsende 1945 andauern sollte. Hierbei wurden weitere tausende von Menschen direkt in den Kliniken und Heimen Südwestdeutschlands zu Tode gebracht: durch gezieltes Ermorden, durch Medikamente und Nahrungsentzug. Bis heute sind diese Vorgänge nur in Ansätzen erforscht, vieles, so lässt sich vermuten, wird auch nicht mehr zu klären sein. Diese nüchterne Bilanz, die weder angemessen das Leid der Opfer noch der Überlebenden oder auch deren Angehöriger thematisiert, wird aber erst komplettiert durch die historische Erkenntnis, dass bei Kriegsende in Baden und Württemberg weit über 20.000 Frauen und Männer zwangsweise und oft gewaltsam sterilisiert worden waren.[7] Während die »Euthanasie«-Morde von Grafeneck außerhalb gesetzlicher Regelungen stattfanden und deshalb von Seiten des Staates und der beauftragten Organe der Versuch der Geheimhaltung gemacht wurde, waren die Zwangssterilisationen gesetzlich geregelt. Eine angemessene Entschädigung – auch nicht in Form einer Anerkennung als Opfer von NS-Unrecht – sowie eine angemessene Form der Erinnerung wurden schlicht verweigert. Beide Opfergruppen gehören zu den vergessenen Opfern der NS-Zeit.[8]

Politische Biologie in Deutschland[9]

Blickt man zurück, wird in der Retrospektive deutlich, dass sowohl die Verbrechen der nationalsozialistischen Zwangssterilisation als auch die NS-»Euthanasie«, insbesondere der im Januar 1940 einsetzende Mord an Anstaltspatienten und Anstaltsbewohnern, eine lange, bis ins 19. Jahrhundert zurückreichende Vorgeschichte besitzt.[10] Beide Verbrechenskomplexe sind jedoch ohne die Entstehung der NS-Diktatur und – was die »Euthanasie«-Verbrechen angeht – ohne den 1939 beginnenden Krieg nicht denkbar. Der deutsche Staat seit 1933, folgt man einem neueren Forschungsparadigma, kann in dieser Hinsicht als eine biopolitische Diktatur interpretiert werden. Diese hatte zum Ziel, so die klassische Formulierung des Bielefelder Historikers Hans-Walter Schmuhl, *die Kontrolle über Geburt und Tod, Sexualität und Fortpflanzung, Körper und Keimbahn, Variabilität und Evolution an sich zu bringen.*[11]

Dreh- und Angelpunkt dieser biopolitischen Diktatur war aber gerade nicht der Staat, sondern das Volk, der *Volkskörper* oder die *Volksgemeinschaft*, die als biologisch-organische Wesen im wahrsten Wortsinn höherer Ordnung verstanden wurden. Die zwei Säulen der biopolitischen Diktatur waren hierbei die Erbgesundheits- und die Rassenpolitik. Sie bildeten eigene Politikfelder aus, die sich wechselseitig verschränkten und verstärkten. Gleichzeitig strahlten sie auf andere Politikfelder der NS-Diktatur wie Gesundheits-, Sozial-, Wirtschafts-, Finanz- und Kulturpolitik aus und versuchten, diese konsequent zu durchdringen.

Dass diese Interpretationsmuster nicht nur eine nachträgliche Rationalisierung nationalsozialistischer Exklusions- und Vernichtungsstrategien darstellen, kann den Aussagen eines der maßgeblichen Vollstrecker der Zwangssterilisation und vor allen der NS-»Euthanasie«-Morde in Württemberg, Ministerialrat und Obermedizinalrat Dr. Eugen Stähle, Abteilungsleiter im Württembergischen Innenministerium in Stuttgart, entnommen werden. Der Arzt, so führte Stähle nach dem Krieg aus, ist nicht nur Arzt des *Einzelindividuums*, sondern *Arzt der Nation, des Gesamtvolkes, der Volksgemeinschaft.* Seine Ausführungen können als Kernsätze zum Verständnis des Nationalsozialismus als einer biopolitischen Diktatur gelesen werden: *Die Grundrechte des Einzelnen müssen vor den Grundrechten des Volkes zurückstehen. Wenn also der Einzelne das Unglück hat, erbkrank zu sein, muss er auf Fortpflanzung verzichten und kann es kein integrales Recht auf seine individuelle Fortpflanzung geben, sondern dieses Recht muss vor dem Recht der Volksgemeinschaft zurücktreten.*[12] In seiner Aussage vom Juni 1945 verteidigte Stähle sein Handeln im Nationalsozialismus nachdrücklich. Er verteidigte sowohl die Zwangssterilisationen auf Grund des *Gesetzes zur Verhütung erbkranken Nachwuchses* seit 1934 als auch die »Euthanasie«-Morde von Grafeneck 1940 und damit seine aktive Rolle als leitender Beamter und Funktionär. Hier lässt sich die Prägung von Beamten und Medizinern, Bevölkerungswissenschaftlern und Anthropologen, Statistikern und Mathematikern, Verwaltungsbeamten, Kriminologen und Polizisten erahnen. Menschenrechtsdenken, die Unversehrtheit der Person und das Recht auf Leben waren argumentativ nur sehr schwach ausgebildet und wurden sukzessive verdrängt von immer radikaleren Exklusionsmechanismen von Ausgrenzung, Verfolgung – und schließlich unter den Bedingungen des Krieges: Vernichtung.[13]

Die gesamte Zeit der zwölfjährigen Herrschaft des Nationalsozialismus durchziehen immer weiter ausgreifende und sich radikalisierende Exklusionsprozesse. Der Zwangssterilisation, der Zwangsabtreibung und dem Eheverbot für *Erbkranke* folgte die Ausweitung dieser Maßnahmen auf die *Erbbelasteten.* Zugleich ging der NS-Staat gegen die sogenannten *Asozialen* oder *Gemeinschaftsunfähigen* vor, zu denen ein immer umfangreicherer Personenkreis gezählt wurde. Aus diesem Grund ist es notwendig, die für analytische Zwecke auseinandergedachten Verfolgungskomplexe wieder zusammenzufügen und zusammenzudenken. Nur so werden die dahinterstehenden biologistischen Konzepte deutlich. Ulrich Herbert nennt dies treffend die *Biologisierung des Sozialen*[14].

Eugenik, Rassenhygiene und die *Vernichtung lebensunwerten Lebens*

Historisch und wissenschaftsgeschichtlich reicht die Entstehung der Eugenik zurück ins letzte Drittel des 19. Jahrhunderts. In dieser Zeit begannen sich nahezu welt- und europaweit, ausgehend von sozialdarwinistischen Vorstellungen, verschiedenste Konzepte von *Erb- und eugenischen Lehren* auszubreiten. Sie lassen sich unter dem Begriff der *Eugenik*, in Deutschland auch *Rassenhygiene* genannt, zusammenfassen. Eugenik und Rassenhygiene verstanden sich von Anfang an als angewandte biopolitische Wissenschaften und drängten auf praktisch politische und gesetzgeberische Umsetzung. Dem Staat und der Medizin wurde hierbei die alles entscheidende Aufgabe zugewiesen, den *Erbstrom* des Volkes mittels der *Erbgesundheitspflege* zu steuern und im Sinne der Eugenik quantitativ zu steigern und qualitativ zu verbessern, was konkret bedeutete, die Geburtenrate zu steigern und gleichzeitig Gesundheit und Leistungsfähigkeit des Volkes, worunter auch die Wehrfähigkeit verstanden wurde, zu erhöhen. Dies wurde als bitter notwendig erachtet, da sich in den Vorstellungen vieler Zeitgenossen an der Schwelle zum 20. Jahrhundert die Vorstellungen der *Biopolitik* mit der der *Geopolitik* berührten, die die Völker in einem immerwährenden Kampf um Land und Raum sahen.[15] Ausgangs des 19. Jahrhunderts hatte sich um 1900 das gesellschaftliche Großklima grundlegend gewandelt, weg von einem optimistischen Fortschrittsdenken, das seit der Aufklärung und der Industrialisierung die Gesellschaften Europas und Amerikas geprägt hatte, hin zu einer zutiefst pessimistischen Sicht gesellschaftlicher, ökonomischer und schließlich auch biologischer und bevölkerungspolitischer Prozesse. Niedergang und Degeneration waren die beherrschenden Sichtweisen. Als Verursacher wurden gerade Moderne und Fortschritt und vor allem der entstehende Wohlfahrts- und Sozialstaat identifiziert. Zusammen mit dem medizinischen Fortschritt verhinderten sie die natürliche Selektion. Hieraus folgte eine der entscheidenden Prämissen des eugenischen Denkens, die den sogenannten *Minderwertigen* und damit vor allem den Unterschichten eine deutlich höhere Fortpflanzungsrate als den *Hochwertigen*, den Oberschichten als angeblichen Kultur- und Herrschaftsträgern, attestierte.

Es entwickelten sich Forderungen, die Träger von *erblicher Minderwertigkeit* an der Fortpflanzung zu hindern (Negative Eugenik). Dies sollte in erster Linie repressiv über Asylierung, Eheverbote, Sterilisierung bzw. Zwangssterilisierungen geschehen. Jedoch ist der Weg von rassenhygienischen und eugenischen Maßnahmen zur Vernichtung kein gerader und zwangsläufiger. Trotzdem zeigen sich in der Retrospektive Verbindungslinien, ähnlich wie später von »Euthanasie«-Verbrechen und dem Mord an den europäischen Juden. Manche, aber nicht alle Eugeniker gingen diesen Weg der Radikalisierung, hin zu der Forderung nach *Vernichtung lebensunwerten Lebens*. Ein wichtiges argumentatives Bindeglied dieses Radikalisierungsprozesses von der Zwangssterilisation *minderwertigen Lebens* zur *Vernichtung lebensunwerten Lebens* war mit Sicherheit der argumentativ immer wiederkehrende Kosten-Nutzen-Aspekt. Neben genuin erbbiologischen und eugenisch-rassenhygienischen Begründungen, die Fortpflanzung, bzw. deren Unterbindung zu steuern, traten volkswirtschaftliche, finanzielle und ökonomische Argumente. Für einen Teil der

Eugeniker und Rassenhygieniker aber waren *Euthanasie* und *Vernichtung* keine Instrumente der Eugenik und standen dieser in Theorie und Praxis ablehnend gegenüber. Diese Interpretation hat sich überwiegend die historische und medizinhistorische Forschung zu eigen gemacht. Es kann kein gerader Weg von der Eugenik zur Euthanasie gezeichnet werden, auch wenn die Verbindungslinien unverkennbar sind.[16] Als realhistorische Zäsur erwiesen sich Krieg und Niederlage Deutschlands im Ersten Weltkrieg. In der Weimarer Republik wurden biologistisch-eugenische Argumentationsmuster in weiten Bevölkerungskreisen, rechtskonservativen, aber auch liberalen und linken politischen Kräften ebenso wie den christlichen Kirchen und ihren Sozialwerken, aufgenommen und rezipiert. Unter dem Eindruck von Kriegsniederlage, Reparationen, Inflation und (Welt-) Wirtschaftskrise verstärkten sich diese Tendenzen. Das mit Sicherheit am stärksten nachwirkende Werk war das nur 62 Seiten starke Buch der beiden renommierten Professoren Karl Binding und Alfred Hoche, das erstmals im Jahre 1920 erschien.[17] Beide galten als hochgeachtete und etablierte Wissenschaftler: Binding als Jurist und Professor für Recht in Leipzig, Hoche als Leiter der Universitätsnervenklinik und Professor für Medizin in Freiburg im Breisgau. Sie beklagten den rassenbiologischen Niedergang Deutschlands und die ungeheure Verschwendung nationaler Ressourcen durch die *Anstaltspflege*, also durch die Unterbringung behinderter und psychisch erkrankter Menschen in Anstalten. Finanzen, Nahrungsmittel, Pflege- und medizinische Kräfte würden so für einen ganz und gar *unproduktiven Zweck* eingesetzt und damit vergeudet. Gerade in politischen und ökonomischen Krisenzeiten, *in verflossenen Zeiten des Wohlstands*, sei dies nicht zu rechtfertigen. Der Erste Weltkrieg spielte in der Argumentation der beiden Autoren eine zentrale und nicht zu unterschätzende Rolle. Dieser habe geradezu in doppelter Art und Weise *contraselectorisch* gewirkt, indem, so Binding und

Hoche, die *Erbkranken* und *Minderwertigen* die Ressourcen des Reiches aufgezehrt, während die *Erbgesunden* und *Höherwertigen* gerade im Dienste dieses Vaterlandes ihr Leben geopfert hätten. Die Autoren postulieren daher als Minimalforderung die Ausschließung der *Defektmenschen von der Fortpflanzung* und noch weitergehend, wie es der Titel des Buches bereits sagt: *Die Freigabe der Vernichtung lebensunwerten Lebens*. Die in den 1920er Jahren entstehende NS-Bewegung übernahm das rassenhygienische Gedankengut ebenso wie den Vernichtungsgedanken im Sinne der *Vernichtung lebensunwerten Lebens*.

Der Weg zu den NS-»Euthanasie«-Verbrechen 1939–1945

Von den gesetzlich geregelten Zwangssterilisationen, das heißt von der *Verhütung erbkranken Nachwuchses* führte kein direkter und geradliniger Weg zur *Vernichtung lebensunwerten Lebens*. Ohne den 1939 begonnenen Zweiten Weltkrieg wären die Verbrechen und Morde der NS-»Euthanasie« zwar denkbar, aber nicht konkret planbar und durchführbar gewesen. Hinter den sogenannten »Euthanasie«-Morden, mehrheitlich an Patienten und Heimbewohnern von Heil- und Pflegeanstalten, verbirgt sich ein ganzes Bündel von staatlichen Mordprogrammen, deren bekanntestes die nach dem Krieg *Aktion T4*[18] genannte Ermordung von über 70.000 Menschen mit geistigen Behinderungen und psychischen Erkrankungen in den Jahren 1940 und 1941 ist. Hierzu zählen auch die Morde in Grafeneck 1940 und Hadamar 1941. Jedoch ist die Geschichte der NS-»Euthanasie«-Verbrechen nicht auf die Jahre 1940/41 beschränkt, in der die Opfer in sechs zentralen über das Reich verteilten und von Berlin aus gesteuerten Vernichtungsstätten mit Kohlenmonoxyd-Gas ermordet wurden. Diesem Verbrechen gingen weitere Mordaktionen des NS-Staates voraus, beziehungsweise folgten nach, die ebenfalls dem Komplex der

NS-»Euthanasie«-Verbrechen zugeordnet werden. Alle sind mit der badischen und württembergischen Geschichte eng verknüpft oder schlicht Teil derselben. Aus Baden und Württemberg kam ein Teil der Täter, aber auch tausende von Opfer aus Städten und Kommunen, Anstalten und Heimen, Kirchengemeinden und Familien. Zu den Verbrechen der NS-»Euthanasie«[19] zählen:

- die Kinder-»Euthanasie«: Morde an 5000 bis 10.000 Säuglingen und Kindern in sogenannten »Kinderfachabteilungen« innerhalb bestehender Kliniken 1939 bis 1945
- die *Aktion T4*: Morde an über 70.000 Menschen aus psychiatrischen Einrichtungen und Behindertenheimen in 6 Vernichtungszentren 1939 bis 1941
- die dezentrale »Euthanasie«: Ermordung von ungefähr nochmals 70.000 Menschen innerhalb der psychiatrischen Kliniken durch Medikamente und Nahrungsmittelentzug 1941 bis 1945
- die »Euthanasie« im Osten: Morde an Psychiatriepatienten in Polen und der UdSSR

Bereits 1935 war Reichsärzteführer Wagner auf dem Reichsparteitag in Nürnberg an Hitler herangetreten, um von diesem eine Ermächtigung zur *Vernichtung lebensunwerten Lebens* zu erlangen. Hitler lehnte dieses Ansinnen zu diesem Zeitpunkt jedoch mit der Begründung ab, *daß, wenn ein Krieg sein soll, er diese Euthanasiefrage aufgreifen und durchführen werde*, weil *die Befreiung des Volkes von der Last der Geisteskranken* im Krieg möglich ist und, *wenn alle Welt auf den Gang der Kampfhandlungen schaut (…) der Wert des Menschenlebens ohnehin minder schwer wiegt*. Ebenfalls meinte Hitler, dass *Widerstände, die von kirchlicher Seite zu erwarten wären, in dem allgemeinen Kriegsgeschehen nicht diese Rolle spielen würden wie sonst.*[20] Während des Nürnberger Ärzteprozesses machte

Viktor Brack, einer der Hauptorganisatoren der *Aktion T4*, folgende Aussage:

Letzten Grundes bezweckte Hitler (…) jene Leute auszumerzen, die in Irrenhäusern und ähnlichen Anstalten verwahrt und für das Reich von keinem irgendwelchen Nutzen mehr waren. Diese Leute wurden als nutzlose Esser angesehen, und Hitler war der Ansicht, daß durch die Vernichtung dieser sogenannten nutzlosen Esser die Möglichkeit gegeben wäre, weitere Ärzte, Pfleger, Pflegerinnen und anderes Personal, Krankenbetten und andere Einrichtungen für den Gebrauch der Wehrmacht freizumachen.[21]

In einer Rede am 3. April 1940 unterrichtete Viktor Brack auf dem Deutschen Gemeindetag, der Spitzenorganisation der deutschen Gemeinden und Gemeindeverbände, die versammelten Oberbürgermeister über die bereits angelaufene Mordaktion. Seine Ausführungen wurden von einem der Anwesenden protokolliert:

In den vielen Pflegeanstalten des Reichs sind viele unheilbar Kranke jeder Art untergebracht, die der Menschheit überhaupt nichts nützen. Sie nehmen nur anderen gesunden Menschen die Nahrung weg und bedürfen oft der zwei- und dreifachen Pflege. Vor diesen Menschen müssen die übrigen Menschen geschützt werden. Wenn man heute schon Vorkehrungen für die Erhaltung gesunder Menschen treffen müsse, dann sei es um so notwendiger, daß man diese Wesen zuerst beseitigte und wenn das vorerst nur zur besseren Erhaltung der in den Heil- und Pflegeanstalten untergebrachten heilbaren Kranken wäre. Den freiwerdenden Raum brauche man für alle möglichen kriegsnotwendigen Dinge: Lazarette, Krankenhäuser, Hilfskrankenhäuser. Im Übrigen entlastet die Aktion die Gemeinden sehr, denn es fallen bei jedem einzelnen Falle die künftigen Unterhalts- und Pflegekosten weg.[22]

Beide Aussagen zeigen deutlich, trotz der unterschiedlichen Betonung der Rolle Hitlers, die im Vordergrund stehenden Kosten-Nutzen-Überlegungen der Planer und Täter. Ihre *Logik* bei der Ermordung der *unnützen Esser* lag in der Entlastung der öffentlichen Finanzen[23], der Einsparung von Nahrungsmitteln[24], der Freisetzung von Ärzten und Pflegepersonal für Kriegszwecke[25], der Umwandlung von Heil- und Pflegeanstalten in Militärlazarette, Kasernen, Hilfskrankenhäuser oder andere kriegswichtige Einrichtungen[26] sowie nicht zuletzt in der Möglichkeit zur Umstrukturierung des Anstaltswesens insgesamt, organisatorisch hin zur Verdrängung kirchlicher und privater Träger und damit zu verstärkter staatlicher Kontrolle und Aufsicht, inhaltlich zur intensiveren Betreuung therapiefähiger, das hieß arbeitsfähiger Anstaltspatienten.[27] Überdeutlich wird aber auch, dass *nicht mehr der leidende Mensch im Zentrum psychiatrischen Handelns stand, sondern die überindividuelle Sozialstruktur: Der Staat, die Nation, das Volk*[28]. Deutlich wird auch der gedankliche Zusammenhang von *Heilen und Vernichten* in der Zeit des Nationalsozialismus: Die *Vernichtung lebensunwerten Lebens* wurde in letzter Konsequenz als eine Maßnahme gedeutet, deren Ziel die Stärkung und Gesundung des *Volkskörpers* und der Rasse waren. *Heilen und Vernichten* standen innerhalb dieses Gedankengebäudes nicht nur in einem untrennbaren Zusammenhang, sondern sie waren vielmehr identisch geworden. Das einzelne Individuum und die Schutzwürdigkeit desselben verloren an absolutem Wert. Das Individuum wurde *bewertet* und das Lebensrecht an Nützlichkeitskriterien gekoppelt. Im Regelfall war dies die Produktivität und die Arbeitsfähigkeit. Allein seine Leistungsfähigkeit für die Volksgemeinschaft wurde zum Maßstab für *Wert* und *Unwert* seines Lebens. Auf den Punkt brachte dieses Denken ein Plakat einer Ausstellung des Reichsnährstandes: *Hier trägst Du mit. Ein Erbkranker kostet bis zur Erreichung des 60. Lebensjahres im Durchschnitt 50.000 RM*. Abdruck in: *Volk und Rasse,*

Illustrierte Monatszeitschrift für deutsches Volkstum 10 (1936), S. 335, sowie in *Biologie für Höhere Schulen*, 1940.

Der Text über dem Bild sprach den Betrachter direkt an: »Hier trägst Du mit«. Das Bild zeigt behinderte und kranke Menschen als Last für die im Nationalsozialismus *Volksgemeinschaft* genannte Gesellschaft. Der Text verstärkte gezielt die Wirkung des Bildes. Er beschreibt diese *Ballastexistenzen* als im doppelten Sinne schädlich: als *Erbkranke* und damit als biologische Last und gleichzeitig als ökonomisch-finanzielle Last. Der Gebäudekomplex im Hintergrund deutete die Folgekosten an, die die Anstaltspflege mit sich brachte. Ressourcenvergeudung im Sinne von Medizin, Pflege, Ernährung, Lebensraum.

»Erbkranke« als biologische und ökonomische Last für die Gesellschaft (»Volksgemeinschaft«).

Historische Deutungs- und Interpretationsdimensionen

In einer abgeschiedenen Gegend in der Nähe des Ortes Münsingen auf der Schwäbischen Alb im heutigen Kreis Reutlingen liegt das Schloss Grafeneck. Hier vollzog sich mit der Ermordung von 10.654 Menschen – Männer, Frauen und Kinder – eine der grausamsten Barbareien der NS-Zeit. Auch heute, nach nunmehr 80 Jahren, gehört die Ermordung von geistig behinderten und psychisch kranken Menschen durch das NS-Regime zu denjenigen Verbrechen, denen sich das menschliche Erinnerungs- und Vorstellungsvermögen nur schwer zu nähern vermag. Wie nur noch der *Holocaust* steht die Tötung von Hilfsbedürftigen und Wehrlosen im Rahmen der sogenannten *T4-Euthanasie-Aktion* für das Ende jeglicher Humanität während der Zeit des »Dritten Reiches«. Der Historiker Dan Diner hat hierfür den Begriff des *Zivilisationsbruchs* geprägt, gleichzeitig, und dieser Interpretation fühlt sich auch der Autor nahe, eine Möglichkeit der Moderne. Warum aber sollte man diesem Verbrechen der NS-Diktatur noch heute eine solche Bedeutung beimessen? Welchen Stellenwert besitzt der Komplex *Grafeneck 1940* damals wie heute und was bedeutet er für die Geschichte Deutschlands im Nationalsozialismus? Grafeneck ist in eine Vielzahl von Deutungs- und Interpretationsdimensionen eingebunden und steht in den Jahren 1939 bis 1941 für:

- die erste systematisch-industrielle Ermordung von Menschen im NS-Staat überhaupt
- den Beginn der Morde der *Aktion T4* im NS-Staat: Grafeneck als erstes von sechs Vernichtungszentren
- eines der *arbeitsteiligen Großverbrechen* des NS-Staates und eine damit einhergehende *arbeitsteilige Täterschaft*

- die Ermordung von ausgegrenzten und als *lebensunwertes Leben* stigmatisierten Menschen aus psychiatrischen Kliniken und Behinderteneinrichtungen
- den Komplex von Rassenlehre, Eugenik und Rassenhygiene sowie »Euthanasie« im Sinne der *Vernichtung lebensunwerten Lebens*
- das Zusammenspiel von Zustimmung, Verweigerung, Protest und Widerstand zu den Verbrechen des NS-Staates und Handlungsspielräumen unter den Bedingungen einer Diktatur
- den Ausgangspunkt und den Beginn einer Entwicklung von ungeheuerlichen Verbrechen gegen die Menschheit. Die »Euthanasie«-Täter und die »Euthanasie«-Mordverfahren kommen bei der Ermordung der europäischen Juden erneut zum Einsatz
- den schwierigen Umgang mit den Verbrechen des NS-Staates nach 1945: Gesellschaft und Staat, Angehörige der Opfer und Institutionen, Kirchen, Diakonie und Caritas zwischen Vergessen und Verdrängung, Erinnerungsverweigerung sowie frühen Formen der Erinnerung, des Gedenkens und der Aufarbeitung

Die historische Bedeutung – Grafeneck 1940: NS-»Euthanasie« als industrieller Mord

Durch die Verbrechen der »Euthanasie«-Morde des Jahres 1940 besitzt Grafeneck eine historische Dimension, die weit über regionale oder lokale Bezüge hinausreicht. In nationalhistorischer Dimension steht es an der Schwelle vom Übergang von Ausgrenzung, Entrechtung, Ausplünderung und Mord zum systematisch betriebenen staatlichen Massenmord. Zu einer Vernichtungs- und Tötungsanstalt umfunktioniert und mit einer Gaskammer ausgestattet, war Grafeneck einer der Orte, an dem die systematische und industrielle Ermordung von Menschen im nationalsozialistischen Deutschland ihren Anfang nahm.[29] Das Datum – Januar 1940 – markiert den Beginn der sogenannten »Euthanasie-Aktion« in Deutschland, in deren Verlauf 1940/41 in sechs Vernichtungszentren auf Reichsgebiet über 70.000 Menschen ermordet wurden. Grafeneck war hierbei das erste dieser Vernichtungszentren und wurde von den Tätern als *Anstalt A* bezeichnet. Der Begriff der *industriellen Vernichtung* stammt hierbei ursprünglich aus einem anderen Kontext, dem des *Holocaust*, dem Mord an den deutschen und europäischen Juden. Jedoch ist der Begriff auf die massenhafte Ermordung von Menschen in Grafeneck übertrag- und anwendbar.

Die Tötungen, von den Tätern als *Gnadentod* und »Euthanasie« bemäntelt, sind angemessen nur als Massenmord zu bezeichnen und zu beschreiben – sowohl nach damaligen als auch nach heutigen Kriterien. In Grafeneck war für den 10.654-fachen Mord – so lautet die vom Schwurgericht Tübingen 1949 festgestellte Zahl der Opfer – eine stationäre Gaskammer benutzt worden, installiert in einem bereits im Jahr 1911 gebauten landwirtschaftlichen Gebäude auf dem Schlossgelände Grafenecks.

Die Morde, die vor Ort zwischen dem 18. Januar und dem 13. Dezember 1940 stattfanden, lassen sich heute im Detail rekonstruieren: Monat für Monat, Woche für Woche und Tag für Tag.

Von den 10.654 Opfern des Jahres 1940 stammten ungefähr 4000 aus Anstalten in Württemberg und Hohenzollern, 4500 aus Anstalten in Baden und über 2000 aus bayerischen sowie nicht-süddeutschen Heil- und Pflegeanstalten.[30] Zu den Opfern zählten Menschen in Heil- und Pflegeanstalten, die in den Augen der Täter als *lebensunwertes Leben* galten – und wie wir heute wissen, nicht erst seit der Zeit des Nationalsozialismus, sondern bereits seit dem Ende des 19. Jahrhunderts. Dies waren in erster Linie Menschen in Einrichtungen, deren Arbeits- und Leistungsfähigkeit nicht mehr vorhanden oder stark gemindert waren, Menschen, die als *Langzeitpatienten* angeblich die öffentlichen Haushalte der *Wohlfahrt* der Länder, der Kreise und der Kommunen belasteten, sowie Menschen, die von NS-Gerichten als *Kriminelle* in Heil- und Pflegeanstalten eingewiesen waren. Mit der gezielten Erfassung auch aller jüdischen Patienten in den psychiatrischen Einrichtungen Badens und Württembergs und ihrer nahezu vollständigen Ermordung in Grafeneck beginnt der erste systematische Mord an einer Gruppe von als jüdisch definierten Menschen. Das erste Opfer von Grafeneck war ein jüdischer Patient der Münchner Anstalt Eglfing-Haar. Auf der heute noch erhaltenen alphabetischen Namensliste steht sein Name an erster Stelle: Ludwig Alexander. Durch die Übernahme der Technologie der Gaskammern und des Personals der Gasmordanstalten begann ein weiterer der vielen verschlungenen Wege, die in die Ermordung der deutschen und europäischen Juden mündete.

Noch augenfälliger wird der Zusammenhang zwischen den beiden Verbrechenskomplexen durch die Übernahme auch des Grafenecker Täterpersonals sowie der Tötungstechnologie der Gaskammern, die eigens für die »Euthanasie«-Morde konstruiert worden waren, in die Vernichtungslager im Osten. Die Spuren der Täter und der von ihnen entwickelten Tötungsverfahren führen von Grafeneck in die Vernichtungslager des *Holocaust* im Osten: Belzec, Treblinka, Sobibor und nicht zuletzt Auschwitz-Birkenau.

Die landes- und ortsgeschichtliche Bedeutung

Grafeneck ist untrennbar mit der Landesgeschichte und Ortsgeschichte des deutschen Südwestens verbunden. Nach heutigem Wissensstand waren es exakt vierzig Behinderten- und psychiatrische Einrichtungen im heutigen Baden-Württemberg – 22 württembergische, 17 badische und mit Sigmaringen eine hohenzollerische –, aus denen die Opfer in die Tötungsanstalt Grafeneck *verlegt* wurden. Weitere acht Einrichtungen in Bayern kommen hinzu. Für alle diese Einrichtungen, die heute zum allergrößten Teil noch existieren, ist Grafeneck ein bedeutender historischer Bezugspunkt ihrer jeweiligen Geschichte. Die Frage nach der Herkunft der Opfer nach Geburts- oder Wohnort eröffnet neben der nationalen und der regionalen auch eine stadt- und ortsgeschichtliche Perspektive. Bereits eine erste Betrachtung der Akten zeigt, dass die über 10.654 Opfer aus allen großen und mittleren und einer nahezu unüberschaubaren Zahl auch kleiner und kleinster Gemeinden Baden-Württembergs stammten.

Jeder der vier Regierungsbezirke in Baden-Württemberg, jeder der Stadt- und Landkreise, alle größeren, aber auch eine ungeheure Zahl mittlerer und kleiner Gemeinden Baden-Württembergs haben Opfer der NS-»Euthanasie« zu beklagen. An dieser Stelle sollen stellvertretend nur die Heimatorte der Opfer einer einzigen Einrichtung aufgezählt werden, die der Münsterklinik Zwiefalten/Zentrum für Psychiatrie:

Affaltrach, Altenstadt, Altheim, Bad Cannstatt, Bartenbach, Belsen/Tübingen, Betzingen, Binsdorf/Balingen, Bitz, Bobruisk/Russland, Bodelshausen, Böhmenkirch, Böttingen, Böttingen/Tuttlingen, Bollingen/Ulm, Braunsbach/Hall, Breisach, Burgberg, Busch, Calw, Dagersheim, Degerloch, Deggingen/Göppingen, Deißlingen, Denkingen/Tuttlingen, Dettingen, Dettingen/Erms, Dintenhofen/Ehingen, Dornstetten, Dotternhausen, Dürbheim, Ebingen, Ebingen/Balingen, Eglingen, Ehingen, Eichstätt/Bayern, Engelhardshausen, Ergenzingen, Ertingen, Fluorn/Rottweil, Freudenstadt, Friedrichsfeld, Gärtringen, Gestemünde, Gingen, Gmünd, Göttingen, Goffingen, Gönningen, Granheim, Griesingen, Haardorf, Hailfingen, Hard/Voralberg, Hardt/Rottweil, Hausen, Hausen/Allmendingen, Hayingen, Hedelfingen/Stuttgart, Heilbronn, Herbertshofen, Heubach, Hofen/Spaichingen, Hopfau, Igstheim, Indelhausen, Kaltental/Stuttgart, Karlsruhe, Köngen, Königsbronn, Kohlstetten, Königsberg, Kornwestheim, Laichingen, Langenberg, Lauterbach, Leinzell/Gmünd, Lübeck, Mahlstetten, Marschalkenzimmern, Meran/Südtirol, Meßstetten, Meßstetten/Balingen, Metzingen, Mindersbach/Calw, Mössingen, Mögglingen/Gmünd, Möhringen, Munderkingen, Münsingen, Mutlangen, Nagold/Calw, Nasgenstadt, Nellingen, Neuenbürg/Calw, Niedernau, Nürtingen, Oberbettringen, Oberjesingen, Oberndorf, Oberurbach/Waiblingen, Onstmettingen/Balingen, Osterhauderfehn, Ostheim/Stuttgart, Owen, Pfeffingen, Pforzheim, Pfullingen, Pirmasens, Poltringen, Randegg, Reute am Stockach, Reutlingen, Rexingen, Riedlingen, Ringingen, Römlinsdorf, Rottenburg, Rottweil, Rudersberg, Rüsselsheim, Scheer, Schramberg, Schwäbisch Gmünd, Schwenningen, Schwieberdingen, Sigmaringendorf, Sonderbuch/Münsingen, Spaichingen, Sternenfels/Vaihingen, Straßburg, Streichen/Balingen, Stuttgart, Zuffenhausen/Stuttgart, Berg/Stuttgart, Sulz, Tailfingen, Tarnow, Trichtigen, Trailfingen, Trossingen, Tübingen, Tailfingen, Tuningen, Tuttlingen, Uhingen, Uigendorf/Ehingen, Ulm, Unterbettingen, Unterhausen, Unterjesingen, Urach, Venningen, Weilstetten/Balingen, Weinheim, Winterlingen, Wolfshaus/Wangen, Würtingen/Reutlingen, Wurmlingen, Würzburg, Zimmern, Zuffenhausen

Eine Aufstellung für alle 49 Einrichtungen aus dem Gebiet des Deutschen Reiches steht noch aus bzw. wird erst dieser Tage erarbeitet, und erste Ergebnisse zeichnen sich in Umrissen ab. Die Liste der Städte und Gemeinden, aus denen die Opfer stammten, also geboren waren oder gelebt hatten, umfasst bereits jetzt über 1000 Einträge. Darunter mehrere hundert baden-württembergische Städte und Gemeinden – dies bei einer Zahl von 1111 Städten und Gemeinden insgesamt. Für einzelne Städte, wie beispielsweise die Landeshauptstadt Stuttgart oder aber auch für Karlsruhe, lässt sich die Zahl der Opfer nicht mehr oder noch nicht exakt bestimmen, da einerseits noch nicht alle verfügbaren Quellen ausgewertet worden sind, andererseits ein nicht unbeträchtlicher Teil der Akten durch Kriegseinwirkungen zerstört oder bewusst vernichtet wurden. Dennoch liegt die Zahl der Grafeneckopfer allein für Stuttgart bei einer Größenordnung von nahezu eintausend Menschen.

Zu den Opfern von Grafeneck zählen aber auch Menschen anderer Länder und Regionen, wie beispielsweise der benachbarten Schweiz (Zürich, St. Gallen, Chur usw.), aber auch so weit entfernte oder exotische wie die der Vereinigten Staaten (New York), der Ukraine (Charkow) oder der Südsee (Samoa).

Die Dimension Individuum und Familie

Zuletzt soll noch eine weitere Dimension angesprochen werden: die der Opfer, ihrer Familienangehörigen und Nachkommen. Grafeneck ist nicht nur ein Teil der »großen Geschichte«, der nationalen Geschichte wie der südwestdeutschen Landesgeschichte, sondern eben auch Bestandteil von tausenden Familiengeschichten. Das Leid dieser Familien und noch mehr das der Opfer bleibt unbeschreiblich. Jede Woche wenden sich Verwandte der Opfer – sowohl Mitlebende der damaligen Zeit als auch Nachgeborene – an die seit 1990 bestehende Gedenkstätte und suchen um Auskünfte nach: eine verspätete und nachholende Reaktion auf einen oftmals jahrzehntelang verdrängten und tabuisierten Teil der familiären Geschichte. Rückblickend auf die zwei vergangenen Jahrzehnte erkennt man klar, dass die Zahl der anfragenden Familienangehörigen und Nachkommen stark angestiegen ist. Dies mag mit der stärkeren Wahrnehmung durch die Öffentlichkeit, der Medien, aber auch der Politik zusammenhängen. So beging der baden-württembergische Landtag im Januar 2000 den Gedenktag zum 27. Januar, der zur Erinnerung an die Opfer des Nationalsozialismus eingerichtet wurde, zum ersten Mal außerhalb des Landtags – an der Gedenkstätte Grafeneck. Im Jahr 2020 war der Landtag von Baden-Württemberg ein zweites Mal – wieder war es der 27. Januar – zu Gast. Mit Winfried Kretschmann besuchte 2015 erstmals ein amtierender Ministerpräsident Baden-Württembergs die Gedenkstätte und das Dokumentationszentrum. Auch nicht zu unterschätzen ist die Tatsache, dass sich in den letzten Jahren zunehmend Fernsehdokumentationen wie die von Knut Weinrich für den SWR 2009 sowie Rundfunkbeiträge der Thematik Grafeneck und die NS-»Euthanasie« annahmen. Eine andere Erklärung für diese verspätete Wahrnehmung mag auch darin zu suchen sein, dass erst die Zeit Barrieren und Hemmungen beseitigt hat und neue Generationen die Verantwortung übernommen haben, die weder schuldhaft noch schuldlos in die Vorgänge des »Dritten Reiches« verstrickt war. Folge war das Entstehen einer *Erinnerungskultur*, die einher geht mit bürgerschaftlichem Engagement wie am Beispiel der vielfältigen Stolpersteininitiativen als auch mit einer gestiegenen Bereitschaft der staatlichen und kirchlichen Institutionen, sich mit der eigenen Geschichte zu beschäftigen und auch konfrontieren zu lassen. Paradoxerweise ist dadurch die Vergangenheit näher an unsere Gegenwart herangerückt, eine Vergangenheit, die nicht vergeht.

Verbrechen und Täterschaft

Die Ermordung von 10.654 Menschen war mit Sicherheit eines der größten Verbrechen in der Geschichte des deutschen Südwestens mit Württemberg, Baden und Hohenzollern. Kriegsverbrechen und Kriegsgräuel ziehen sich wie ein roter Faden durch die Geschichte, von den Verheerungen des Dreißigjährigen Krieges bis zum Zweiten Weltkrieg. Auch die Morde von Grafeneck fanden im Krieg statt – man kann sogar die Frage stellen, ob sie nur im Krieg haben stattfinden können –, waren aber keine »Kriegsverbrechen«: Vielmehr lassen sich die NS-»Euthanasie«-Verbrechen im Ganzen als ein hochgradig bürokratisiertes und staatlich organisiertes *arbeitsteiliges Großverbrechen* charakterisieren und beschreiben.[31] Der Begriff des *arbeitsteiligen Großverbrechens* stammt hierbei aus einem anderen Kontext der Verbrechensgeschichte des NS-Staates und wurde ursprünglich geprägt von dem Juristen, Strafrechtler und Kriminologen Herbert Jäger. Er verwendete diesen Begriff zur Beschreibung des *Holocausts*, der Ermordung der europäischen und deutschen Juden.[32] Unzweideutig lässt er sich jedoch auf die NS-»Euthanasie«-Verbrechen übertragen. Deutlich erkennbar wird in der Retrospektive, dass ein von staatlicher Seite angeordnetes und mit Hilfe staatlicher Organe durchgeführtes Verbrechen dieser gewaltigen Größenordnung, sowohl was den Gesamtkomplex der *Aktion T4* als auch den Teilkomplex *Grafeneck 1940* angeht, eine Vielzahl von Tätern, Täterorganen und Täterorganisationen benötigte. Daneben – und dies ist ebenso wenig verwunderlich – brachten die in *Mordfabriken* vollzogenen »Euthanasie«-Morde eine fast unüberschaubare Zahl von Mittätern, Mitwissern wie nicht zuletzt auch Zuschauern hervor. Charakteristisch und folgerichtig für diese Art von Verbrechen war eine in hohem Maße arbeitsteilig und bürokratisch organisierte Täterschaft. Der Begriff der *arbeitsteiligen Täterschaft* korrespondiert hierbei mit dem des *arbeitsteiligen Großverbrechens* und stammt ebenfalls von Herbert Jäger. Schon 1992 übertitelt er mit diesem Begriff seinen Aufsatz über »kriminologische Perspektiven auf den Holocaust«.[33] Die staatlichen wie parteiamtlichen Täterkomplexe befanden sich auf drei Ebenen. Auf der zentralen Ebene des Reichs in Berlin waren es das Reichsinnenministerium und die aus der Kanzlei des Führers der NSDAP hervorgegangene »T4«-Behörde in der Tiergartenstraße 4.

Zu den staatlichen Akteuren dieser arbeitsteiligen Täterschaft sind auf Reichsebene auch die Reichspost und die Reichsbahn zu zählen. Von der Reichspost stammten die Fahrzeuge der Täter von Grafeneck – darunter ein Postlieferwagen sowie drei Omnibusse, die der Gemeinnützigen Kranken-Transport GmbH zur Verfügung gestellt wurden. Nicht zuletzt war auch die Reichsbahn Teil der Verbrechen. Anfang März 1940 wurden über 500 Patienten der rheinischen Klinik Bedburg-Hau, preußische Rheinprovinz, mit einem Sonderzug nach Süddeutschland verlegt. Am Bahnhof in Marbach a. d. Lauter wurden die Opfer in Empfang genommen und ein großer Teil von ihnen mittels der Transportomnibusse direkt zur Ermordung nach Grafeneck gebracht.

Unverzichtbar für das Gelingen der »Euthanasie«-Verbrechen war die Mitwirkung der staatlichen und parteiamtlichen Institutionen und Organe auf der Länderebene. Zu nennen sind hier die Innenministerien von Württemberg und Baden mit Sitz in Stuttgart und Karlsruhe. Daneben trat das bayerische Innenministerium in München: Weit über 1.000 der Opfer von Grafeneck kamen aus bayerischen Heil- und Pflegeanstalten. Eingebunden waren aber auch die den Ministerien untergeordneten Behörden wie Landratsämter, Fürsorgeverbände ebenso die städtischen Wohlfahrtsämter.

Die dritte und letzte Ebene, neben Reich und Länder, bildete Grafeneck selbst. Das Täterpersonal bestand aus nahezu

100 Männern und Frauen. Sie waren dem Verbrechen am nächsten und sorgten für seine unmittelbare Umsetzung. Gleichzeitig bildeten sie das letzte Glied eines arbeitsteiligen Verbrechens, beginnend mit der Entschlussbildung und Planung und endend mit der Durchführung und behördlichen Abwicklung des Massenmordes.

Als erste Vernichtungsstätte der zentralen »Euthanasie« wurde Grafeneck im Sprachgebrauch der Täter als »Anstalt A« bezeichnet. Fünf weitere Vernichtungsstätten sollten folgen. 1940 waren dies Brandenburg (B), Bernburg (Be), Hartheim bei Linz (C) und Sonnenstein, 1941, nach der Schließung von Grafeneck, Hadamar (E).

Von den nunmehr insgesamt sechs im Rahmen des »Euthanasie«-Programms existierenden Gasmordanstalten war Grafeneck die einzige, die sich unmittelbar vor ihrer Beschlagnahmung in kirchlicher Trägerschaft befand. Grafeneck war bis September 1939 ein Heim der Samariterstiftung Stuttgart, die dem Landesverband der Inneren Mission und somit der Evangelischen Landeskirche Württemberg angehörte. Weitere Reflexionen und Überlegungen zur Rolle der evangelischen Kirche in ihrer historischen und moralethischen Verantwortung für Grafeneck in Geschichte und Gegenwart stehen hier noch aus. Nicht verschwiegen werden soll in diesem Zusammenhang, dass über 800 der in Grafeneck ermordeten Menschen aus insgesamt sieben Einrichtungen der evangelischen Inneren Mission Württembergs und Badens kamen. Mit diesen Einlassungen soll jedoch nicht von der Schuld staatlicher Organe, auf deren Weisung und mit deren Hilfe die Morde begangen wurden, und der Verantwortung ihrer Rechtsnachfolger, Bund, Länder, Kreise und Kommunen, abgelenkt werden. Gerade der Protest der Kirchen, die zu den wenigen noch halbwegs autonomen Teilsystemen der Gesellschaft gehörten, vor allem vertreten durch herausragende Einzelgestalten, wurde von den Tätern wahrgenommen. Ob die Kirchen hierbei ihren Handlungsspielraum ausschöpften, mag bezweifelt, kann aber mit den Methoden des Historikers kaum entschieden werden.

Diese Frage gewinnt eine bis heute anhaltende Relevanz und Brisanz auch für eine Vielzahl weiterer Akteure, die als Täter, Opfer oder Zuschauer an dem Geschehen der damaligen Zeit beteiligt waren. Wohl wissend, dass Geschichte nicht in dieser Dreiteilung, die von dem deutsch-amerikanischen Historiker Raul Hilberg stammt, aufgeht. Historische Realität stellt sich um ein Vielfaches komplexer dar. Welche Rolle spielten die unzähligen Anstalten, ihre Aufsichtsgremien, ihre Direktoren, ihre Mitarbeiter? Welche Rolle spielten die Wohlfahrtsbehörden auf Landes-, Kreis- und Kommunalebene? Welche Rolle spielten die Justizbehörden und die Wehrmacht? Welche Rolle die Angehörigen der Opfer?

Aufbau und Organisation der »Aktion T4«

Tiergartenstraße 4 in Berlin – seit 1940 Sitz der T4-Organisation.

Vernichtungsanstalten der T4-Organisation 1939 bis 1941.

Auftrag Hitlers vom Oktober 1939 zu den »Euthanasie«-Morden im Deutschen Reich; rückdatiert auf den 1. September 1939 mit handschriftlichem Vermerk des Reichsjustizministers Dr. Gürtner.

ADOLF HITLER

BERLIN, den 1.Sept.1939.

Reichsleiter B o u h l e r und

Dr. med. B r a n d t

sind unter Verantwortung beauftragt, die Befug - nisse namentlich zu bestimmender Ärzte so zu er - weitern, dass nach menschlichem Ermessen unheilbar Kranken bei kritischster Beurteilung ihres Krank - heitszustandes der Gnadentod gewährt werden kann.

Von Bouhler mir übergeben am 27.8.40 Dr. Gürtner

Philipp Bouhler (1899–1945), Leiter der Kanzlei des »Führers der NSDAP«.

Dr. med. Karl Brandt (1904–1948), Begleitarzt Hitlers und Generalkommissar für das Sanitäts- und Gesundheitswesen 1942.

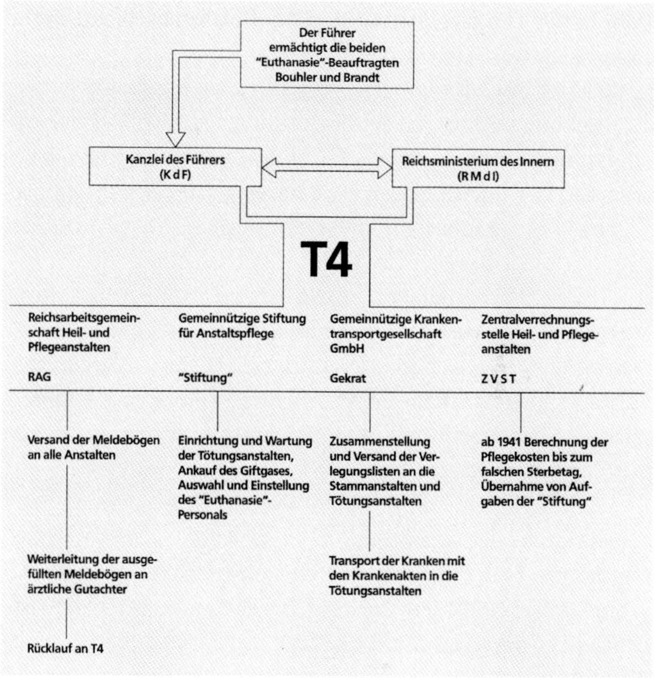

Organisationsschema der T4-Aktion.

Dr. Leonardo Conti (1900–1945), Reichsgesundheitsführer 1939, Staatssekretär und Leiter der Abteilung Gesundheitswesen im Reichsministerium des Innern.

Die konkreten Planungen für die systematische Ermordung von psychisch kranken und geistig behinderten Menschen in den deutschen Heil- und Pflegeanstalten setzten im Sommer und Herbst 1939 ein. Ebenso wie auf die Expansion nach Außen planmäßig hingearbeitet wurde, wurde auch dieser *Krieg nach Innen*, so die Sicht der Täter, generalstabsmäßig vorbereitet. Hierfür entstand eine Organisation, die, da sie seit

1940 in der Tiergartenstraße 4 in der Reichshauptstadt Berlin angesiedelt war, »T4« genannt wurde.

Der gesamte Mordprozess, von der Erfassung der Opfer über die Selektion bis hin zu ihrer Ermordung, wurde in der Verwaltungssprache als *planwirtschaftliche Maßnahme* und *Aktion* bezeichnet. Der Begriff *Aktion T4* stammt aus der Nachkriegszeit.

Hervorgegangen war diese Sonderbehörde *T4* aus der Kanzlei des Führers der NSDAP, die Reichsleiter Philipp Bouhler (1899–1945) unterstand.[34] Diese neu entstandene zentrale Dienststelle lässt sich als *führerunmittelbar* und *außernormativ* kennzeichnen, was bedeutet, dass sie einerseits direkt dem Führer und Reichskanzler Adolf Hitler unterstand, andererseits aber außerhalb des Staatsapparats und der staatlichen Bürokratie angesiedelt war.

Da Hitler in seiner Eigenschaft als Reichskanzler eine gesetzliche Freigabe der *Vernichtung lebensunwerten Lebens* ablehnte, war das von Hitler im Oktober 1939 unterzeichnete und auf den 1. September 1939, den Tag des Kriegsbeginns, zurückdatierte Ermächtigungsschreiben die einzige pseudorechtliche Grundlage.[35] Auf Privatpapier geschrieben und ohne den Ausweis der staatsrechtlichen Stellung Hitlers, wurde die Ermächtigung nur einem kleinen, ausgewählten Personenkreis vorgelegt. Reichsjustizminister Gürtner, der die Einstellung der »Euthanasie«-Aktion aufgrund einer fehlenden Rechtsgrundlage gefordert hatte – vorsätzlicher Mord galt auch im NS-Staat als ein Verbrechen –, wurde sie erst am 27. August 1940 als Kopie übergeben.[36]

Reichsleiter Bouhler und Dr. med. Brandt sind unter Verantwortung beauftragt, die Befugnisse namentlich zu bestimmender Ärzte so zu erweitern, daß nach menschlichem Ermessen unheilbar Kranken bei kritischster Beurteilung ihres Krankheitszustandes der Gnadentod gewährt werden kann.

gez.: Adolf Hitler[37]

Im Folgenden wurden Oberdienstleiter Viktor Brack, Leiter des Hauptamtes II der Kanzlei des Führers, mit der weiteren Planung der »Euthanasie«-Aktion betraut.[38] Die Zentraldienststelle »T4«, treffend als »Tötungsbehörde«[39] bezeichnet, setzte sich aus drei, seit 1941 vier verschiedenen Organisationen zusammen:

1. Die *Reichsarbeitsgemeinschaft Heil- und Pflegeanstalten* (RAG), zuständig für die Erfassung und Selektion der Opfer mit Hilfe von Fragebogen, bestehend aus einer Büroabteilung, die dem Juristen Dr. Gerhard Bohne und von April 1941 an Dietrich Allers unterstand, und einer medizinischen Abteilung unter Professor Dr. Werner Heyde.[40]
2. Die *Gemeinnützige Stiftung für Anstaltpflege*, die für die Finanzierung des Tötungsprogrammes sorgte. Sie trat als Arbeitgeber auf und war für die Arbeitsverträge und die Besoldung der Mitarbeiter zuständig; des weiteren oblagen ihr Kauf- und Pachtverträge und das Beschaffungswesen, darunter fiel auch das zur Tötung der Anstaltspatienten verwendete Kohlenmonoxyd (CO-Gas).[41]
3. Die *Gemeinnützige Krankentransport-GmbH* (GEKRAT), geleitet von Reinhold Vorberg, sorgte für die Verlegung der Opfer, ihrer Habe und ebenso der Krankenakten. In jeder der Tötungsanstalten unterhielt die GEKRAT eine Transportstaffel: Hier waren es die von der Reichspost stammenden Transportomnibusse.
4. Die im April 1941 eingerichtete *Zentralverrechnungsstelle Heil- und Pflegeanstalten* (ZVSt)[42], an die die Kostenträger oftmals über den eigentlichen Todestag hinaus die Pflegegelder zu überweisen hatten.[43]

Jedoch hätte die »T4«-Behörde ohne die traditionelle staatliche Verwaltung und deren pseudo-legalistisches Verwaltungshandeln keine eigentliche Wirksamkeit entfalten können. Für die Durchführung dieses von staatlicher Seite angeordneten *Staatsverbrechens* war die Mitwirkung der *Staatsbürokratie* unabdingbar. Federführend bei diesem hochgradig arbeitsteilig organisierten Verbrechen – sieht man von den »Zuschauern«, das meint die nicht *direkt* beteiligten Reichsbehörden, einmal ab – war das Reichsministerium des Innern, dem Wilhelm Frick (1877–1946) vorstand. Von zentraler Bedeutung war hierbei die Medizinalverwaltung des Reiches, die Staatssekretär Dr. Leonardo Conti unterstand, und deren Unterabteilung Erb- und Rassenpflege (Abteilung IVb) mit ihrem für das Anstaltswesen des Reiches verantwortlichen Ministerialrat Dr. Herbert Linden. Dr. Linden war es, der den direkten Kontakt zum württembergischen Innenministerium aufnahm, sich mit den dortigen Beamten auf Standortsuche begab und bei der Heranziehung Grafenecks *für Zwecke des Reichs* maßgeblich war.

Die »Euthanasie« in Südwestdeutschland – Württemberg und Baden

Seit September 1939 erfolgte in einem von Dr. Conti unterzeichneten Erlass des Reichsinnenministeriums an alle Landesregierungen die Erfassung sämtlicher Heil- und Pflegeanstalten gleich welchen Trägers – staatlich, privat oder konfessionell –, *in denen Geisteskranke, Epileptiker und Schwachsinnige nicht nur vorübergehend verwahrt werden*[44]. Nach der Erfassung der *Anstalten* wurde durch einen weiteren Runderlass vom 9. Oktober 1939 die Erfassung der *Anstaltsinsassen* eingeleitet. Den Anfang machte hierbei der deutsche Südwesten, gefolgt vom norddeutsch-brandenburgischen Raum. Der Erlass umfasste zwei Meldebogen und ein Merkblatt. Der erste Meldebogen er-

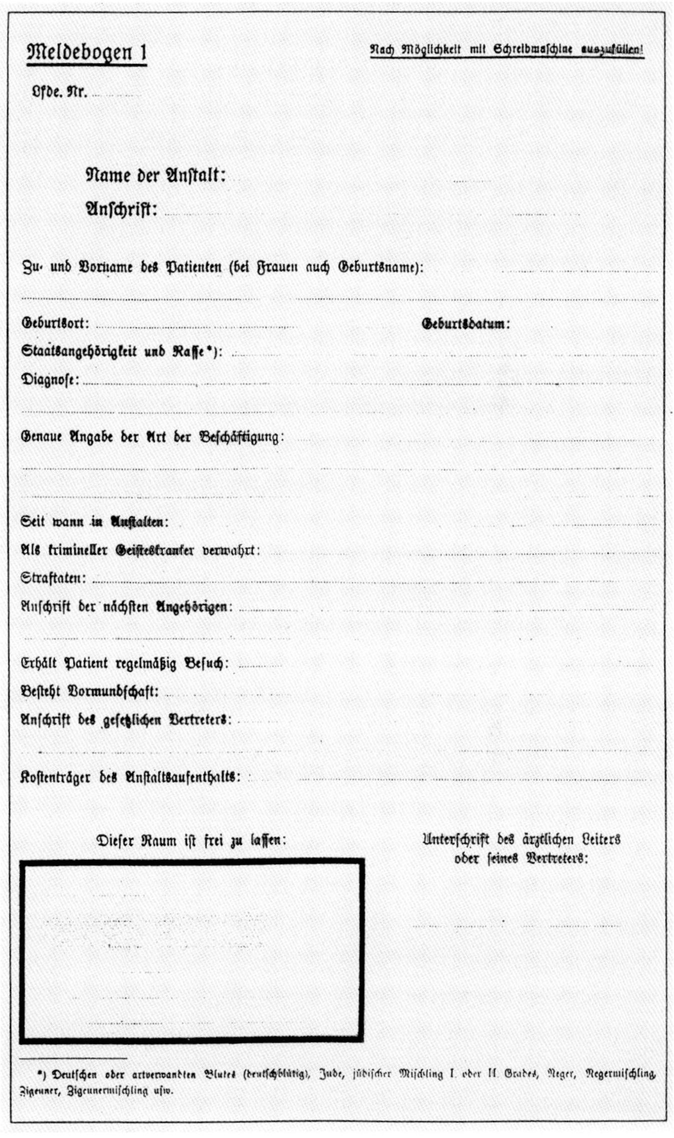

Meldebogen 1

Nach Möglichkeit mit Schreibmaschine auszufüllen!

Lfde. Nr. ……

Name der Anstalt: ……

Anschrift: ……

Zu- und Vorname des Patienten (bei Frauen auch Geburtsname): ……

Geburtsort: …… **Geburtsdatum:**

Staatsangehörigkeit und Rasse*): ……

Diagnose: ……

Genaue Angabe der Art der Beschäftigung: ……

Seit wann in Anstalten: ……

Als krimineller Geisteskranker verwahrt: ……

Straftaten: ……

Anschrift der nächsten Angehörigen: ……

Erhält Patient regelmäßig Besuch: ……

Besteht Vormundschaft: ……

Anschrift des gesetzlichen Vertreters: ……

Kostenträger des Anstaltsaufenthalts: ……

Dieser Raum ist frei zu lassen:

Unterschrift des ärztlichen Leiters oder seines Vertreters:

*) Deutschen oder artverwandten Blutes (deutschblütig), Jude, jüdischer Mischling I. oder II. Grades, Neger, Negermischling, Zigeuner, Zigeunermischling usw.

Meldebogen 1 diente der Erfassung einzelner Patienten und war die Grundlage für die Selektion der Opfer durch ärztliche Gutachter.

Merkblatt

Bei Ausfüllung der Meldebogen zu beachten!

Zu melden sind sämtliche Patienten, die

1. an nachstehenden Krankheiten leiden und in den Anstaltsbetrieben nicht oder nur mit mechanischen Arbeiten (Zupfen u. ä.) zu beschäftigen sind:

   Schizophrenie,
   Epilepsie (wenn exogen, Kriegsdienstbeschädigung oder andere Ursachen angeben),
   senile Erkrankungen,
   Therapie-refraktäre Paralyse und andere Lues-Erkrankungen,
   Schwachsinn jeder Ursache,
   Encephalitis,
   Huntington und andere neurologische Endzustände;

   oder

2. sich seit mindestens 5 Jahren dauernd in Anstalten befinden;

   oder

3. als kriminelle Geisteskranke verwahrt sind;

   oder

4. nicht die deutsche Staatsangehörigkeit besitzen oder nicht deutschen oder artverwandten Blutes sind unter Angabe von Rasse*) und Staatsangehörigkeit.

Die für jeden Patienten einzeln auszufüllenden Meldeblätter sind mit laufenden Nummern zu versehen.

Die Meldebogen sind nach Möglichkeit mit Schreibmaschine auszufüllen.

Als Stichtag gilt der

---

*) Deutschen oder artverwandten Blutes (deutschblütig), Jude, jüdischer Mischling I. oder II. Grades, Neger, Negermischling, Zigeuner, Zigeunermischling usw.

Merkblatt des Reichsinnenministeriums: »Bei Ausfüllung der Meldebogen zu beachten! Zu melden sind sämtliche Patienten, die …«

fasste neben dem Grad der Arbeitsfähigkeit und der Art der Erkrankung auch die »Rassezugehörigkeit« und die Dauer des Anstaltsaufenthalts. Das Merkblatt legte die Kriterien für die zu meldenden Patienten exakt fest:

Zu melden sind sämtliche Patienten, die

> *1. an nachstehenden Krankheiten leiden und in den Anstaltsbetrieben nicht oder nur mit mechanischen Arbeiten (Zupfen u.ä.) zu beschäftigen sind:*
> *Schizophrenie,*
> *Epilepsie (wenn exogen, Kriegsbeschädigung oder andere Ursachen angeben),*
> *senile Erkrankungen,*
> *Therapie – refraktäre Paralyse und andere Lues-Erkrankungen,*
> *Schwachsinn jeder Ursache,*
> *Encephalitis,*
> *Huntington und andere neurologische Endzustände;*
> *oder*
> *2. sich seit mindestens 5 Jahren dauernd in Anstalten befinden;*
> *oder*
> *3. als kriminelle Geisteskranke verwahrt sind;*
> *oder*
> *4. nicht die deutsche Staatsangehörigkeit besitzen oder nicht deutschen oder artverwandten Blutes sind unter Angabe von Rasse und Staatsangehörigkeit.*[45]

Meldebogen 2 bezog sich auf die jeweilige Anstalt selbst. Dabei wurden Größe, Zustand, Bauart, Zahl der Betten usw. erfasst, um eine langfristige Planung des Anstaltswesens in Württemberg und Baden zu ermöglichen und die Umwidmung von Anstalten für militärische oder andere Zwecke zu erleichtern. Die Meldebogen, die von den Anstalten auszufüllen waren, mussten an die Abteilung IV des Reichsinnenministeriums zurückgesandt werden. Von dort gelangten sie in die Zentrale der »T4«, wo sie kopiert und an jeweils zwei Gutachter und einen Obergutachter weitergeleitet wurden. Diese entschieden anhand der Meldebogen über Leben und Tod zigtausender Patienten und Heimbewohner. Unverzichtbar für das Gelingen der »Aktion T4« war die Mitwirkung der Länderverwaltungen in Württemberg und Baden, angesiedelt in Stuttgart und Karlsruhe. Sie hatten die Aufsicht über die Heil- und Pflegeanstalten. Hierbei kam der württembergischen Innenverwaltung in Stuttgart und deren Medizinalverwaltung im Falle Grafenecks eine ganz besondere Bedeutung zu. Leiter des württembergischen Gesundheitsdienstes, Geschäftsteil X des Innenministeriums, war zu dieser Zeit Ministerialrat Dr. Eugen Stähle. Sein ranghöchster Mitarbeiter war Obermedizinalrat Dr. Otto Mauthe, Berichterstatter für das Anstaltswesen im Württembergischen Innenministerium.

Berlin – Stuttgart – Grafeneck

Als nun in dieser Situation – Anfang Oktober 1939 – die Vertreter der später sogenannten *T4-Behörde* und des Reichsinnenministeriums auf der Suche nach einem möglichen Tötungsstandort waren, schlugen die Vertreter des Württembergischen Innenministeriums in Stuttgart auch das Samariterstift Grafeneck zur Besichtigung vor.

Ob die *Visitation* Grafenecks in der zweiten Maihälfte 1939 durch Dr. Otto Mauthe und zwei weitere Ministerialbeamte, darunter Oberregierungsrat Karl Mailänder, Leiter der Württembergischen Landesfürsorgebehörde, bereits in Zusammenhang mit den geplanten »Euthanasie«-Morden stand, ist nicht nachweisbar. Jedoch muss Grafeneck auf die Ministerialbeamten einen so nachhaltigen Eindruck gemacht haben, dass sie im Oktober hierauf zurückkamen. Grafeneck entsprach weitestgehend den Kriterien, den die Reichsstellen für den Aufbau einer ersten Tötungsanstalt im Reich vorgebracht hatten: eine abseitige Lage, ein leicht abzusperrendes und zu bewachendes Gelände, die ausreichenden Möglichkeiten zu baulichen Veränderungen und manches andere mehr.

Daneben – und dies war eine Bedingung der württembergischen Ministerialbürokratie – war Grafeneck keine staatliche Einrichtung. Es war eine bewusste Entscheidung der württembergischen Verantwortlichen, die staatlichen Anstalten nicht mit der »Euthanasie« zu verquicken, so zumindest die Aussage Dr. Stähles in den Vorermittlungen des Grafeneck-Prozesses, der 1949 in Tübingen verhandelt wurde.[46]

Grafeneck Mitte der 1930er Jahre – Luftaufnahme.

Das Schloss Grafeneck, über dem Dolderbach in Gomadingen-Marbach (Kreis Reutlingen) gelegen, war ursprünglich ein auf einer mittelalterlichen Wehranlage errichtetes Renaissanceschloss. Der württembergische Herzog Christoph (1515–1568) hatte es 1556 bis 1559 als Jagdschloss erbauen lassen. Mitte des

18. Jahrhunderts wurde es durch eine weitere Herrschergestalt der württembergischen Geschichte, Herzog Karl Eugen (1728–1793) zu einer prachtvollen barocken Schlossanlage erweitert und überformt. Der talwärts stehende Flügel wurde entfernt, vor und hinter dem Schloss wurden zwei langgestreckte Gästehäuser errichtet und dem allem – mit »Invalidenhäusern«, einer Kapelle, einer Kaserne, einem Theater und anderen Gebäuden – ein kleines Dorf hinzugefügt. Was so für 115.700 Gulden entstanden war, wurde zeitweise von mehr als 600 Gästen genutzt, die dort rauschende Feste feierten. Doch was in den Jahren 1762 bis 1765 in einer schnellen Leichtbauweise errichtet worden war, wurde in der ersten Hälfte des 19. Jahrhunderts wieder abgebrochen. Nur Christophs Schloss blieb als Eigentum des Herzogtums, des Kurfürstentums und des Königreichs Württemberg erhalten. Im Jahr 1904 wurde es, samt seinem Landbesitz, privatisiert. Freiherr Max von Tessin, der einem seit 1755 auf Schloss Kilchberg bei Tübingen ansässigen Geschlecht entstammte, war der neue Eigentümer. Er schuf das heute noch vorhandene landwirtschaftliche Gebäude und richtete eine Pferdezucht ein. In rascher Folge ging das Anwesen 1923 an den Reichsminister Graf von Kanitz und 1925 an den Stuttgarter Kurhausbesitzer Eugen Wörwag über. Im Jahre 1928 erwarb schließlich die 1885 gegründete Samariterstiftung Grafeneck – das Schloss samt der Landwirtschaft. Ziel war es, das aufgegebene Schloss Reichenberg bei Backnang zu ersetzen, die Heimbewohner nach Grafeneck zu überführen und den Ort zur *Versorgung krüppelhafter und gebrechlicher Leute* zu verwenden.[47] Als die Samariterstiftung, die dem Landesverband der Inneren Mission Württemberg angehörte, am 19. November 1929 in Grafeneck einzog, wurde das Behindertenheim von Kirchenpräsident Theophil Wurm als *Glied in der Kette der christlichen Nächstenliebe* gerühmt, das württembergische Innenministerium sprach seine explizite *Anerkennung* aus und die Presse sah Grafeneck als *einen Schritt vorwärts in der Krüppelfürsorge*. Die

Heimbewohner des Samariterstifts Grafeneck in den 1930er Jahren.

Zahl der Heimbewohner von Grafeneck wuchs mit den Jahren von 86 auf 110 Personen, allesamt Männer. Die gleiche Zahl von Frauen war in der zweiten Einrichtung der Samariterstiftung in Obersontheim untergebracht. Im Jahresbericht der Stiftung von 1937 heißt es hierzu, die Satzung zitierend:

Die Volksgenossen, denen die Samariterstiftung Stuttgart in ihren Heimen Grafeneck, Kreis Münsingen, und Obersontheim, Kreis Schwäbisch Hall, ihren Dienst anbietet und zuteil werden lässt, »sind deutsche, krüppelhafte und körperlich oder geistig behinderte Personen arischer Abstammung, welche infolge ihrer wirtschaftlichen Lage der Hilfe bedürfen und sonst kein geeignetes Unterkommen haben. Ihnen will sie eine Heimat mit christlicher Hausordnung und mit Gelegenheit zu einer ihren Kräften noch entsprechenden Beschäftigung bieten (§ 1 der Satzung).[48]

Vom Samariterstift und Behindertenheim zur Vernichtungsstätte

Eduard Frank, Leiter des Samariterstifts Grafeneck.

Nathanael Fischer, Stadtpfarrer der Stuttgarter Stiftskirche im Ruhestand und Vorstand der Samariterstiftung Stuttgart.

Richard Alber, Landrat Münsingen.

Die Vorgänge um die Beschlagnahmung Grafenecks im Oktober 1939 sind schnell geschildert. Ohne Anmeldung erschienen die Vertreter des Württembergischen Innenministeriums, des Reichsinnenministeriums und der T4-Behörde, Dr. Stähle, Dr. Linden und Viktor Brack, beim Heimleiter des Samariterstifts Grafeneck, Eduard Frank.

Frank, 1891 geboren, seit 1920 bei der Samariterstiftung tätig, war Heimleiter bzw. *Verwalter* Grafenecks seit dem November 1929, also seit Anbeginn des Samariterstifts.

Die eingehende Begutachtung Grafenecks am 6. Oktober 1939 sollte schwerwiegende Konsequenzen zeitigen. Mit der Besichtigung muss die Entscheidung für Grafeneck gefallen sein. Wenige Tage später wurde Grafeneck durch die württembergischen Stellen beschlagnahmt.

Schon am 7. Oktober 1939, es war ein Samstag, wurde der Vorstand der Samariterstiftung, Nathanael Fischer, zu Dr. Stähle ins württembergische Innenministerium bestellt. Ohne nähere Datumsangabe kündigte ihm dieser die bevorstehende Beschlagnahmung Grafenecks an. Fischer wurde zur sofortigen Überlassung der Grundrisse des Schlosses aufgefordert. Berlin wollte sie haben. Fischer brachte die 1928 für den Umbau angefertigten Pläne am 9. Oktober in das Ministerium.

Am 10. Oktober 1939 wurde der Münsinger Landrat Richard Alber zu Dr. Stähle in das Innenministerium gerufen. Dort wurde auch er mit der durch ihn zu vollziehenden Requirierung Grafenecks vertraut gemacht. Nähere Einzelheiten erfuhr er nicht. Am selben Tage wurde die Leitung des Klosters Reute bei Bad Waldsee im Kreis Ravensburg davon in Kenntnis gesetzt, dass sie in wenigen Tagen die Grafenecker Heimbewohner bei sich aufzunehmen habe.

Am frühen Morgen des 11. Oktober hatte Nathanael Fischer erneut im württembergischen Innenministerium zu erscheinen. Dr. Stähle eröffnete dem Repräsentanten der Samariterstiftung, dass Grafeneck für drei bis sechs Monate beschlagnahmt werde, dass seine Bewohner im Kloster Reute ein Unterkommen finden würden und dass der Umzug bis zum 14. Oktober 1939 zu vollziehen sei.

Nach dem Krieg beschrieb Pfarrer Fischer die Vorgänge wie folgt.

Etwa Mitte Oktober 1939 wurde ich zu Dr. Stähle zu einer Besprechung gerufen. In Gegenwart des Dr. Mauthe und eines Vertreters der Zentralleitung, Name nicht mehr bekannt, wurde mir von Dr. Stähle eröffnet, daß Grafeneck beschlagnahmt sei. Auf meine Frage nach dem Zweck, verweigerte er die Auskunft. Auf meine Frage nach der Dauer der Beschlagnahme nannte er 3 Monate mit dem Anfügen, daß auch 6 Monate daraus werden könnten. Schon 2 Tage später erhielt ich den Erlaß des Landrats Münsingen vom 13. Oktober 1939, wonach Grafeneck bis 14.10.1939 zu räumen sei. Das Gebäude mußte dann tatsächlich innerhalb von 2–3 Tagen geräumt werden. Ich empfand diese kurzfristige Räumung eines mit 110 Krüppeln belegten Heimes als eine Rohheit, zumal wochenlang nachher das Gebäude leer stand.[49]

Nachmittags fuhren Fischer und Frank nach Reute, *um zu sehen, wohin wir eigentlich kommen.*

Am 12. Oktober schon erschienen sechs Helferinnen des Roten Kreuzes aus Münsingen und zwölf Männer aus Dapfen in Grafeneck. Sie waren vom Landrat zu Pack- und Ladearbeiten verpflichtet worden. Am 13. Oktober trafen um 8 Uhr ein Lastzug mit zwei Anhängern und mehrere Lastwagen der Ulmer Spedition C. E. Noerpel ein. Schon am Abend kam der entladene Lastzug mit der Nachricht aus Reute zurück, die Schwestern wüssten nicht mehr, wo sie die vielen Säcke, Kisten und Pakete unterbringen sollten. Daraufhin ließ man einen Teil der Dinge, auch eben geerntetes Gemüse, Obst und Getreide, nach Obersontheim bringen. Landoberstallmeister Karl Storz stellte im Gestüt Marbach zwei Räume und zum Abtransport mehrere

Fuhrwerke zur Verfügung. Am 14. Oktober 1939 brachten vier Omnibusse die behinderten Männer und einige wenige Frauen, das Heimleiterehepaar, dessen Tochter und zehn Mitarbeiter nach Reute. Der Transport erreichte gegen 15 Uhr sein Ziel.

Am 14.10.1939 bin ich mit 110 Pfleglingen u. 10 Leuten Personal ins Kloster Reute bei Bad Waldsee umgezogen. Das Gutspersonal, 10 Mann und die Aufseherfamilie Haag verblieben noch bis 13.11.39 in Grafeneck. Solange das Gutspersonal noch in Grafeneck war, wurden dort keine baulichen Änderungen oder Einrichtungen getroffen. Bei Übergabe des Gutshofs war ich anwesend.[50]

Erst an diesem Abreisetag entsprach der Landrat dem Auftrag Stähles vom 10. Oktober und einem an ihn gerichteten Erlass des Innenministeriums vom 12. Oktober 1939, eine Beschlagnahmung Grafenecks vorzunehmen. Als der Brief per Einschreiben bei Nathanael Fischer in Stuttgart einging – was vor Montag, den 16. Oktober, nicht gewesen sein kann –, waren Eduard Frank und seine Männer bereits in Reute.

Der Text der Beschlagnahmeverfügung lautete:

Der Landrat in Münsingen Württemberg
Münsingen, den 14. Oktober 1939
Herrn Stadtpfarrer Fischer in Stuttgart
Vorsitzender der Samariterstiftung
Einschreiben! Eilt sehr!
Kanzleistraße 5

Bezugnahme auf die mündliche Besprechung
vom 11.10.1939
Betreff: Krüppelheim Grafeneck,
Landkreis Münsingen
Beilagen: 0

Auf Grund von § 3a in Verbindung mit 2a Buchstabe a des Reichsleistungsgesetzes vom 1. September 1939 (Reichsgesetzblatt 1 S.1645) nehme ich das Krüppelheim Grafeneck – vorläufig ohne Gutshof – für Zwecke des Reiches in Anspruch.

Das Heim ist bis spätestens 14. Oktober 1939 abends von den Insassen und Pflegepersonen – vorläufig ohne das landwirtschaftliche Personal – zu räumen. Die Schlüssel sind mir zu übergeben.

Die gesamte zur Anstalt gehörende Einrichtung sowie die Vorräte sind zurückzulassen. Hierüber ist ein Verzeichnis in dreifacher Fertigung anzulegen, das mir bei der Übergabe der Anstalt auszuhändigen ist. Das gesamte Eigentum der Pfleglinge und des Personals sowie etwa vorhandene Vorräte an leicht verderblichen Lebensmitteln sollen mitgenommen werden.

Die durch die Räumung des Heims entstehenden Aufwendungen sind über mich beim Herrn Württ. Innenminister unter Vorlage einer Zusammenstellung in doppelter Fertigung und ordnungsmässiger Belege zum Ersatz anzufordern.

Alber

Nach einem von Pfarrer Fischer und Dr. Stähle unterzeichneten Übergabevermerk hatte die Samariterstiftung ihr Schloss fristgerecht dem Reich überlassen:

Am 15. Oktober 1939 wurde das im Besitz der Samariterstiftung Stuttgart befindliche und von den bisherigen Insassen geräumte Krüppelheim Grafeneck (Kr. Münsingen) an den Reichsverteidigungskommissar in Württemberg, Reichsstatthalter Murr, vertreten durch den Beauftragten, Ministerialrat Dr. Stähle, gemäß anliegendem Inventarverzeichnis übergeben.[51]

Die Aufnahme der Grafenecker im oberschwäbischen Kloster Reute wird in den Berichten der Zeit als sehr freundlich geschildert. Jedoch war das Kloster, das Mutterhaus der Franziskanerinnen von Reute, zu klein für die Aufnahme der Grafenecker Bewohner und des gesamten Inventars. Ein großer Teil

Der Landrat in Münsingen
Württemberg

Münsingen, den 14. Oktober 1939.

Herrn

Stadtpfarrer Fischer
Vorsitzender der Samariterstiftung

in S t u t t g a r t .
Kanzleistrasse 5.

Einschreiben!

Eilt sehr!

Bezugnahme auf die mündliche Besprechung vom 11. 10. 1939.

Betreff: Krüppelheim Grafeneck, Landkreis Münsingen.

Beilagen: 0.

Auf Grund von § 3a in Verbindung mit § 2a Buchstabe a des Reichsleistungsgesetzes vom 1. September 1939 (Reichsgesetzblatt I S. 1645) nehme ich das Krüppelheim Grafeneck – vorläufig ohne den Gutshof – für Zwecke des Reichs in Anspruch.

Das Heim ist bis spätestens 14. Oktober 1939 abends von den Jnsassen und den Pflegepersonen – vorläufig ohne das landwirtschaftliche Personal – zu räumen. Die Schlüssel sind mir zu übergeben.

Die gesamte zur Anstalt gehörende Einrichtung sowie die Vorräte sind zurückzulassen. Hierüber ist ein Verzeichnis in dreifacher Fertigung anzulegen, das mir bei der Übergabe der Anstalt auszuhändigen ist. Das gesamte Eigentum der Pfleglinge und des Personals sowie etwa vorhandene Vorräte an leicht verderblichen Lebensmitteln sollen mitgenommen werden.

Die durch die Räumung des Heims entstehenden Aufwendungen sind über mich beim Herrn Württ. Jnnenminister unter Vorlage einer Zusammenstellung in doppelter Fertigung und ordnungsmässiger Belege zum Ersatz anzufordern.

Alber

Grafeneck wird für »Zwecke des Reichs« in Anspruch genommen. Verfügung des Münsinger Landrats Richard Alber vom 14. Oktober 1939 auf Anordnung des württembergischen Innenministeriums.

desselben wurde noch 1939 in das zweite Heim der Samariterstiftung, nach Obersontheim im Kreis Schwäbisch Hall, gebracht. Das Schicksal der Grafenecker Männer kann an dieser Stelle nur kurz gestreift werden. Für sie begann eine wahre Odyssee, denn auch das Kloster Reute bot keinen dauerhaften Schutz. Im Dezember 1939 wurde das Elisabethenhaus, in dem sie untergebracht waren, von der Volksdeutschen Mittelstelle beschlagnahmt. Der Anstaltsbetrieb, der bis zu diesem Zeitpunkt noch aufrechterhalten worden war, wurde nun auf Anweisung des Württembergischen Innenministeriums aufgelöst. 84 der Grafenecker Männer wurden daraufhin in die südwürttembergische Heil- und Pflegeanstalt Schussenried gebracht, ohne Heimleiter Frank, der mit elf Behinderten von Reute nach Obersontheim umzuziehen hatte. Grafeneck verschwand von der Liste der Anstalten in Württemberg. Ob dies der Grund ist, warum für die Männer des ehemaligen *Krüppelheims* Grafeneck keine Meldebogen ausgefüllt werden mussten, oder ob die vorgegebenen Richtlinien nicht auf sie zutrafen, lässt sich wohl nicht mehr definitiv feststellen. Tatsache ist, dass keiner der im September 1939 aus Grafeneck vertriebenen behinderten Menschen dort 1940 ermordet wurde. Trotzdem, das Leben in der staatlichen Heil- und Pflegeanstalt Schussenried geriet zur Tortur. Etwa 40 der Männer starben dort, bevor die Überlebenden zurück in die Obhut der Schwestern von Reute in die oberschwäbische Anstalt Heggbach im Kreis Biberach kamen. Erst im Juli 1945 sollten sie wieder nach Grafeneck zurückkommen.

Der Aufbau einer Vernichtungsstätte

In den folgenden drei Monaten – zwischen Oktober 1939 und Januar 1940 – wurde das ehemalige Samariterstift Grafeneck, das in der Folgezeit als *Landespflegeanstalt Grafeneck* firmierte, zielgerichtet in eine Mordanstalt verwandelt.

Am 17. Oktober 1939 erreichte eine mit den Spitzen der T4-Behörde besetzte Planungsgruppe Grafeneck. Vom Landrat vermittelt, wurde Quartier nicht im Schloss, sondern im Marbacher Gestütsgasthof bezogen.

Der Gruppe gehörte erneut Viktor Brack an, der auch die Leitung hatte, darüber hinaus aber auch der medizinische Leiter der *Reichsarbeitsgemeinschaft Heil- und Pflegeanstalten* Professor Dr. Werner Heyde, Dr. jur. Gerhard Bohne, der aus dem Reichsinnenministerium zu »T4« abgeordnet war, und Reinhold Vorberg, der Leiter der *Gemeinnützigen Krankentransport GmbH*.

Wie lange die einzelnen Personen in Grafeneck verweilten, bleibt unklar, jedoch übernahmen Bohne und Vorberg, Letzterer bis hin zum Beginn der Mordphase ab Januar 1940, wichtige Funktionen in der neu errichteten *Landespflegeanstalt.* Bohne, ein promovierter Jurist, versah in den Anfangsmonaten die Funktion eines Büroleiters und kontrollierte die Errichtung der Verwaltung im Schlossgebäude. Vorberg übernahm den Aufbau der Transportstaffel, die 1940 aus mehreren Transportleitern, Fahrern sowie Begleitpersonal bestand, welche die Opfer mit den *grauen Bussen,* die aus dem Bestand der Reichspost stammten, nach Grafeneck zu *verlegen* hatten. Vorberg, der wie Bohne später wieder nach Berlin zurückbeordert wurde, übte zumindest in den Anfangswochen 1940 die Funktion des Transportleiters aus.

Wichtigste Aufgabe war in dieser Phase die Auswahl des Personals, man könnte auch sagen: der Täter. Nach bescheidenen Anfängen in den Monaten Oktober bis Dezember 1939,

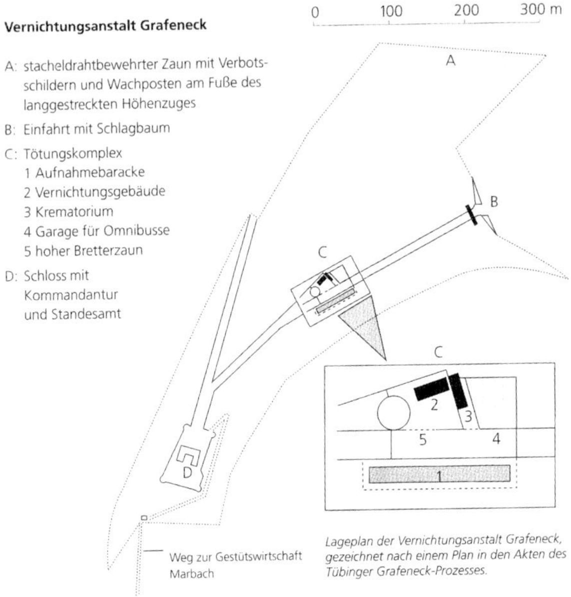

Lageplan der Vernichtungsanstalt Grafeneck 1940.

wo sich zehn bis zwanzig Personen im Schloss aufhielten, stieg im Verlauf des Jahres 1940 die Personalstärke bis auf maximal 100 Männer und Frauen an.

Bei ihrer Rekrutierung wurde auf eine ganze Reihe von staatlichen und parteiamtlichen Stellen zurückgegriffen. Als erster Tötungsarzt in Grafeneck wurde von der »T4«-Behörde in Berlin und unter Einschaltung des Reichsarztes der SS, Dr. Ernst Grawitz, ein Dr. med. Kirchert ausgewählt. Er sollte als erster Direktor der noch im Aufbau befindlichen *Landespflegeanstalt Grafeneck* wirken, deren Ausgestaltung übernehmen, den gesamten Ablauf überwachen und die Morde – dies war ausdrücklich den ärztlichen Spitzen vorbehalten – vornehmen. Werner Kirchert, zum damaligen Zeitpunkt knapp 33 Jahre alt, war 1906 in Halle/Saale geboren und war 1939

Zur Landwirtschaft gehörendes Gebäude (»Remise«), in das zur Jahreswende 1939/40 eine Gaskammer eingebaut wurde. Auf den Plänen S. 60 und S. 61 als Nummer 2 gekennzeichnet.

als Nervenarzt an der Charité in Berlin bei Professor Max de Crinis beschäftigt.

Im Herbst 1939 übernahm Dr. Kirchert die Bearbeitung einer Reichsstatistik der Heil- und Pflegeanstalten. Sein Auftraggeber war hierbei der Reichsarzt SS Dr. Grawitz. Dieser war in die »Euthanasie«-Planungen eingeweiht.

Am 11. März 1963 machte Kirchert hierzu folgende Aussagen:

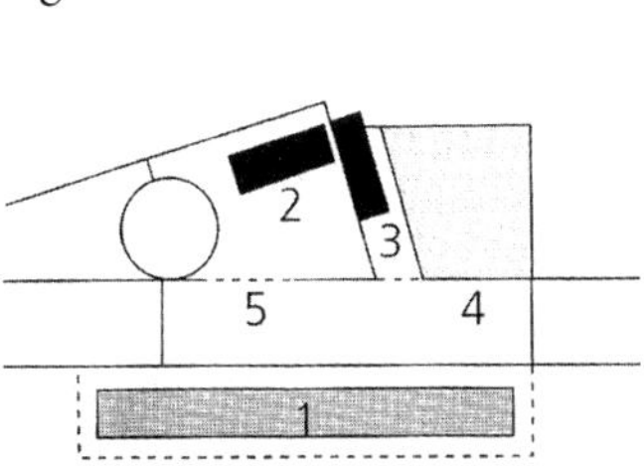

Tötungskomplex Grafeneck 1940: 1 Aufnahmebaracke, 2 Vernichtungsgebäude, 3 Krematoriumsgebäude, 4 Omnibusgarage 5 Bretterzaun.

Etwa im letzten Drittel des September 1939 erteilte mir der Reichsarzt SS Dr. Grawitz den Auftrag, anhand des Medizinal-Kalenders die Zahl der Anstalten und die Bettenzahl dieser Anstalten festzustellen und diese Zahlen in einer Liste zu erfassen. Zweck der Feststel-

lungen sollte etwa folgender sein. Man wollte einen Überblick wegen der bevorstehenden Räumung der Anstalten im Westwall-Gebiet haben. Dr. Grawitz belehrte mich dem Sinne nach darüber, daß es sich um eine geheimzuhaltende Angelegenheit handelte.[52]

Dr. Grawitz übernahm es in der Folge, den Kontakt zwischen Dr. Kirchert und Vertretern der Kanzlei des Führers herzustellen. Es kam zu verschiedenen Besprechungen, an denen unter anderem auch Viktor Brack teilnahm und in denen Dr. Kirchert zur Geheimhaltung verpflichtet wurde:

Ich erfuhr dem Sinne nach, daß auf Befehl des Führers die unheilbar Geisteskranken, die im psychiatrischen Sinne als »siech« zu bezeichnen waren, den Gnadentod erhalten sollten. Ich sollte die Leitung einer der ersten Euthanasieanstalten übernehmen. Die Auswahl der zu tötenden sollte durch Gutachterkommissionen erfolgen. Auf der nächsten Besprechung, wieder in der K.d.F., wurden im Wesentlichen technische Fragen besprochen. Ich machte darauf aufmerksam – damit hatte man sich offenbar nicht beschäftigt –, daß auch eine standesamtliche Beurkundung würde erfolgen müssen. […]

Über die Besprechungen berichtete ich damals laufend Dr. Grawitz. Seine eigene Einstellung war dabei schwer zu erkennen. Von Anfang an betonte er aber jedenfalls, daß das Rote Kreuz, dessen geschäftsführender Präsident er war, damit nicht belastet werden dürfe. Entsprechend erklärte er das auch für die Waffen-SS. Vor einer etwaigen Tätigkeit sei Uniform abzuliefern. Offensichtlich war

Foto des Vernichtungskomplexes 1940. Es zeigt von links nach rechts: Busgarage, Krematoriumsgebäude, Vernichtungsgebäude, Landwirtschaft.

Dr. Grawitz von Bouhler dahin angegangen worden, Ärzte zur Verfügung zu stellen. Nach meinen Beobachtungen war ihm dabei sichtlich nicht wohl.

Der Vergasungsraum. Fotografie aus der Zeit nach dem Zweiten Weltkrieg. Sichtbar sind Spuren der Gasleitung und der Ventilation an der rückwärtigen Gebäudeseite.

Bald danach – das muß nach meiner Erinnerung Anfang Oktober gewesen sein – brachte ich Dr. H. gegenüber zum Ausdruck, daß ich aktiver Sanitätsoffizier der Waffen-SS sei und meine Aufgabe an der Front sehe. Ich brachte meine Ablehnung auf diese Weise zum Ausdruck, also nicht ausdrücklich. Dr. H. verlangte von mir, daß ich einen Ersatzmann benenne. Ich erinnerte mich meines alten Schulkameraden Dr. Schumann, bei dem er anfragen sollte. […] Am 7.10.1939 begab ich mich zur Division nach Dachau. […] Irgendwelche Nachteile sind mir aus der Ablehnung der Teilnahme nicht erwachsen.[53]

Die weiter steil verlaufende Karriere Dr. Kircherts unterstützt seine zuletzt gemachte Aussage.[54] Die Täter an der Spitze der Tötungsmaschinerie waren keine gedungenen Kreaturen, wie es durch das Pochen auf *Befehlsnotstand* in den Nachkriegsprozessen der Nachwelt glaubhaft gemacht werden sollte. Dr. Kirchert rückte am 7. Oktober 1939 als Hauptsturmführer der Waffen-SS zu einer Sanitätskompanie ein. 1940, während der Morde in Grafeneck, lag diese Kompanie nur wenige Kilometer entfernt auf dem Truppenübungsplatz Münsingen. Kirchert verhehlt in seiner Aussage nach dem Krieg nicht, dass er, zusammen mit seinem Divisionsarzt, Grafeneck besichtigt hat.

Er erwähnt hierbei ausdrücklich das Krematorium. Begrüßt und über *Sinn und Zweck* Grafenecks aufgeklärt wurden sie hier von Dr. Schumann:

Wir fanden dort den mir bekannten Dr. Horst Schumann vor. Er klärte uns über Sinn und Zweck der Anstalt, die zu diesem Zeitpunkt nicht in »Betrieb« war, auf. Ich glaube, es war sogar ein Krematorium da.[55]

Die *Empfehlung* Kircherts, Dr. med. Horst Schumann (1906 bis 1983), ebenfalls aus Halle an der Saale, hatte nicht solche Bedenken wie Kirchert gehabt. Er wurde der erste ärztliche Leiter und Direktor der neuen Landespflegeanstalt Grafeneck.

Horst Schumann wurde 1906 als Sohn eines praktischen Arztes geboren. Der deutschnationale und konservative Vater beeinflusste den Sohn, der Mitglied einer rechtsextremen Studentenverbindung wurde. Die Approbation erhielt Schumann 1931. Von 1931 bis 1934 war er Assistenzarzt für Innere Medizin und trat anschließend als Amtsarzt beim Gesundheitsamt in Halle in den öffentlichen Gesundheitsdienst ein. Anfang 1930 war er der NSDAP, 1932 der SA beigetreten. Bei Kriegsbeginn wurde Schumann als Unterarzt zur Luftwaffe einberufen, aber bereits Anfang Oktober 1939 in die Kanzlei des Führers bestellt, wo Brack ihn über die »Euthanasie«-Mordaktion informierte und zur Mitarbeit aufforderte. Schumann willigte nach einer Bedenkzeit, in der er sich mit seiner Familie besprach, ein, und wurde zum Ärztlichen Direktor der *Landespflegeanstalt Grafeneck* ernannt.

Ende 1939 wurde auch die Auswahl für die nichtärztlichen Spitzen der Vernichtungsanstalt getroffen. Im Unterschied zu den ärztlichen Direktoren – wie Schumann und dessen Nachfolger Dr. Ernst Baumhardt – stammten diese aus Württemberg. Als Rekrutierungsreservoirs dienten hierbei verschiedene württembergische Polizeidienststellen wie das Polizeipräsidium Stuttgart oder die des Inspekteurs der Sicherheitspolizei. Wie genau die personelle Auswahl vonstatten ging, lässt sich im Einzelnen nur noch in groben Zügen nachvollziehen. Aller Wahrscheinlichkeit nach ging *eine* Initiative von der »T4«-Zentrale in Berlin aus, deren Spitzen – Dr. Gerhard Bohne und Reinhold Vorberg – sich zu diesem Zeitpunkt ja noch vor Ort, das heißt in Grafeneck, befanden. Ob bei der Kontaktanbahnung und der Vorauswahl der Beamten die Württembergische Reichsstatthalterei oder das Innenministerium in Stuttgart eingeschaltet waren, ist zwar durch Quellen nicht belegbar, scheint aber sehr wahrscheinlich. Der Reichsstatthalter, Gauleiter Wilhelm Murr (1888–1945)[56], der seit Kriegsbeginn auch als Reichsverteidigungskommissar fungierte, und ebenso der Württembergische Innenminister, Dr. jur. Jonathan Schmid (1888–1945)[57], waren auf jeden Fall detailliert eingeweiht und in die *Geheime Reichssache* Grafeneck einbezogen. Da sich die Kooperation mit den württembergischen Stellen bereits mit der Auswahl und der Beschlagnahme Grafenecks bewährt hatte und die behinderten Patienten aus Württemberg zu den ersten Opfern zählen sollten, lag es nahe, auf Beamte aus Stuttgart zurückzugreifen.

Zum wichtigsten unter den nichtmedizinischen Leitern sollte Christian Wirth werden.

Geboren 1885 im südwürttembergischen Oberbalzheim, Kreis Laupheim, war er bereits 1910 in den Dienst des Stadtpolizeiamtes Heilbronn, dann des städtischen Polizeiamtes Stuttgart gelangt. Hier wurde er 1932 zum Kriminalinspektor befördert und stieg 1938 zum Leiter des Kriminalkommissariats 5 auf. In der Folgezeit war Wirth, der ein überzeugter Nationalsozialist war – seit 1923/31 NSDAP-Mitglied, 1933 Eintritt in die SA, Mitglied des SD –, mit politisch-polizeilichen Sonderaufgaben befasst. 1939 wurde er von der SS in den Rang eines Sturm- beziehungsweise Obersturmführers übernommen, gleichzeitig zum Kriminaloberkommissar befördert.

Dr. Horst Schumann (1906–1983), ärztlicher Direktor und Tötungsarzt in den T4-Vernichtungsstätten Grafeneck 1939/40 und Sonnenstein in Pirna 1940/41; Lagerarzt in Auschwitz-Birkenau.

Christian Wirth (1885–1944), Kriminalkommissar Polizeipräsidium Stuttgart, Aufbau der Büroabteilung in Grafeneck, Leiter der Büroabteilung in Hartheim bei Linz, Kommandant des Vernichtungslagers Belzec und Generalinspekteur der »Aktion Reinhard«.

Ende 1939 erfolgte seine Versetzung vom Polizeipräsidium Stuttgart nach Grafeneck. Wir wissen allerdings nicht, warum Wirth dazu bestimmt wurde, und können nur vermuten, dass seine Stuttgarter Vorgesetzten ihn als einen Mann mit den richtigen Qualifikationen empfahlen. Hiermit gelang Christian Wirth direkt der Einstieg in die Führungsriege der »T4«-Behörde. Mit seinen 55 Jahren war er wesentlich älter als die in den Vernichtungsstätten der »Euthanasie« eingesetzten Ärzte. Anfang 1940 leitete Wirth, nachdem er zuvor an einer »Probevergasung« in Brandenburg teilgenommen hatte, die ersten Vergasungen in Grafeneck.

Auch war Wirth federführend beim Aufbau der Büroabteilungen in Grafeneck und Brandenburg, der zweiten »Euthanasie«-Vernichtungsanstalt im Reich. Dort begannen die Morde im Februar 1940. Später stieg er zum *Inspekteur aller sechs Vernichtungsanstalten* von »T4«, zum Polizeimajor und SS-Sturmbannführer auf. Wirth war zwar eindeutig der bedeutendste, jedoch keineswegs der einzige württembergische

Polizeibeamte, der über seine Tätigkeit in Grafeneck zur »T4«-Organisation gelangte. Noch während oder sogar schon bevor Wirth in Grafeneck weilte, wurden weitere Beamte für leitende Funktionen rekrutiert.

Zum ersten Leiter der *Büroabteilung* und des *Sonderstandesamtes* der neuen *Landespflegeanstalt Grafeneck* sollte Jacob Wöger ernannt werden. Wöger wurde hierfür im Dezember 1939 von Dr. Gerhard Bohne angeworben. Der 1897 als Sohn eines Landwirts in Steinheim, Kreis Heidenheim, geborene Wöger arbeitete zunächst in einer Ortsverwaltung, im Bürgermeisteramt der Gemeinde Deizisau, Kreis Esslingen. Er war dann Soldat im Ersten Weltkrieg und trat 1922 in die württembergische Polizei ein. 1933 wurde er Mitglied der NSDAP und der SS. 1936 hatte Wöger schließlich den Rang eines Kriminalsekretärs bei der Stuttgarter Kriminalpolizei erreicht – also bei derselben Behörde, bei der auch Wirth seinen Dienst versah. Wöger wurde 1938 schließlich zur Dienststelle des *Inspekteurs der Sicherheitspolizei* Stuttgart versetzt. Vor dem Landeskriminalamt Baden-Württemberg sagte er hierzu 1960 Folgendes aus:

Mitte 1938 kam ich zur Dienststelle des Inspekteurs der Sicherheitspolizei (Dr. Scheel) Stuttgart. Ich leitete bei dieser Dienststelle die Registratur und bearbeitete kriminalpolizeiliche Angelegenheiten. Diese Tätigkeit verrichtete ich bis Ende 1939. Während meiner Tätigkeit beim Inspekteur der Sicherheitspolizei in Stuttgart war ich auch Mobilmachungsreferent im Bereich der 5. Division. Zu dieser Zeit war ich jedoch noch nicht Soldat. […]

Es war noch Ende 1939, als eines Tages ein Herr aus Berlin – es war Dr. Bohne – beim Inspekteur der Sicherheitspolizei in Stuttgart, wo ich damals tätig war, erschien und mir eröffnete, daß ich für eine besondere Verwendung in einer »Geheimen Reichssache« vorgesehen sei. […]

Wie ich mich aber noch entsinne, nannte Dr. Bohne im Zusammenhang mit der Erwähnung der »Geheimen Reichssache«, daß ich als Leiter eines Standesamtes in Grafeneck vorgesehen sei. Auch erhielt ich damals von Dr. Bohne den Auftrag, für diesen Posten die entsprechenden Unterlagen zu beschaffen. Es ist möglich, daß damals auch schon die Frage meines Stellvertreters und einer Schreibkraft erörtert wurde. Mein Stellvertreter war der Kriminalsekretär Holzschuh und Schreibkraft war Fräulein Thea MOSER. Ihre Schwester Freya MOSER kam erst einige Zeit später nach Grafeneck. Dies könnte etwa im Februar 1940 gewesen sein.

Bei der vorerwähnten Unterredung mit Dr. BOHNE wies mich dieser nochmals nachdrücklich auf die Geheimhaltungsbestimmungen über die »Geheime Reichssache« hin. Er erklärte mir, daß auf einer Verletzung der Geheimhaltungsbestimmungen die Todesstrafe stehe. Wie ich mich noch entsinne, mußte ich eine entsprechende Verpflichtung damals unterschreiben. […]

Bei der Verpflichtung für die »Geheime Reichssache« durch Dr. BOHNE hat mir dieser auch erklärt, daß das südwestliche Reichsgebiet als Operationsgebiet von schweren Fällen Geisteskranker geräumt werden solle. Diese Geisteskranken sollten dann in Grafeneck Aufnahme finden, wobei allerdings mit einer hohen Sterblichkeitsziffer zu rechnen sei. Für die erhöht auftretenden Sterbefälle sollte daher ein eigenes Standesamt mit einem entsprechenden Fachmann geschaffen werden. Fachmann war ich auf Grund meiner Lehre als Verwaltungsmann.[58]

Offiziell wurde der Sonderstandesamtsbezirk und das Sonderstandesamt *für den Bereich der Landes-Pflegeanstalt Grafeneck* auf *Anordnung des Herrn Reichsministers des Innern* am 12. Dezember 1939 eingerichtet. Dem Landrat oblag die Pflicht, *nach Benehmen mit SS-Sturmführer Wöger vom Inspekteur der Sicherheitspolizei einen Melde- und einen Standesbeamten, womöglich in einer Person, sowie einen Stellvertreter (gleichfalls aus den Anstaltsbeamten) zu bestellen und das weiter erforderliche (Beschaffung von Dienstsiegeln, Vordrucken, Gesetzesvorschriften) zu veranlassen.* Der Standesbeamte sollte *für die*

Beurkundung aller im Anstaltsbereich vorkommenden Personenstandsfälle zuständig sein.[59] Unterzeichnet war der Erlass hierbei von Ministerialdirektor Dr. Gottlob Dill[60] vom württembergischen Innenministerium. Dill, der für die *Deutschen Christen* Mitglied des *Evangelischen Landeskirchentags* und des *Landeskirchenausschusses* war, 1939 allerdings aus allen kirchlichen Ämtern ausschied, galt als *Verbindungsmann des Innenministeriums zum Landesbischof* Theophil Wurm[61] und als mächtigster Mann des Stuttgarter Innenministeriums. Als sein Vorgesetzter, Innenminister Dr. Jonathan Schmid, 1940 zum Chef der Deutschen Verwaltung im besetzten Frankreich wurde, war Dill noch stärker in die Vorgänge um Grafeneck involviert. Er diente hierbei auch als Ansprech- und Verhandlungspartner für den württembergischen Landesverband der Inneren Mission.

Zum Stellvertreter Wögers in Grafeneck wurde ein Beamter der Kripoleitstelle in Stuttgart, Hermann Holzschuh, berufen. Er war 1907 als Sohn eines Stuttgarter Kriminalinspektors geboren, trat 1926 in den württembergischen Polizeidienst ein und war 1937 in den Rang eines Kriminaloberassistenten bei der Stuttgarter Kriminalpolizei aufgestiegen. Zuvor war er 1933 der NSDAP und der SA beigetreten, dann 1939 von der SA zur SS übergewechselt. Im Februar 1940 wurde er auf Empfehlung seines Kripo-Kollegen Wöger angeworben. In Grafeneck übernahm er nach dem Ausscheiden Wögers im August 1940 dessen Posten. Zu seinem Werdegang machte Holzschuh im Februar 1963 folgende Aussage:

Seit 1926 war ich bei der Polizei, seit 1935 etwa bei der Kripoleitstelle Stuttgart. […]

Im Februar 1940 wurde ich zu dem Standesamt Grafeneck abkommandiert. Die Abkommandierung erfolgte durch das Reichssicherheitshauptamt und wurde über das Innenministe-

rium in Stuttgart geleitet. Ich nehme als ziemlich sicher an, daß meine Abkommandierung auf Veranlassung meines Kollegen Wöger erfolgte, der bereits in Grafeneck war.[62]

Schließlich ging er im Februar 1941 als Standesbeamter nach Bernburg an der Saale, wie Grafeneck ebenfalls eine »Euthanasie«-Tötungsanstalt. Im April 1941 – nach anderen Darstellungen im Juni oder Juli – verließ er Bernburg wieder, was vermutlich auf Differenzen mit Christian Wirth und Professor Werner Heyde zurückzuführen war.[63] Wie Wöger vor ihm, verließ Holzschuh wenig später die »T4«-Organisation und trat eine Stelle im Stab des Befehlshabers der Sicherheitspolizei und des SD in Kiew an.

In ihrer Zuständigkeit für die Aktenführung, die Korrespondenz, das Standesamt, das Personalwesen und die Sicherheit waren die oben beschriebenen Personen im Wesentlichen für den gesamten Mordprozess zuständig und dabei entweder Stellvertreter des jeweils Leitenden Arztes oder diesem sogar gleichgestellt.

Jedoch wurden vor Jahreswende 1939/40 nicht nur die leitenden Kräfte für Grafeneck rekrutiert.

Auch Schreib- und Küchenpersonal wurde schon zu einem sehr frühen Zeitpunkt benötigt. Offensichtlich geschah dessen Rekrutierung, ähnlich wie bei den Polizeibeamten zuvor, im württembergischen und vor allem dem Stuttgarter Raum. Als Beispiele seien hier die 1918 in Fellbach geborene Ruth B., die in Grafeneck als Schreibkraft arbeitete, und die 1919 in Waiblingen geborene und in Grafeneck in der Küche tätige Lydia E. genannt. Erstere, über die NS-Frauenschaft nach Grafeneck vermittelt, sagte 1961 hierzu Folgendes aus:

Zu Beginn des Krieges war ich zu Hause und hatte die 6. Klasse der höheren Schule absolviert. Meine Eltern waren dafür, dass ich erst einmal Geld verdienen sollte. Ich meldete mich daher bei der NS-Frauenschaft und fragte nach einer Betätigung, nachdem ich gehört hatte, dass es dort eine Stelle gäbe. Man hiess mich wiederkommen und da verhandelte mit mir ein Herr, den ich später in Grafeneck als Herrn Schütt kennenlernte. Er erklärte mir, dass man für eine geheime Sache jemand für Küchen- und Verpflegungsfragen brauche. Als er aber erfuhr, dass ich Schreibmaschine und Stenografie schreiben könne, meinte er, ich könne dann auch dort im Büro arbeiten.

Ich traf dort ein paar Damen, die mich auf meine neue Beschäftigung ansprachen und etwa dem Sinn nach meinten, »ach, sie wollen auch auf das verwunschene Schloss«. Ich konnte mir gar nichts darunter vorstellen, da ich auch keine Ahnung von meiner zukünftigen Arbeit hatte. Ich akzeptierte die Arbeit, da man mir 200,-- RM, (damals eine gute Bezahlung) sowie freie Station und Verpflegung bot.

Herr Schütt holte eine Lehrerswitwe, eine Frau Weiland, die später im Haus half, und mich ab und brachte uns nach Grafeneck. Dort kamen wir zu dem Arzt Dr. Baumhardt, der uns mit einigen anderen um einen Tisch versammelte. Er fragte uns, ob wir kirchliche Bindungen hätten, dies wurde von mir verneint. Er unterrichtete uns daraufhin, dass man aus verschiedenen Heilstätten unheilbare Geisteskranke zusammenhole und hier in Grafeneck auf humane Weise töte. Bei dieser Gelegenheit wurden wir quasi dienstverpflichtet. Wir wurden darüber belehrt, dass es sich bei dieser Massnahme um eine geheime Reichssache handelt und wir über alles, was wir erfuhren, zu schweigen hätten. Für einen Bruch dieser Schweigeverpflichtung wurde KZ und alles mögliche angedroht. Auf jeden Fall ergab sich, dass wir nun nicht mehr wegkonnten. Ob diese Verschwiegenheitsverpflichtung schriftlich oder mündlich erfolgte, entzieht sich meiner Erinnerung. Ich blieb in Grafeneck bis zum 1. Febr. 1941, ging dann nach Hause zurück, machte das Abitur und studierte Medizin.[64]

Im November 1939 erreichte Grafeneck weiteres Personal. Dieses Mal wieder aus Berlin. Es bestand im Kern aus mehreren SS-Leuten, die dienstverpflichtet und nach Grafeneck abkommandiert worden waren, aber auch aus ersten Pflegern, weiteren Schreibkräften und einem Ehepaar, welches für die Grafenecker Landwirtschaft zuständig sein sollte, die im November 1939 ebenfalls von der Samariterstiftung übernommen worden war.

Einer der SS-Männer, Josef Oberhauser, beschrieb 1961 die Vorgänge seiner Abkommandierung nach Grafeneck:

Nach Beendigung des Polenfeldzuges gehörte ich als SS-Unterscharführer der Totenkopf-Division »Brandenburg« an. Zusammen mit etwa weiteren fünf oder sechs Mann, sämtlich Unterscharführer, mußte ich mich Ende Oktober/Anfang November 1939 beim Führungshauptamt der SS melden, das sozusagen die Einheit für alle Kommandierten der SS darstellte. Dort verging noch einige Zeit, bis wir die Aufforderung erhielten, uns in der »KdF« zu melden. Die Meldung erfolgte bei dem damaligen SS-Standartenführer Brack. Dieser erklärte uns, es sei unsere Aufgabe, bei einer Geheimen Reichssache mitzuwirken. Im Hinblick auf den bevorstehenden Frankreichfeldzug müßten Heil- und Pflegeanstalten geräumt und ihre Insassen zurückverlegt werden. Mit Rücksicht auf die Geheimhaltung müßten wir Zivilkleidung tragen. Die Besoldung und die Bewaffnung mit einer Pistole blieb bestehen; auch unser Soldbuch behielten wir. Meines Wissens wurden wir dann Mitte November – ich kann trotz Vorhalts früherer Angaben, der Transport habe vor Weihnachten stattgefunden, keine anderen Angaben machen – zusammen mit weiterem Personal – Schreibkräfte, Pfleger und einem älteren Ehepaar, das dann in der Landwirtschaft arbeitete – in einem Omnibus nach Grafeneck transportiert.[65]

Im neuen Jahr kam ein weiterer großer Personalschub, wiederum aus Berlin. Am 6. Januar 1940 erreichten mit einem Omnibus über 20 Beschäftigte, in der Hauptsache Schwestern und Krankenpfleger, sowie weitere Angestellte der *Reichsarbeitsgemeinschaft*, einer Unterorganisation der »T4«-Behörde, Grafeneck. Bei ihrer Ankunft waren die für den neuen Verwendungszweck veränderten oder errichteten Gebäude bereits fertiggestellt. Nachdem die am 17. Oktober angereiste und von Viktor Brack geleitete Planungsgruppe ihre Vorstellungen entwickelt hatte, wurden diese Schritt für Schritt in die Tat umgesetzt. Die Bauleitung übernahm der damals 33 Jahre alte Dr. Horst Schumann. Er holte sich hierfür Unterstützung aus Berlin sowie über das Münsinger Arbeitsamt etwa 15 Handwerker und Arbeiter aus den umliegenden Gemeinden Dapfen, Dottingen und Steingebronn. Baugesuche wurden nicht eingereicht. Die aus den Nachbarorten geholten Männer – viele waren jetzt im Krieg – konnten zum Jahresende 1939 aus ihrer *Dienstverpflichtung* entlassen werden. Ihr Auftrag war erfüllt. Grafeneck hatte sich innerhalb von zwei Monaten mit weitreichenden Folgen verändert: Aus einer Anstalt für behinderte Menschen war eine Mordanstalt geworden.

Das *Schloss* und das *landwirtschaftliche Gebäude*, in dem 1929 auch eine Korbmacherei und eine Bürstenmacherei für Heimbewohner eingerichtet worden waren, blieben von baulichen Veränderungen verschont. Die Küche, die Vorratsräume und der Speisesaal des Schlosses wurden wie bisher genutzt. Im rechten ersten Obergeschoss waren die Wohn- und Verwaltungsräume der Ärzte, des Chefarztes sowie des Assistenzarztes, im linken Obergeschoss des ersten Stockes waren das Sonderstandesamt, das Polizeibüro, die *Trostbrief-* sowie die *Absteckabteilung* und andere Büros untergebracht. Im zweiten Obergeschoss befanden sich die Wohn- und Schlafräume des bald auf 80 Beschäftigte angewachsenen Personals, welches in sehr beengten Verhältnissen untergebracht war. Vom Schloss 290 Meter entfernt und 40 Meter vom landwirtschaftlichen Gebäude, das in den Jahren 1904/05 der Baron von Tessin als

Fohlen- und Pferdestall errichtet hatte, wurde rechts des Weges – vom Schloss her betrachtet – eine große, 68 Meter lange und sieben Meter breite *Holzbaracke* gebaut. Sie war in mehrere Räume unterteilt und besaß in ihrer Mitte eine Heizanlage. Innerhalb des Gebäudes waren etwa 100 Betten aufgestellt, die mit Strohsäcken bedeckt und mit Bettwäsche bezogen waren.

Jenseits des damals noch nicht asphaltierten Weges stand in einem Abstand von 17 Meter gegenüber dieser Baracke ein 1911 ebenfalls von Rittmeister von Tessin erbauter runder *Reitstall* (Reitzirkel). Er bestand aus einer reinen Holzkonstruktion, besaß einen Durchmesser von 15 Meter und eine Höhe von 6,30 Meter. Seine Entfernung vom landwirtschaftlichen Gebäude betrug 45 Meter. In unmittelbarer Nähe stand rechts davon eine geschlossene *Remise*.

Dieses Gebäude wurde ausersehen, die Gaskammerkonstruktion und die Installationen zu beherbergen. Nach einem weiteren Zwischenraum von weiteren acht Metern wurde eine zweite große Baracke errichtet und als *Bus- und Autogarage* benutzt. Sie hatte an ihrer Rückseite eine Breite von 25 Meter, an ihrer Vorderseite eine von 20 Meter und eine Tiefe von ebenfalls 20 Meter. Der merkwürdig schmaler werdende Grundriss ist wohl nur durch die vorhandenen alten Bäume zu erklären. Die Bäume, die eine auf das Schlossgebäude zulaufende Allee bildeten, blieben, soweit dies rekonstruierbar ist, unangetastet. Vielmehr dienten sie vermutlich als willkommener Sichtschutz. In der Garage wurden zwei beziehungsweise drei Omnibusse, ein Sanitätskraftwagen, der seitliche Liegeeinrichtungen und deshalb keine Fenster hatte, sowie ein Fünf-Tonnen-Vomag-Lastkraftwagen untergebracht. Die weiter zum Fahrzeugpark gehörenden Wagen standen bei der Landwirtschaft oder im Schlosshof. Hierbei handelte es sich um einen Phoenix-Post-Lieferwagen, einen Fiat Pkw und einen Tatra Pkw. Die Fahrzeuge kamen allesamt aus Berlin. Die Omnibusse waren wie bereits geschildert von der Deutschen Reichspost überlassen und als sogenannte *Staffel von Hegener* in den Dienst der Gemeinnützigen Krankentransport GmbH GEKRAT gestellt worden. Auf Fotos ist deutlich der an den Seiten angebrachte Schriftzug *Reichspost* aus Emaille zu sehen. Das einzige Farbfoto, das überliefert ist – es wurde am 2. Oktober 1940 in der Stiftung Liebenau in Oberschwaben aufgenommen – zeigt einen der Busse von Grafeneck mit roter Lackierung und einem weißen Seitenstreifen sowie Dachträger (siehe Foto Seite 128).

Zu welchem Zeitpunkt die Busse, die später von vielen Zeitzeugen als grau geschildert wurden, diesen grauen Tarnanstrich zum Schutz gegen Luftangriffe erhalten haben, im Übrigen wie andere öffentliche Fahrzeuge auch, ist zum jetzigen Zeitpunkt eine noch nicht beantwortete Frage. Auch ist fraglich, ob dies zu einem bestimmten einheitlichen Zeitpunkt geschah, oder, was näherliegend erscheint, sich über einen längeren Zeitraum erstreckte. Aus dieser Überlegung heraus kann auch die Möglichkeit nicht ausgeschlossen werden, dass Busse unterschiedlichen Typs und unterschiedlicher Lackierung zeitgleich von den Tätern eingesetzt wurden. Die ebenfalls aus dem Herbst 1940 in der Diakonie Stetten im Remstal entstandene Fotoserie der Busse, bestehend aus mehreren Schwarzweißfotos, könnte dies nahelegen. Auf einem der Fotos sind zwei Grafeneck-Busse zu sehen, einer mit dem Schriftzug der Reichspost, ein zweiter ohne Schriftzug. Auch ist auf dem zweiten der auffallende weiße Seitenstreifen nicht erkennbar. Unbestreitbar bleibt aber die Funktion der Busse. Sie waren das Instrument der Täter, die Opfer aus den Heil- und Pflegeanstalten in Deutschland gewaltsam in die Vernichtungszentren wie Grafeneck und Hadamar zu verbringen.

Das zentrale Gebäude des Tötungsareals lag 65 Meter vom landwirtschaftlichen Gebäude und 15 Meter von der Straße entfernt. 1913 war hierfür der Gemeinde Dapfen ein Baugesuch vorgelegt worden. Die Baupläne für dieses Gebäude haben

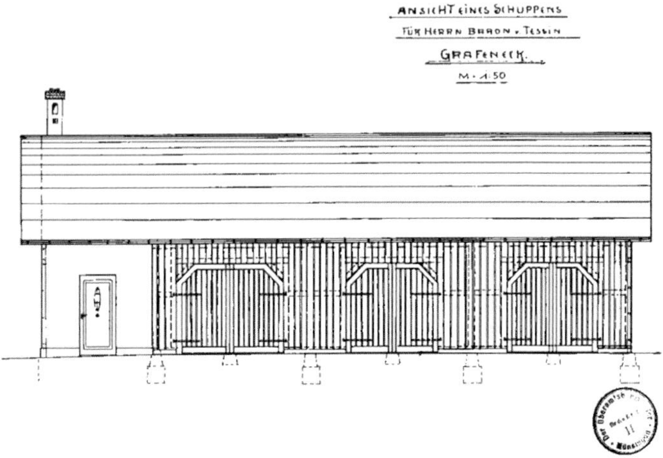

Bauzeichnung des 1911 errichteten Gebäudes, in dem 1940 die Gasmorde an behinderten und kranken Menschen verübt wurden.

die Zeit überdauert und existieren heute noch. Den Plan des 16,10 Meter langen, 6,28 Meter breiten und 5,90 Meter hohen, mit einem Kamin versehenen Gebäudes haben die Reutlinger Architekten M. Zimmermann und Sohn gefertigt. Von Tessin, der Erbauer und frühere Besitzer Grafenecks, vermerkte hierzu handschriftlich:

Das Wasch- und Backhaus wird aus festgebrannten Backsteinen, der andere Teil des Schuppens aus Holz gebaut. Zur Abdeckung werden Falzziegel verwendet. Der Raum im Dachstock bleibt vorerst leer.

An der linken Stirnseite dieses Schuppens befand sich ein zweigeteilter, 2,75 Meter breiter, gemauerter und verputzter Raum. Dieser hatte eine 90 Zentimeter breite Eingangstüre, in der linken Außenwand und in der Rückwand jeweils ein 90 Zentimeter breites Fenster. An diesen Gebäudeteil reihten sich drei weitere Räume an, mit einer jeweiligen Breite von vier Meter, einer Tiefe von sechs Meter und einer Höhe von 2,75 Meter. Der erste und gleichzeitig gemauerte Raum auf der Linken nahm die Kohlenmonoxyd-Flaschen auf. Von hier aus leiteten die Ärzte das CO-Gas in die beiden mittleren Räume. Diese waren zu Beginn des Jahres 1940 zusammengelegt worden und ergaben einen Raum. Der Grund hierfür war die aus der Sicht der Täter zu geringe Größe des ursprünglichen Vergasungsraums, der vom Grafenecker Täterpersonal als *Duschraum* bezeichnet wurde. Nach dieser Veränderung konnte die neu entstandene Gaskammer, die nun eine Fläche von 48 Quadratmetern besaß, bis zu 75 Personen fassen. Dies entsprach exakt der Transportkapazität der zwei, später drei von der Reichspost überlassenen Busse. Um die Opfer zu täuschen, war er mit einem Röhrensystem und Brauseköpfen sowie hölzernen Bänken und Rosten ausgestattet. Zum gemauerten linken Raum hin besaß er ein Sichtfenster, an der Rückwand einen Ventilator, der das Gas aus dem Raum befördern sollte. Im Raum an der rechten Stirnseite befanden sich Bänke und Kleiderhaken. Er diente der Entkleidung der Opfer.

Zwischen diesem Gebäude und der Bettenbaracke einerseits, dem Reitstall und der Busgarage andererseits wurde an der linken Straßenseite ein weiteres, sechs Meter langes und drei Meter breites *Barackengebäude* erstellt. Seine Funktion war die eines *Krematoriums*. In ihm wurden drei als Anhänger konstruierte fahrbare Öfen untergebracht. Die Öfen wurden im Januar 1940 auf dem Anhänger eines Lastwagens angeliefert. Bei starkem Schneetreiben blieb der LKW *»einige 100 Meter vom Ortsausgang Ennabeurens entfernt stecken«* und wurde eineinhalb Tage später von einer Zugmaschine des Münsinger Truppenübungsplatzes freigeschleppt. Der Öffentlichkeit blieb auch dies nicht verborgen. Die angelieferten Öfen wurden mit Öl beheizt, hatten Öffnungen von ungefähr 60 x 40 cm, eine spezielle Einschiebevorrichtung und Kamine. Die Abdeckung der Ofenbaracke hatte man nach den ersten Erfahrungen entfernt. Sie wäre sonst zu heiß geworden. Das Krematoriumsgebäude stand direkt am Weg, zwölf Meter vom Vergasungsgebäude entfernt.

Umbauten und Neubauten im Schlossbereich waren nicht die einzigen Vorkehrungen, die getroffen wurden. Zwischen dem Bahnübergang und dem unterhalb des Schlosses stehenden Pumpenhaus wurde noch vor der Abzweigung des steilen Waldwegs ein *Wach- oder Postenhaus* und eine über die Straße reichende Holzwand errichtet. Das Tor war hierbei so dimensioniert, dass Busse und Lastkraftwagen passieren konnten. Das Postenhaus besaß ein Telefon. Hier wurden die Besucher abgefertigt. In der Nähe stand eine Verbotstafel mit der Aufschrift: *»Betreten wegen Seuchengefahr verboten«*. Beim Bahngleis am unteren Ende der Herzogsteige wurden eine *Schranke* und eine *Verbotstafel* angebracht. Etwa parallel zur heutigen linken Begrenzung des zur Anstalt gehörenden Friedhofs befanden sich ebenfalls eine Schranke und eine Verbotstafel. Eine weitere Tafel stand am Beginn des vom damaligen Vicinalweg 1 (Marbach/Fauserhöhe) zum Schloss führenden Weges (Vicinalweg 7). Die vorhandenen Drahtzäune der Viehweiden wurden verstärkt und mit Stacheldraht versehen. Von nun an patrouillierte eine Wache mit Polizeihund um ganz Grafeneck.

Das *Vergasungsgebäude*, die *Bettenbaracke*, die *Autogarage* und der *Reitstall* waren von einem *Bretterzaun* umgeben. Die Maßangaben schwanken. Er muss aber mindestens 2,50 Meter hoch gewesen sein. Durch diese Bretterwand gewährten zwei verschlossene Tore Ein- und Auslass. Durch eine zweite, noch höhere Bretterwand waren innerhalb der ersten der Reitstall, die Remise und das Ofenhaus von der Bettenbaracke, vom Weg und von der Autogarage getrennt.

Aus Grafeneck war eine Mordanstalt geworden.

Erfassung zur Vernichtung – Die Anstalten im Vorfeld der »Euthanasie«

Mit lediglich drei Monaten Vorlauf – September bis Dezember 1939 – begannen im Januar 1940 die »Euthanasie«-Morde in Grafeneck. Planmäßig wurden zuerst die Anstalten und Einrichtungen des Reiches erfasst, dann ab September 1939 die Patienten und Bewohner der Anstalten. Gezielt wurden vier Gruppen von in Anstalten befindlichen Personen in die *Meldebogenaktion* einbezogen, die man treffender als *Selektion* bezeichnen kann:

- Personen, deren Arbeitsfähigkeit eingeschränkt war,
- Personen, die länger als fünf Jahre in einer Anstalt weilten,
- Personen, die gerichtlich in eine Anstalt eingewiesen waren,
- Personen, die *»nicht deutschen oder artverwandten Blutes«* waren, dies bezog sich im Regelfall auf Menschen jüdischer Religionszugehörigkeit.

Die Einrichtungen, denen dieser Meldebogen zuging – so zumindest die nahezu durchgängige Beurteilung – ahnten zu diesem frühen Zeitpunkt nicht den Zweck dieser Erhebung. Die meisten Einrichtungen im südwestdeutschen Raum, also in Württemberg, Baden und Hohenzollern, erledigten pflichtgemäß die vom Reichsinnenministerium gemachten Auflagen. Nahezu reibungslos funktionierte dies in den staatlichen Heil- und Pflegeanstalten in Württemberg und Baden.

Der Direktor der staatlichen württembergischen Heilanstalt *Winnental*[66], Dr. Otto Gutekunst, sagte hierzu am 23. April 1948 vor dem Amtsgericht Münsingen aus. Das Amtsgericht leitete die Voruntersuchungen zum württembergischen Grafeneck-Prozess, der 1949 in Tübingen stattfand:

Ich bin Facharzt der Psychiatrie, […] abgesehen von anderen Anstaltsdiensten vom Oktober 1913–34 als Oberarzt und Med. Rat in Weißenau tätig, bin seit 1935 Leiter der Heilanstalt Winnental und wurde damals Obermed.Rat.

Als im Herbst 1939 die bekannten Meldebogen zur Ausfüllung in der Anstalt eintrafen, war mir deren eigentlicher Zweck unbekannt. Ich dachte an eine der üblichen Statistiken, vielleicht mit dem Zweck, blöde Kranke zu asylieren, um sie billiger verpflegen zu können. An eine Wegnahme von Arbeitskräften dachte ich nicht. Ich habe ihre Beschäftigung in der Anstalt wahrheitsgemäß angegeben, summarisch. Der Kollege Dr. Joos von Weinsberg hatte seinerzeit die Befürchtung, daß die Arbeitskräfte weggenommen werden würden, und hat im Gegensatz zu mir meines Wissens in den meisten Fällen angegeben, daß die Kranken nicht arbeiten würden.

Im Verlaufe des Nürnberger Prozesses wurde ich von einem amerik. Staatsanwalt u.a. über die Frage vernommen, ob aus den ausgefüllten Meldebogen […] ich ein Bild von dem psychischen Zustand des Kranken machen konnte. Er verlangte Beantwortung dieser Frage aufgrund meiner langjährigen psychiatrischen Erfahrung. Ich verneinte diese Frage. Dieser Staatsanwalt erzählte mir von der Begutachtung dieser Meldebogen durch sogenannte Obergutachter. Vorher wußte ich davon nichts.

Im November 1939 ist der Erlaß des württ. Innenministers Nr. X 4792 vom 23.11.1939 über bevorstehende Verlegungen »in Anbetracht der gegenwärtigen Lage« bei der Anstalt eingegangen. Ich nahm etwaige Verlegungen aus kriegsbedingten Gründen, Freimachung für Lazarettzwecke oder dergl. an, zumal in der Anstalt bereits ein Lazarett bestand.[67]

Nicht so glatt verlief die Erfassung in privaten oder konfessionellen Anstalten. Andere Anstaltsleiter, auch dies ist überliefert, dachten in der Tat an die Möglichkeit, dass den Anstalten Arbeitskräfte für die Landwirtschaft oder aber auch die Rüstungsindustrie entzogen werden sollten, herrschte doch seit Kriegsbeginn ein eklatanter Mangel an Arbeitskräften. Die württembergische *Heilanstalt Mariaberg*[68] etwa, die dem Landesverband der evangelischen *Inneren Mission* angehörte, war nach diesem Muster verfahren. Der Direktor der zwischen Reutlingen und Sigmaringen gelegenen Anstalt Mariaberg Erich Kraft hatte, um dem Verlust arbeitsfähiger Bewohner zu entgehen, deren Arbeitsleistung generell zu gering eingestuft. Andere Anstaltsleiter standen der *Meldebogenaktion* noch kritischer gegenüber und verweigerten zunächst die Kooperation.

Auch hierfür sollen zwei Einrichtungen der Inneren Mission in Württemberg angeführt werden: die *Gustav Werner Stiftung zum Bruderhaus Reutlingen*[69] mit ihren Zweiganstalten sowie die *Taubstummenanstalt Wilhelmsdorf*[70] im Kreis Ravensburg. Der Aufforderung, Meldebogen für ihre Patienten auszufüllen, war die Gustav Werner Stiftung zu Anfang, das heißt im Herbst 1939, nicht nachgekommen. Begründet wurde dies damit, dass die Gustav Werner Stiftung keine Patienten habe, auf die die vorgegebenen Meldekriterien zuträfen. Erst nachdem Dr. Mauthe vom Stuttgarter Innenministerium in Begleitung von Landesjugendarzt Dr. Max Eyrich die Einrichtungen persönlich aufsuchte, gab die Hauptverwaltung in Reutlingen ihren Zweigeinrichtungen verbindliche Richtlinien zur Ausfüllung der Meldebogen vor. Noch fundamentaler war der Protest des Heimleiters von Wilhelmsdorf, Heinrich Hermann, (1879–1961). Er leistete echten Widerstand. Hermann hatte ebenfalls die Abgabefrist für die Ausfüllung der Meldebogen verstreichen lassen. Er wurde ermahnt, dies im *Hinblick auf eine planwirtschaftliche Erfassung* nachzuholen. Hermann, der die Schweizer Staatsbürgerschaft besaß, ließ die Meldebogen zusammen mit einem von ihm verfassten Begleitschreiben unbearbeitet zurückgehen. In seinem Brief an den *Reichsminister des Innern* vom 6. August 1940 heißt es unter anderem:

Die Erfassung dieser Pfleglinge treibt mich zu folgender Feststellung. Ich kenne den Zweck dieser planwirtschaftlichen Erfassung. Ich weiß von den vielen Todesnachrichten, welche die Angehörigen verschiedener württembergischer und badischer Heil- und Pflegeanstalten in den letzten Monaten erhalten haben. Ich kann da gewissenshalber nicht schweigen und nicht mitmachen. Wohl weiß ich, daß es heißt: »Seid untertan der Obrigkeit, die Gewalt über euch hat.« Ich habe deshalb auch den gelben Bogen ausgefüllt. Aber nun kann ich nicht weiter. Ich habe einfach die Überzeugung, daß die Obrigkeit mit der Tötung gewisser Kranker ein Unrecht begeht. […] Gott sagt: »Ich will des Menschen Leben rächen an einem jeglichen Menschen. Wer Menschenblut vergießt, dessen Blut soll auch wieder vergossen werden durch Menschen, denn Gott hat den Menschen zu seinem Bilde gemacht.« […] Keine Familie hat Sicherheit, daß nicht eins von ihren Kindern durch Krankheit und Unglücksfall schwachsinnig wird. Mit der Vernichtung eines solchen kranken oder einfach unnormalen Familien- oder Anstaltsgliedes handeln wir gegen Gottes Willen. – Das ist es, warum ich in dieser Sache nicht mitmachen kann. Es tut mir leid, aber man muß Gott mehr gehorchen als den Menschen.[71]

Im Endergebnis gelang es jedoch weder der Gustav Werner Stiftung noch Direktor Hermann aus Wilhelmsdorf, die Bewohner ihrer Einrichtungen vor den *Verlegungen* zu schützen. Jedoch hatte das Protest- und Widerstandsverhalten zur Folge, dass prozentual wesentlich weniger Opfer als in anderen Anstalten zu verzeichnen waren. Die Opfer dieser Anstalten wurden auf Grund temporärer Verweigerungs- und Widerstandshaltung nicht im Jahre 1940 in Grafeneck ermordet, sondern 1941 in der hessischen »Euthanasie«-Anstalt Hadamar bei Limburg an der Lahn. Grafeneck war zu diesem Zeitpunkt bereits geschlossen.

In beiden Anstalten waren die Beamten des Stuttgarter Innenministeriums vor Ort, hartnäckig drängten sie auf die

Ausfüllung der Meldebogen oder – auch dies ist bezeugt – nahmen die Bearbeitung der Meldebogen eigenhändig vor. Ihre Hartnäckigkeit ging hierbei weit über bloß routinemäßiges Verwaltungshandeln hinaus. Noch ein weiteres Beispiel soll hier geschildert werden:

Die ärztliche Leitung der Privatheilanstalt *Christophsbad Göppingen*, die in den Händen von Dr. Fritz Glatzel lag, hatte die im Oktober 1939 vom Reichsministerium des Inneren angeforderten Meldebogen ebenfalls nicht fristgerecht ausgefüllt, im Unterschied zur überwiegenden Mehrzahl der württembergischen und badischen Heil- und Pflegeanstalten.[72]

Zu diesem Vorgang sagte der ärztliche Direktor Dr. Glatzel am 9. Juli 1948 im Rahmen des Grafeneck-Prozesses Folgendes aus:

Im Oktober 1939 erhielt die Anstalt vom Reichsinnenministerium die Aufforderung, Meldebögen über die Patienten abzugeben. Der Inhalt der auf den Meldebögen gestellten Fragen kam mir merkwürdig vor. Ich habe daher mit Schreiben vom 16.10.1939 u.a. um eine nähere Präzisierung der Fragen gebeten. Ich witterte hinter der Sache irgend etwas, mehr im Sinne eines wirtschaftlichen Schlags gegen die Privatheilanstalten, an die Möglichkeit einer Euthanasie dachte ich nur ganz entfernt. Die Antwort des Reichsinnenministeriums datierte vom 31.10.1939. Ich erteilte auch hierauf keine Antwort, füllte die Meldebögen nicht aus.

Durch Erlaß des Württembergischen Innenministeriums vom 23.11.1939 wurden der Anstalt Verlegungen angekündigt. Ich dachte an finanzielle Gründe, zumal einige Tage später der Erlaß des Württembergischen Innenministeriums X 4875 vom 30.11.1939 eintraf, wonach der vom Staat für die Behandlung eines Staatspfleglings ausgeworfene Betrag auf RM 3,- herabgesetzt wurde.[73]

Im März 1940 erschien dann Dr. Otto Mauthe vom Württembergischen Innenministerium wegen des Nichtausfüllens der Meldebogen im Christophsbad. Bei dieser »›Visitation‹« wurden von Mauthe die ersten aus der Göppinger Anstalt zu verlegenden Patienten selektiert. Mauthe berichtet über diesen Vorgang in einem Schreiben vom 19. März 1940. Er benennt auch klar seine *Selektionskriterien*:

»Staatspfleglinge […], die nicht oder ganz wenig arbeiten, meist schon länger in der Anstalt sind und nicht aus der Umgebung von Göppingen stammen.«

Er schildert aber auch die begrenzte Kooperation der Anstalt bei der Auswahl der Patienten:

Anläßlich der Abnahme der Pflegerprüfung in der Heilanstalt Christophsbad in Göppingen habe ich auch eine kurze Besichtigung der Anstalt durchgeführt und vor allem eine Liste der dort untergebrachten Staatspfleglinge, die ich mir erbat, zusammen mit dem Direktor Dr. Glatzel und den beiden Oberärzten Dr. John und Dr. Weitbrecht durchgesprochen.

Die Anstalt ist immer sehr gut belegt, bei 525 Betten waren 526 Kranke aufgenommen, darunter 205 männliche und 175 weibliche Staatspfleglinge. In der Liste der Staatspfleglinge habe ich alle diejenigen mit blauem Winkel bezeichnet, die nicht, oder ganz wenig arbeiten, meist schon länger in der Anstalt sind und nicht aus der Umgebung von Göppingen stammen. Diese Staatspfleglinge, 71 Männer und 66 Frauen, eignen sich zur Verlegung in eine Staatskrankenanstalt, und es könnten zunächst einmal 40 Frauen zur Verlegung nach Weinsberg bestimmt werden.[74]

Die Verlegungen der Staatspfleglinge aus dem Christophsbad erfolgten Schlag auf Schlag.

17. April 1940: Verlegt wurden 40 weibliche Patienten nach Weinsberg; 21. Juni 1940: Verlegt wurden 75 weibliche Patienten nach Weinsberg; 24. Juni 1940: Verlegt wurden 75 männ-

liche Patienten in die Weißenau; 14. Okt: 1940: Verlegt wurden 75 männliche Patienten nach Winnenden.[75]

Die Verlegungen gingen allesamt in staatliche württembergische Heil- und Pflegeanstalten, die als Zwischenstation auf dem Weg in die Gaskammer von Grafeneck dienten. Diese Anstalten wurden dann auch zur Ausfüllung der Meldebogen herangezogen. Am 19. September 1940 richtete das Württembergische Innenministerium in Stuttgart folgenden Erlass an die staatlichen Heilanstalten Weinsberg und Weißenau:

Von der Heilanstalt Göppingen wurden von den Kranken, die nach Weinsberg und Weissenau verlegt wurden, noch keine Meldebogen ausgefüllt, was unverzüglich nachzuholen wäre. Die Meldebogen sind mir bis spätestens 1. Oktober 1940 zur Weitergabe an den Herrn Reichsminister des Innern vorzulegen. […]
gez. Dr. Mauthe.[76]

Offensichtlich holten die staatlichen Anstalten sehr schnell nach, wozu das Christophsbad anfänglich nicht bereit gewesen war; 144 der Patienten wurden noch Ende November und Dezember nach Grafeneck *weiterverlegt* und dort ermordet.

Der Württ. Innenminister
Nr. X 4792.

Stuttgart-S, den 23. November 1939.

An die
Staatlichen Heilanstalten
die
Privatheilanstalten Göppingen, Kennenburg, und Rottenmünster
und an die
Zentralleitung für das Anstalts- und Stiftungswesen in Stuttgart
Falkertstrasse 29.

Betreff: Verlegung von Insassen der Heil- und Pflegeanstalten.

0 Beil.

Die gegenwärtige Lage macht die Verlegung einer grösseren Anzahl von in Heil-und Pflegeanstalten untergebrachten Kranken notwendig. Im Auftrag des Reichsverteidigungskommissars werde ich die notwendigwerdenden Verlegungen von Fall zu Fall anordnen. Die Kranken werden nebst ihren Krankenakten in Sammeltransporten verlegt. Der Abgabeanstalt entstehen aus dem Transport keine Kosten; die Krankenakten werden ihr nach Einsichtnahme durch die Aufnahmeanstalt wieder zurückgegeben. Die Benachrichtigung der Angehörigen über die Verlegung erfolgt durch die Aufnahmeanstalt. Die Kostenträger sind von der Abgabeanstalt davon in Kenntnis zu setzen, dass weitere Zahlungen über den Tag der Verlegung hinaus insolange einzustellen sind, bis sie von der Aufnahmeanstalt angefordert werden.

Die Zentralleitung für das Stiftungs- und Anstaltswesen wird ersucht, den Erlass den ihr unterstellten Anstalten bekanntzugeben.

Im Auftrag
/Gr.

Runderlass des württembergischen Innenministeriums vom 23. November 1939, der den Heil- und Pflegeanstalten die »Verlegung von Insassen« ankündigt.

Karl Mailänder (1883–1960), Oberregierungsrat 1927 und Regierungsdirektor, Leiter der württembergischen Landesfürsorgebehörde 1936 und Vorstand der Zentralleitung für das Stiftungs- und Anstaltswesen 1938.

Dr. jur. Jonathan Schmidt (1888–1945), württembergischer Innen- und Justizminister.

Ende November 1939 ging den badischen und württembergischen Heilanstalten ein Runderlass der Gesundheitsabteilungen der Innenministerien in Karlsruhe und Stuttgart zu. Angekündigt wurde die kommende *Verlegung einer größeren Zahl von in Heil- und Pflegeanstalten untergebrachten Kranken*. Hier der württembergische Erlass im Wortlaut:

Betreff: Verlegung von Insassen der Heil- und Pflegeanstalten

Die gegenwärtige Lage macht die Verlegung einer größeren Anzahl von in Heil- und Pflegeanstalten untergebrachten Kranken notwendig. Im Auftrag des Reichsverteidigungskommissars werde ich die notwendig werdenden Verlegungen von Fall zu Fall anordnen.

Die Kranken werden nebst ihren Krankenakten in Sammeltransporten verlegt. Der Abgabeanstalt entstehen aus dem Transport keine Kosten; die Krankenakten werden ihr nach Ein-

sichtnahme durch die Aufnahmeanstalt wieder zurückgegeben. Die Benachrichtigung der Angehörigen über die Verlegung erfolgt durch die Aufnahmeanstalt. Die Kostenträger sind von der Abgabeanstalt davon in Kenntnis zu setzen, dass mit weiteren Zahlungen über den Tag der Verlegung hinaus insolange einzustellen sind, bis sie von der Aufnahmeanstalt angefordert werden.

Die Zentralleitung für das Stiftungs- und Anstaltswesen wird ersucht, den Erlaß den ihr unterstellten Anstalten bekanntzugeben.

Im Auftrag gez. Dr. Stähle.[77]

Wie aus dem obigen Erlass hervorgeht, wies das Anstaltswesen in Württemberg zu Ende der 30er und Anfang der 40er Jahre eine komplexe Struktur auf.[78] Es existierte eine Vielzahl verschiedener Anstaltstypen, Anstaltsträger, Aufsichts- und Oberaufsichtsbehörden.

Der wichtigste Anstaltstyp war die *staatliche Heil- und Pflegeanstalt*. Hierzu zählten die Anstalten in *Weinsberg*, *Winnenden (Winnental)*, *Weißenau*, *Schussenried* und *Zwiefalten*. Die Direktoren dieser Anstalten wurden offiziell am 16. Februar 1940 von Dr. Eugen Stähle, dem Leiter des Württembergischen Gesundheitsdienstes im Innenministerium von der anlaufenden ›Euthanasie‹-Aktion unterrichtet.

Dr. Wilhelm Weskott (1877–1959), Oberarzt der Heilanstalt Weißenau:

Im Februar 1940 wurde ich zusammen mit anderen Oberärzten oder Anstaltsleitern der staatlichen Anstalten zu Dr. Stähle nach Stuttgart berufen. Ich erinnere mich an die Anwesenheit von Dr. Joos, Weinsberg, Dr. Stegmann, Zwiefalten, und Dr. Götz, Schussenried. Vielleicht war auch Dr. Gutekunst, Winnental, anwesend. Dr. Stähle rief uns Ärzte einzeln in sein Zimmer, und zwar Dr. Götz und mich, offenbar weil wir die letzten waren, gemeinsam. […] Von Grafeneck hat Stähle kein Wort geredet. Er machte jedoch Ausführungen über die Technik des Tötens da-

Das württembergische Innenministerium in Stuttgart. Das Foto zeigt, von links nach rechts, das Innenministerium, die Markthalle und im Hintergrund die Stiftskirche.

hingehend, man habe es zuerst mit Morphiumspritzen versucht, sei aber davon abgekommen, man setze die Kranken unter Kohlenoxydgas […][79]

Etwas anders klingt die Version des Dr. Gutekunst aus der Heilanstalt Winnental:

Im Februar 1940 wurde ich zu Dr. Stähle nach Stuttgart zitiert, der mir eröffnete, es werde auf Befehl des Führers eine Aktion zur Euthanasierung unheilbar Geisteskranker durchgeführt. Die Kranken würden in die Anstalt Grafeneck verlegt, dort nochmals von 2 Ärzten eingehend überprüft; diejenigen, die euthanasiereif seien, würden in Grafeneck euthanasiert werden, die anderen Kranken würden wieder zurückgeschickt werden. Er wies mich darauf hin, daß es sich um ein strenges Staatsgeheimnis handele, über das nicht gesprochen werden dürfte, anderenfalls handele es sich um Hochverrat. Jedes Unternehmen des Hochverrats

Dr. med. Eugen Stähle (1890–1948), Obermedizinalrat und Ministerialdirektor 1933, Leiter der württembergischen Medizinalverwaltung, Geschäftsteil X des württembergischen Innenministeriums, Gauamtsleiter für Volksgesundheit Gau Württemberg, 1943 von Hitler zum Professor ernannt.

werde mit dem Tode bestraft. Dr. Stähle erklärte, mir eine Verpflichtungserklärung nachzuschicken, die ich zu unterschreiben hätte. Einige Tage später kam die Verpflichtungserklärung mit Datum vom 16. Februar 1940, die ich im Original unterschrieb und nach vorsorglicher Abschriftnahme dasselbe zurückgab. Die Abschrift ist bei den Akten. Dr. Stähle redete nur von einem Führerbefehl aber nicht von einem Euthanasiegesetz, wenigstens kann ich mich nicht daran erinnern. Ich war damals allein in Stuttgart bei Dr. Stähle, Kollegen anderer Anstalten waren nicht anwesend.

Über die Eröffnung des Dr. Stähle war ich sehr erschüttert, ich habe sie ohne Aussprache zur Kenntnis genommen. Bei der Persönlichkeit des Dr. Stähle versprach ich mir von einer Auseinandersetzung oder einem Einspruch nichts.

Ich war und bin grundsätzlicher Gegner jeder Euthanasie.[80]

Dr. med. Otto Mauthe (1892–1974), Obermedizinalrat, »Berichterstatter für das Irrenwesen« und stellvertretender Leiter der Gesundheitsabteilung des württembergischen Innenministeriums.

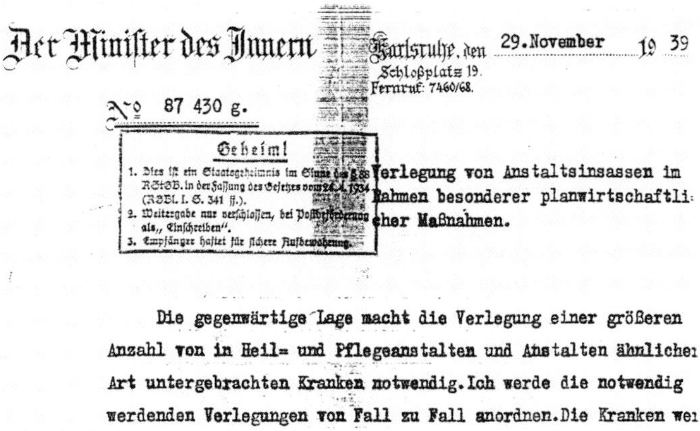

Der Minister des Innern Karlsruhe, den 29. November 1939
Schloßplatz 19.
Fernruf: 7460/68.

No 87 430 g.

Geheim!
1. Dies ist ein Staatsgeheimnis im Sinne des § 88 RStGB. in der Fassung des Gesetzes vom 24.4.1934 (RGBl. I. S. 341 ff.).
2. Weitergabe nur verschlossen, bei Postbeförderung als „Einschreiben".
3. Empfänger haftet für sichere Aufbewahrung.

Verlegung von Anstaltsinsassen im Rahmen besonderer planwirtschaftlicher Maßnahmen.

Die gegenwärtige Lage macht die Verlegung einer größeren Anzahl von in Heil= und Pflegeanstalten und Anstalten ähnlicher Art untergebrachten Kranken notwendig. Ich werde die notwendig werdenden Verlegungen von Fall zu Fall anordnen. Die Kranken wer

Erlass des badischen Innenministers vom 29. November 1939 an die Heil- und Pflegeanstalten in Baden: »Verlegung von Anstaltspatienten im Rahmen besonderer planwirtschaftlicher Maßnahmen«.

Die Staatsanstalten waren zusammen mit den *Privatheilanstalten* in *Göppingen*, *Rottenmünster* und *Kennenburg bei Esslingen am Neckar* direkt dem Württembergischen Innenministerium in Stuttgart unterstellt.

Daneben gab es aber auch eine Vielzahl von Anstalten, Heimen und Einrichtungen, die dem *Württembergischen Landesfürsorgeverband* und der *Zentralleitung für das Stiftungs- und Anstaltswesen* in Stuttgart unterstanden. Beide Organisationen, sowohl der Landesfürsorgeverband, dessen Mitglieder die Stadt- und Landkreise waren, als auch die Zentralleitung für das Stiftungs- und Anstaltswesen, wurden in Personalunion von ein- und derselben Person geleitet: Regierungsdirektor Karl Mailänder.

Als Leiter des Württembergischen Landesfürsorgeverbandes war Mailänder 1938 in die Position eines ehrenamtlichen Vorstandes der Zentralleitung aufgerückt.

Diese war bereits im 19. Jahrhundert zum Zwecke der Zusammenfassung der freien Wohlfahrtspflege entstanden und übte im Auftrag des Stuttgarter Innenministeriums auch die

Aufsicht über die Heil- und Pflegeanstalten gemeinnützigen Charakters aus. Diese Pflegeanstalten hatten zumeist kirchliche Träger, so entweder den evangelischen Landesverband der Inneren Mission in Württemberg oder aber den katholischen Caritasverband.

Man kann wohl nicht umhin festzustellen, dass auch die württembergische Zentralleitung in das System der »Euthanasie«-Morde eingebunden war. Ihr Leiter Karl Mailänder war über die Beschlagnahmung Grafenecks – in seiner Zuständigkeit für die konfessionellen Anstalten Württembergs – eingeweiht, ein Beamter der Zentralleitung war bei diesem Akt gar zugegen. Aber was von noch größerer Bedeutung zu sein scheint, ist die Tatsache, dass auch bei der Erfassung der Opfer der »Euthanasie« die Zentralleitung beteiligt war. Im Juni 1940 wurde die Zentralleitung für das Stiftungs- und Anstaltswesen vom Württembergischen Innenministerium aufgefordert, *in den von Ihnen betreuten Anstalten, diejenigen geisteskranken, epileptischen und schwachsinnigen Pfleglinge namentlich festzustellen, die dort auf öffentliche Kosten untergebracht sind.* Dieser ministerialen Aufforderung kam die Zentralleitung nach, indem sie den Erlass an die ihr unterstehenden Heil- und Pflegeanstalten weiterleitete. Bereits Ende August 1940 meldete sie dem Württembergischen Innenministerium Vollzug und übergab die angeforderten Patientendaten. Diese bevorzugte Erfassung von Patienten, die auf öffentliche Kosten untergebracht waren, *Staatspfleglinge,* wie sie in den privaten Heilanstalten wie Rottenmünster und Göppingen hießen, wurde bereits oben am Beispiel des Christophsbads Göppingen beschrieben.

Im Vergleich zur württembergischen war die Anstaltslandschaft Badens auf Grund ihrer historischen Entwicklung weniger vielfältig.[81] Sie war geprägt durch die großen *staatlichen* badischen Heilanstalten. Hierzu zählten *Wiesloch, Illenau, Em-*

mendingen und *Konstanz* sowie die erst 1934 gegründete Pflegeanstalt *Rastatt*. Mit zusammen 5000 Plätzen lag ihre Größe und Kapazität weit über der der württembergischen Anstalten.

Darüber hinaus existierte die relativ große Zahl von neun *Kreispflegeanstalten*, deren Träger die einzelnen badischen Landkreise waren. Bei einer Kapazität von über 3000 Betten waren in den Kreispflegeanstalten 2300 Menschen untergebracht.

Im Unterschied zu Württemberg gab es in Baden nur wenige *konfessionelle Anstalten*. Hierzu zählten die katholische *St. Josefsanstalt* in *Herten* sowie die dem Landesverband der Inneren Mission in Baden angehörigen evangelischen Einrichtungen *Mosbach/Schwarzacher Hof*[82] und *Kork*[83].

Alle Anstalten unterstanden, analog zu Württemberg, direkt oder aber indirekt der Medizinalverwaltung des Badischen Innenministeriums in Karlsruhe. Der höchste Medizinalbeamte Badens, Leiter der Gesundheitsabteilung, war zum damaligen Zeitpunkt Regierungsdirektor Dr. Ludwig Sprauer. Er wurde bereits Ende des Jahres 1939 in Berlin über die bevorstehenden *planwirtschaftlichen Maßnahmen*, wie die Massenmorde in die Verwaltungssprache übersetzt wurden, eingeweiht und mit der regionalen Umsetzung betraut. Ähnlich wie auch in Württemberg kündigte Sprauer die kommenden *Verlegungen* nach Grafeneck durch einen Runderlass Ende November 1939 an.

Jedoch beschränkte sich die Mitwirkung der Länderverwaltungen nicht auf die bloße *Ankündigung*. Vielmehr ging jedem einzelnen Transport, der Menschen in die Gaskammer von Grafeneck führte, eine direkte Anordnung aus den Innenministerien in Württemberg und Baden voraus.

Die zuständigen *Innenminister* Jonathan Schmid (1888 bis 1945)[84] in Stuttgart (Württemberg) und Karl Pflaumer (1896 bis 1971)[85] in Karlsruhe (Baden) standen mit ihrer Autorität hinter den beginnenden Krankenmorden in Grafeneck.

1948 wurde Jonathan Schmid von der Spruchkammer Leonberg folgerichtig mit Bezugnahme auch auf die *Grafeneckaktion* als *Belasteter* eingestuft:

Wenn der Betroffene mehr gewollt hätte, als in Einzelfällen Schonung und Rücksichtnahme walten zu lassen, so hätte er sich gegen die Einrichtung und Methoden der Gewaltherrschaft selbst wenden und ihre Aufhebung und grundsätzliche Umgestaltung anordnen oder mit Nachdruck betreiben müssen. Denn diese Einrichtungen und Methoden (Heubergaktion 1933, Judenverfolgung 1938, Grafeneckaktion 1939–41) haben sich ja gerade in denjenigen Zweigen der Verwaltung ausgewirkt, deren Leiter der Betroffene selbst war.[86]

Zu einem ebenso eindeutigen Urteil kommt eine neuere biographische Studie:

So bleibt abschließend festzustellen, daß Jonathan Schmid, […] den Nationalsozialismus »in der Provinz« wie im besetzten Europa mitgeprägt und bis zuletzt mitgetragen hat. Der promovierte Rechtsanwalt Schmid hat angesichts elementarer Rechtsverletzungen wie im Falle der Euthanasie, insbesondere der Judenvernichtung, aber auch der Verfolgung Andersdenkender nicht einmal ansatzweise opponiert, geschweige denn persönliche Konsequenzen[87] *gezogen.*

Das Gleiche gilt für die jeweiligen *Gauleiter* der Gaue Württemberg-Hohenzollern und Baden, Wilhelm Murr (1888–1945)[88] und Robert Wagner (1895–1946)[89], die bei Kriegsbeginn zu *Reichsverteidigungskommissaren* ernannt worden waren.

Formaljuristisch war Grafeneck durch das *Reichsleistungsgesetz*, das ebenfalls mit Kriegsbeginn in Kraft getreten war, beschlagnahmt. Die Anordnung hierfür stammte vom württembergischen Innenminister, an den auch die *durch die Räumung entstehenden Kosten* einzureichen waren.

Die Übergabe durch die Samariterstiftung Stuttgart erfolgte aber an den Reichsverteidigungskommissar und Reichsstatthalter Wilhelm Murr:

Am 15. Oktober 1939 wurde das im Besitz der Samariterstiftung Stuttgart befindliche und von den bisherigen Insassen geräumte Krüppelheim Grafeneck (Kr. Münsingen) an den Reichsverteidigungskommissar in Württemberg, Reichsstatthalter Murr, vertreten durch den Beauftragten, Ministerialrat Dr. Stähle, gemäß anliegendem Inventarverzeichnis übergeben.[90]

Sein Beauftragter, dem Grafeneck am 31. Oktober 1939 übergeben wurde, war Ministerialrat Dr. Eugen Stähle (1890–1948) gewesen, der gleichzeitig in Personalunion die Abteilung X des württembergischen Innenministeriums (Gesundheitswesen) als auch das Gauamt für Volksgesundheit leitete. Staat und Partei befanden sich hierbei im Einklang.

Stähle war es dann auch, der die *Verlegungen* aus den württembergischen Anstalten anordnete:

Unter Bezugnahme auf meinen in Abschrift beiliegenden Runderlaß Nr. X 4792 vom 23. November 1939 ordne ich die Verlegung der in der beigefügten Liste aufgeführten Kranken aus Ihrer Anstalt an. Die Abholung der Kranken erfolgt in meinem Auftrag durch die Gemeinnützige Kranken-Transport G.m.b.H., die sich mit Ihnen ins Benehmen setzen wird.

Der Transport ist von der Abgabeanstalt vorzubereiten; unruhige Kranke sind mit entsprechenden Mitteln für einen mehrstündigen Transport vorzubehandeln. Die Kranken sind soweit möglich, in eigener Wäsche und Kleidung zu übergeben. Privateigentum kann als Handgepäck bis zum Gewicht von 10 Kg in ordentlicher Verpackung mitgegeben werden; der Rest ist von der Abgabeanstalt zu verwahren. Soweit keine Privatkleidung vorhanden ist, hat die Abgabeanstalt Wäsche und Kleidungsstücke leihweise zur Verfügung zu stellen. Für Rückgabe der leihweise mitgegebenen Kleidungs- und Wäschestücke in einwandfreiem Zustand ist die Gemeinnützige Kranken-Transport G.m.b.H. verantwortlich. Die Krankenakten sind dem Transportleiter auszuhändigen.

Im Auftrag
gez. Dr. Stähle.[91]

Der Stellvertreter Stähles im Innenministerium, Obermedizinalrat Dr. Otto Mauthe, machte hierzu folgende Aussage:

Von Berlin gingen verkleinerte Fotokopien (gemeint sind die Meldebogen) an die Anstalt Grafeneck. Dort wurden auf Grund dieser Unterlagen Transportlisten der zu beseitigenden Kranken erstellt und der Medizinalabteilung des Innenministeriums in Stuttgart übersandt. Diese gab die Transportlisten an die einzelnen Heil- und Pflegeanstalten mit der Anweisung weiter, die bezeichneten Kranken bereitzuhalten; die Anweisung ergehe auf Anordnung des Reichsverteidigungskommissars.[92]

Januar 1940 – Der Beginn der Morde

Der Beginn der »Euthanasie«-Morde in Grafeneck lässt sich genau datieren. Es war der 18. Januar 1940. Jedoch stammte diese erste *Verlegung* nicht aus einer der badischen oder württembergischen Anstalten, wie man vielleicht annehmen könnte, sondern aus der bayerischen Heil- und Pflegeanstalt *Eglfing-Haar*[93] bei München. Ein Grund, weshalb gerade eine bayerische Anstalt den Anfang machte, findet sich in den Dokumenten und Aussagen der Zeit nicht.[94] Der Direktor von Eglfing-Haar aber, Obermedizinalrat Dr. Hermann Pfannmüller (1886–1961), war ein überzeugter Befürworter der »Euthanasie«. Für die »T4«-Behörde war Pfannmüller – finanziell sehr gut entschädigt – als *Gutachter* tätig, das heißt, er entschied mit dem Vermerk Plus (rot) oder Minus (blau) über Leben und Tod tausender Menschen. Aus seiner Anstalt gingen am 18. und 20. Januar die ersten *Verlegungen* in die *Landespflegeanstalt Grafeneck*. Die Verlegungsanordnungen gingen in Bayern – gleichlautend wie in Württemberg und Baden – vom Bayerischen Staatsministerium des Innern aus. Geleitet wurde die Medizinalverwaltung in München von Ministerialdirektor Dr. Walter Schultze.[95] Er war Ende 1939, Anfang 1940 von Reichsleiter Philipp Bouhler, dem Sonderbeauftragten für die »Euthanasie«-Morde, im Beisein des Bayerischen Innenministers und Gauleiters Adolf Wagner in die Planungen einbezogen worden.

Dr. Schumann als ärztlicher Direktor Grafenecks leitete zumindest die erste Verlegung vom 18. Januar 1940 höchstpersönlich. Mit einem der Busse der GEKRAT, der *Gemeinnützigen Krankentransport AG,* wurden 25 männliche Patienten nach Grafeneck verlegt und dort ermordet, zwei Tage später waren es 22 weibliche Patientinnen, ebenfalls aus Eglfing-Haar.

Die ersten Opfer aus einer württembergischen Anstalt, die nach Grafeneck *verlegt* wurden, stammten aus der staatlichen Heil- und Pflegeanstalt *Weinsberg*[96], nördlich von Stuttgart.

Die *Verlegungen* aus Baden setzten im Februar 1940 ein.

Deportationen

Pfarrer Alfons Schosser, stv. Geschäftsführer des Landesverbands der Inneren Mission in Württemberg.

Die Deportationen aus den staatlichen württembergischen Anstalten begannen am 25. Januar 1940, also exakt eine Woche nach dem Beginn der Morde in Grafeneck. Die erste staatliche Heil- und Pflegeanstalt, aus der Menschen nach Grafeneck verlegt wurde, war Weinsberg.

Betrachtet man den jeweiligen Beginn der ersten Verlegungen – gesondert für Württemberg und Baden – so ergibt sich folgendes Bild:

Nachdem Ende Januar die HPA Weinsberg betroffen war, klafft eine auffallende Lücke von beinahe drei Monaten. Die zweite staatliche HPA in Württemberg war Zwiefalten am 26. April 1940, danach folgten die HPA Weissenau am 20. Mai, Winnental am 30. Mai, Schussenried am 7. Juni.

Verlegungsbeginn in den staatlichen Heil- und Pflegeanstalten Württembergs

DATUM	ANSTALT	PERSONENZAHL
25. Januar	Weinsberg	55
26. April	Zwiefalten	25
20. Mai	Weissenau	78
30. Mai	Winnental (Winnenden)	75
07. Juni	Schussenried	75

Ganz deutlich ist für die erste Hälfte des Jahres 1940 ein Übergewicht von Verlegungen aus den Anstalten des badischen Raumes festzustellen. Ob dies mit dem Kriegsgeschehen und mit der Raumplanung für Lazarette an der Grenze zu Frankreich zusammenhängt, kann nicht definitiv bewiesen, aber doch sehr stark vermutet werden.

Schon kurz nach Kriegsbeginn waren zwei komplette badische Anstalten, die staatliche Pflegeanstalt Rastatt[97] und die Epileptikeranstalt Kork[98] bei Kehl am Rhein, ins württembergische Hinterland zurückverlegt bzw. ausgelagert worden. Die Anstalt Rastatt war hierbei in die württembergische Heil- und Pflegeanstalt Zwiefalten verlagert worden, das evangelische Kork in die Anstalt Stetten im Remstal[99], die der württembergischen Inneren Mission zugehörig war.

Beide badischen Anstalten, die nicht im eigentlichen Sinne aufgehoben waren, existierten sie doch verwaltungstechnisch und personell weiter, wurden für Lazarettzwecke der Wehrmacht übereignet.

Die ersten regulären *Verlegungen* im Rahmen der *Aktion T4* aus Baden nach Grafeneck setzten im Februar 1940 ein; am 9. und 21. Februar sind solche nachgewiesen aus der Kreispflegeanstalt Hub/Ottersweier, am 29. Februar aus Wiesloch, am 5. März aus Emmendingen, am 1. April aus Rastatt, am 18. Mai aus Illenau und am 12. Juni von der Insel Reichenau in Konstanz.

Verlegungsbeginn aus staatlichen Anstalten und Kreispflegeanstalten Badens

DATUM	ANSTALT	PERSONENZAHL
09. Februar	Hub/Ottersweier	74
29. Februar	Wiesloch	42
05. März	Emmendingen	42
01. April	Rastatt	38

18. Mai	Illenau	75
12. Juni	Reichenau/Konstanz	51

Was die Zahlen nicht aussagen, ist das unermessliche Elend, welches über die Patienten der Heil- und Pflegeanstalten kam. Aus ihren Lebenszusammenhängen herausgerissen, in drängender Enge, bei schlechter Ernährung und mangelnder medizinischer Versorgung ist deren Situation kaum vorstellbar oder beschreibbar. An der Verlagerung der Anstalt Rastatt mit ihren über 500 Patienten nach Zwiefalten, eine Anstalt, die für 800 Patienten ausgelegt, aber mit nahezu 1000 belegt war, lässt sich dies verdeutlichen. Wie andernorts war auch hier eine Vielzahl der Ärzte und Pfleger zur Wehrmacht eingezogen, die staatlichen Pflegesätze für Patienten in Württemberg wie in Baden sehr stark vermindert worden. Zu Anfang war mit einzelnen Ausnahmen, den Anstaltsleitungen, den ärztlichen Direktoren, die in den staatlichen Anstalten in der Regel den Titel eines Obermedizinalrates bekleideten, das Ziel und der Zweck der Verlegungen unklar. Jedoch gilt dies nicht für alle. So mancher Direktor einer staatlichen Anstalt, aber auch einzelne Direktoren konfessioneller Anstalten waren bereits ab Ende 1939 eingeweiht oder vorsichtig und andeutungsweise vorinformiert worden. Auch schienen sich gewisse Vorahnungen bei so manchen Direktoren eingestellt zu haben. Unterstützt wird diese Sicht auch durch den Briefwechsel, den Dr. Otto Gutekunst mit dem Leiter der Heilanstalt Weinsberg, Dr. Joos, Ende Januar, Anfang Februar 1940 führte. Obermedizinalrat Dr. Joos informierte Dr. Gutekunst über die ersten Verlegungen von Patienten aus der Heilanstalt Weinsberg mit unbekanntem Ziel.

Das Schreiben ist jedoch auch aus anderen Gründen aufschlussreich. Dr. Joos spricht hierin – und dies bereits Ende Januar 1940 – von gewissen Gerüchten, die *unter dem Personal und auch schon in weiteren Kreisen* umgehen. Ebenso erwähnt er die nach der ersten *Verlegung* ausgebrochene *Angststimmung* unter den Patienten:

Weinsberg, 29.1.40

Lieber Herr Gutekunst!

Recht herzlichen Dank für Ihren so liebenswürdigen und ausführlichen Brief, über den ich mich sehr gefreut habe, namentlich auch soweit er von Ihrem und der Ihren Wohlbefinden berichtet hat.

Inzwischen ist die Angelegenheit, die mich zum Schreiben veranlasst hat, in ein weiteres Stadium getreten unter Begleitumständen, die einen immerhin sehr bedenklich stimmen müssen. Ich bekam anfangs voriger Woche rasch nacheinander zwei Listen mit je 26 Patienten, mit der Mitteilung, sie würden in den nächsten Tagen von einer Krankentransport G.m.b.H. in Kraftwagen abgeholt, 10 Kg. Gepäck könnten pro Kopf mitgegeben werden. Es handelte sich fast ausschliesslich um schwere, stumpfe Defektzustände. Am Donnerstag kamen zwei grosse Autobusse und luden die Leute ein, nur weibliche Patienten, es war eine sehr traurig anmutende Unternehmung, ziemlich wenig zünftiges Begleitpersonal. Das Wohin blieb im Dunkel, die Leute wussten oder sagten jedenfalls nur, sie hätten die Kranken in Stuttgart für einen Bahntransport abzuliefern. man wird ja nun mit Fragen bestürmt. Ich sage jedermann: Es ist Krieg und wir hatten einen Befehl auszuführen, der seinen Sinn in der Kriegslage hat. Man will uns aufnahmefähig machen für Patienten aus Baden, dass die Sache so geheim gehandhabt wird, liegt auch in der Kriegslage begründet, wie bei einer Truppenverschiebung. Glauben tue ich das aber nicht. Ich muss schon sagen, man versetzt uns mit solchen Methoden in eine fatale Lage. Unter dem Personal und auch schon in weiteren Kreisen gehen allerlei Gerüchte um, was ja nicht ausbleiben konnte, zum Teil aber von Ihrem Freund W. direkt lanziert wird, der sonst nicht viel für die Kranken übrig, jetzt aber sein Herz für sie entdeckt hat. Unter den übrigen Patienten, namentlich auf der Frauenabteilung ist eine ziemliche Angststimmung entstanden.

Die Leute können einem Leid tun, und es ist nicht einfach, sie zu beruhigen, wenn man selbst unruhig ist und nichts weiss.

Was ich nun von Ihnen gerne wüsste, ist: Ob man auch Ihnen in ähnlicher Weise eine Anzahl Kranke abgenommen hat, welcher Art sie waren, und ob Sie wissen oder Anhaltspunkte dafür haben, wohin die Reise ging. Sie dürften sich darauf verlassen, dass ich Ihre Mitteilung als vertraulich behandeln würde.

Mit herzlichen Grüssen an Sie und Ihr Haus, auch bitte einen Gruß an Herr Gruhle,

Ihr Joos[100]

Etwa eine Woche später, am 8. Februar, antwortete Dr. Gutekunst seinem Kollegen. Aus dem Antwortschreiben wird deutlich, dass er die Beobachtungen und Erfahrungen des Dr. Joos in Weinsberg teilt. Beunruhigung konstatierte auch er beim Personal der Heilanstalt, den Kranken und ihren Angehörigen. Dr. Gutekunst glaubte oder aber wollte zu diesem Zeitpunkt noch glauben, dass die Patienten in *Asylen* unter *primitiven Verhältnissen primitiver Verpflegung* ausgesetzt werden sollten, wobei er klar erkannte, dass dies mit dem Ziel einer erhöhten Sterblichkeit erfolgen würde. Er schließt diesen Gedankengang dann aber mit der Bemerkung: *Andere Gedanken verdränge ich immer noch in mir.*

Winnenden, den 8. Februar 1940

Lieber Herr Joos!

Nehmen Sie meinen besten Dank für Ihre Mitteilungen. Was Sie über den Abtransport von 52 weiblichen Pfleglingen Ihrer Anstalt und die Begleitumstände ihrer Abholung berichten, muss recht nachdenklich stimmen. Ganz eigenartig und nur schwer verständlich mutet an, dass Ihnen nicht gesagt wurde, wohin die Kranken verlegt werden. Ein Direktor sollte doch erwarten können. dass ihm der künftige Aufenthaltsort seiner Pfleglinge mitgeteilt wird, damit er zum mindesten ihre Angehörigen ent-

sprechend aufklären und beruhigen kann. Schliesslich war man auch mit diesen bedauernswerten Kranken innerlich einigermassen verwachsen. Ich habe mich bemüht, durch das Innenministerium Näheres zu erfahren, es wurde mir jedoch von dort der Bescheid, dass man – ausser wahrscheinlich Herr Ministerialrat Stähle – auch nichts über den Ort und die Art der Unterbringung dieser Kranken wisse. Diese Heimlichtuerei muss zwangsläufig viel beunruhigender auf das Personal, die Kranken und ihre Angehörigen wirken und viel mehr zu dunklen Gerüchten Veranlassung geben, als wenn man offen die Wahrheit sagen würde.

Von der hiesigen Anstalt sind bisher weder Krankheitsgeschichten einverlangt noch Kranke abgeholt worden. Soviel ich aber zu erfahren vermochte, wird keine Anstalt von solchen Abtransporten von Kranken verschont bleiben. Sobald hier Krankengeschichten einverlangt werden, werde ich beim Innenministerium noch einmal vorstellig werden und um Bescheid über den künftigen Aufenthaltsort bitten.

Im Übrigen bin ich nach wie vor der Ueberzeugung, dass die Kranken in grossen Asylen irgendwo gesammelt und unter möglichst einfachen primitiven Verhältnisse verpflegt werden. Die Folgen dieser primitiven Verpflegung werden sich bald bemerkbar machen und nicht unerwünscht sein.

Andere Gedanken verdränge ich immer noch in mir.

Sobald ich weiteres erfahre, werde ich Ihnen wieder Bescheid geben.

Herrn Gruhle habe ich Ihre Grüsse bestellt, er lässt Sie wieder grüssen!

Mit herzlichen Grüssen von Haus zu Haus!
Ihr gez. Gutekunst[101]

Lang konnte die Verdrängung von Dr. Gutekunst und seiner Kollegen, den Direktoren der staatlichen württembergischen Heil- und Pflegeanstalten, nicht andauern. Nur wenige Tage nach diesem Brief, am 16. Februar 1940, erfolgte eine geradezu dienstliche Bekanntgabe der »Euthanasie« für die Direktoren der staatlichen Heil- und Pflegeanstalten in Württemberg. Zu diesem Termin waren die ärztlichen Leiter der Heilanstalten Weinsberg, Winnental, Zwiefalten, Schussenried und Weinsberg auf das württembergische Innenministerium bestellt, wo sie der Leiter der Abteilung Gesundheitswesen, Ministerialrat Dr. Eugen Stähle, über die genauen Umstände und über Verfahrensfragen der Mordaktion informierte.

Im Februar 1940, also ebenfalls noch zu einem sehr frühen Zeitpunkt, begannen in Württemberg und Baden, früher als in anderen Regionen des Reiches, die Verlegungen auch aus konfessionellen Anstalten. Dadurch wurden beide großen Kirchen, die evangelische wie die katholische, mit den »Euthanasie«-Morden konfrontiert.

Die erste konfessionelle Anstalt, aus der heraus eine Verlegung stattfand, war die *Pflegeanstalt für Epileptische* Pfingstweide bei Tettnang. Der Abtransport von 13 ihrer Pfleglinge am 1. Februar 1940 war die erste Verlegung aus einer Anstalt der Inneren Mission überhaupt. Der Vorstand der Pfingstweide, Stadtpfarrer a. D. Elsenhans, wandte sich nach der Verlegung sofort an den zuständigen württembergischen Landesverband der Inneren Mission in Stuttgart und berichtete über die stattgefundenen Ereignisse:

Anfangs letzter Woche kam vom Innenministerium der Bescheid, dass die gegenwärtige Lage die Verlegung einer grösseren Anzahl von in Heil- und Pflegeanstalten untergebrachten Kranken notwendig macht. Im Auftrag des Reichsverteidigungskommissars werde ich die notwendigen Verlegungen von Fall zu Fall anordnen. In einer Beilage waren die nach dem Alphabet ersten 13 Pfleglinge benannt. Obgleich sofort eine Gegeneingabe eingereicht wurde, und mit dem Hinweis darauf, dass sich unter den

Abgerufenen eine ganze Anzahl von Pfleglingen befinden, die als Hilfskräfte dringend benötigt werden, wurden dieselben schon am 1. Februar nach kurz zuvor erfolgter telefonischer Ankündigung von einem Omnibus der Gemeinnützigen Krankentransportgesellschaft abgeholt.

Die Einwände des Hausvaters auch in geldlich-rechtlicher Hinsicht wurden von dem Transportleiter kurz abgelehnt mit der Bemerkung, dass der bündige Auftrag bestehe, die Genannten als »nicht mehr Arbeitsfähige« abzuholen.

Auch eine Eingabe des Hausarztes, Medizinalrat Dr. Gmelin, wirkte nicht.

Ich versage mir weitere Darlegungen über den materiellen Verlust der Anstalt, muss aber besonders dringlich den Umstand erwähnen, dass wir gegenüber den Angehörigen in eine sehr peinliche Lage gebracht sind, umso mehr, als wir durchweg über künftige Unterbringung der Abgeholten, über Ziel, Grund und Zweck der Verlegung bisher völlig im Dunkel gelassen sind. Die Sache wäre wohl erträglicher, wenn die zu verlegenden Pfleglinge von dem Hausarzt, der ja Vorstand des Gesundheitsamtes ist, in Gemeinschaft mit dem Hausvater ausgewählt worden wären.

Ich gestatte mir die höfliche Bitte um gütige Auskunft darüber, ob dem Landesverband Gleichartiges auch von anderen Anstalten bekannt geworden ist und ob wir Ratschläge und Weisungen für unser Verhalten bekommen können.[102]

Die Innere Mission konnte weder Auskunft noch Weisungen oder Ratschläge geben. Der Geschäftsführer der Inneren Mission, Pfarrer Alfons Schosser, reichte die an ihn gestellten Fragen schon am 6. Februar an die Zentralleitung für das Stiftungs- und Anstaltswesen in Stuttgart weiter.

Am 10. Februar schrieb die Zentralleitung an das Innenministerium:

Der Landesverband der Inneren Mission wendet sich in den beigelegten Schreiben an die Zentralleitung und bittet um Auskunft über den Verbleib von 13 Insassen der Anstalt Pfingstweide, die am 1. ds. Mts. im Auftrag des Herrn Innenministers von dort verlegt wurden. Die Zentralleitung hat von dieser Verlegung amtlich keine Kenntnis erhalten und kann daher dem Landesverband auch keine Auskunft erteilen. Wir bitten deshalb den Herrn Württ. Innenminister, die Angelegenheit zu klären und es insbesondere der Anstaltsleitung zu ermöglichen, ihrer Verantwortung gegenüber den Angehörigen der verlegten Insassen nachkommen zu können.

Jedoch ist klar, dass die Zentralleitung, die von Karl Mailänder geleitet wurde, der Inneren Mission keine Auskunft erteilen wollte. Aus diesem Grund reichte man die Anfrage der Inneren Mission an das württembergische Innenministerium weiter. Erneut scheint hier die zwielichtige und ambivalente Rolle der württembergischen *Zentralleitung für das Stiftungs- und Anstaltswesen* und ihres Vorstands Karl Mailänder auf, der gleichzeitig Leiter des *württembergischen Landesfürsorgeverbandes* war, auf. Ohne Zweifel war ihm der Zweck der *Verlegungen* bekannt.[103] Diese Sicht wird auch durch den Brief Mailänders an den Ministerialdirektor Dill im württembergischen Innenministerium gestützt.

Wie der Bericht der Anstalt Pfingstweide zeigt, können die in Betracht kommenden Maßnahmen, wenn sie auch noch so geheim durchgeführt werden, in der betreffenden Anstalt nicht geheim gehalten werden, sondern werden zum mindesten im Kreis des Anstaltspersonals und der übrigen Insassen der Anstalt bekannt und dringen sogar auf dem Wege über die Angehörigen der verlegten Pfleglinge in weitere Kreise hinaus und rufen Unruhe und Bestürzung hervor.[104]

Die Aufklärung über den Verbleib der 13 Personen kam jedoch sehr schnell. Am 15. Februar 1940 informierte die aus Ludwigsburg stammende Schwester eines der aus der Pfingstweide wegverlegten Behinderten die Anstalt über den Tod ihres Bruders in Grafeneck.

Wenige Tage darauf, am 18. Februar 1940, schrieb Vorstand Elsenhans einen längeren Bericht für die Diakonenanstalt Karlshöhe in Ludwigsburg:

Ende Januar bekam der Hausvater vom Innenministerium die Nachricht, daß auf Grund einer Anordnung des Reichsverteidigungskommissars aus den Heil- und Pflegeanstalten Pfleglinge nach auswärts verlegt werden müssen. In einer Anlage waren 13 Pfleglinge der Anstalt Pfingstweid und zwar die nach dem Alphabet ersten benannt. Darunter waren auch solche, die als Hilfskräfte wichtige Dienste leisteten. Sofort wurden Eingaben gemacht, uns doch diese letzteren zu belassen. Statt einer Antwort traf am 31. Januar telephonisch die Aufforderung ein, daß anderen Tags die genannten mit Omnibussen der Transportgesellschaft abgeholt werden. Das geschah. […]

Wenige Tage nach dem Abgang der 13 kam von einem Verwandten eines Pfleglings der telefonische Anruf, ob der Hausvater wisse, dass derselbe an Grippe gestorben und wegen Ansteckungsgefahr sofort eingeäschert worden sei, auch seine Kleider usw. Einige Tage nachher brachte der Pfleger eines andern ein Schreiben aus Grafeneck, wonach sein Mündel nach seinem Tode wegen Grippe und doppelseitiger Lungenentzündung auf polizeiliches Verlangen eingeäschert worden und auch seine Habseligkeiten vernichtet werden mussten. Heute erhalte ich vom Hausvater die Mitteilung vom Tod zweier weiterer jener 13. Das Geheimnis ist also zum Teil enthüllt. Wir können daran allerlei Vermutungen knüpfen. […] Über die grundsätzliche Möglichkeit, die schon oft theoretisch und akademisch erörtert worden ist und nun anscheinend prak-

tisch verwirklicht werden soll, die Asozialen aus dem Volk auf medizinischem Weg zu entfernen, will ich mich nicht aussprechen.[105]

Die »Geheime Reichssache« war also nach nur wenigen Tagen nicht mehr geheim. Auch die Samariterstiftung Stuttgart, die wenige Monate zuvor noch im Besitz Grafenecks gewesen war, erhielt erste Informationen von den Morden auf Grafeneck. So erfuhr am 9. Februar 1940 Nathanael Fischer, Vorstand der Samariterstiftung, vom Tod einer Weinsberger Patientin in Grafeneck. Noch im Februar, *als die Gerüchte über Tötungen in Grafeneck sich verdichteten,* schrieb Fischer an einen Bekannten, *Oberlehrer Maier* in Münsingen, es sei *bedauerlich, daß in Grafeneck Kranke getötet und verbrannt* würden. Nach 1945 berichtete Fischer über diesen Vorgang:

Von diesem Brief muß etwas in die Öffentlichkeit gedrungen sein, denn Dr. Stähle ließ mich auf das Ministerium kommen und hielt mir vor, wie ich behaupten könne, daß in Grafeneck Leute verbrannt werden würden, er hätte gute Lust, der Gestapo zu telefonieren, dann würde ich heute Nachmittag eine kalte Suppe zu essen bekommen. Ich machte ihn darauf aufmerksam, daß ich nicht geschrieben hätte, es würden Leute verbrannt, sondern es würden Kranke getötet und ihre Leichen verbrannt. Er erwiderte, ich würde gar nicht wissen, was in Grafeneck geschehe, das deutsche Volk solle froh sein darüber, was in Grafeneck erfolge, durch den Polenfeldzug sei Deutschland durch Seuchen sehr gefährdet, die Einrichtung von Grafeneck sei eine Wohltat für das deutsche Volk. Auf diese Lüge mit der Seuchengefahr hin sagte ich ihm, was damals öffentliches Geheimnis war, hielt ihm den Fall Reichert vor und zeigte ihm die Schriftstücke, machte ihn auf die angegebene falsche Todesursache aufmerksam, er wurde kreideweiß und war sehr erregt. Er erklärte mir, er verbietet mir das Wort Grafeneck noch einmal in den Mund zu nehmen, ich müsse unterschreiben, das nicht wieder zu tun. Ich lehnte ab.[106]

Nur wenige Tage nach den ersten Verlegungen aus evangelischen Anstalten begannen auch die aus katholischen Einrichtungen. Als erste Anstalt war hier das als Privatanstalt firmierende Rottenmünster betroffen. Mit dem Einheitserlass Nr. X 5220 kündigte das württembergische Innenministerium den Abtransport an. Am 3. Februar 1940 wurden daraufhin 45 Männer der Anstalt durch die *Gemeinnützige Krankentransport GmbH* in eine *unbekannte Anstalt*, bei der es sich um Grafeneck handelte, *verlegt*. Die Ermordung der Männer fand noch am selben Tag statt. Knapp zwei Wochen später gingen bereits die ersten Todesnachrichten aus Grafeneck bei den Verwandten der Opfer ein, die die Anstalt und ihren Leiter, Dr. Josef Wrede, informierten. Die auffällige Häufung der Sterbefälle in der Folge ließ nur einen Schluss zu: *Die Kranken wurden in Grafeneck systematisch ermordet.*[107] Dr. Wrede, der die Anstalt seit 1936 leitete, informierte daraufhin, nachdem eine Intervention beim Stuttgarter Innenministerium erfolglos blieb, die ihm vorgesetzten kirchlich katholischen Stellen. Ende Februar leitete er seine Erkenntnisse persönlich an den Präsidenten des Caritasverbandes in Freiburg, Prälat Benedict Kreutz, weiter. Anfang März wandte sich Wrede an den Generalvikar Kottmann, den Vertreter des abgesetzten Rottenburger Bischofs Sproll sowie an den Superior der Barmherzigen Schwestern von Untermarchtal, in deren Besitz die Privatanstalt Rottenmünster war. Somit waren sowohl die bischöflichen Ordinariate von Freiburg und Rottenburg als auch der Deutsche Caritasverband sowie der Träger der Anstalt eingeschaltet.[108]

Die Anstalten des Württembergischen Landesfürsorgeverbandes wurden allesamt erst in der zweiten Jahreshälfte 1940 mit den *Verlegungen* konfrontiert.

Der Württembergische Landesfürsorgeverband war 1924 aus dem Zusammenschluss der vier württembergischen Landarmenverbände entstanden. Hierbei wurden diese aufgelöst und an ihrer Stelle ein Fürsorgeverband für des ganze Land, der Württembergische Landesfürsorgeverband in Stuttgart, geschaffen. Ihm wurden neben sämtlichen Fürsorgeaufgaben auch das Vermögen der vier Landarmenanstalten samt ihrer Wirtschaftsbetriebe übertragen. Im Zuge einer Neustrukturierung des Wohlfahrtswesens in Württemberg wurden die Landarmenanstalten zuerst in Kreispflegeanstalten, dann schließlich in Landesfürsorgeanstalten umbenannt.[109]

Nun unterhielt der Württembergische Landesfürsorgeverband in jedem seiner vier Bezirke eine Landesfürsorgeanstalt. Jede dieser Einrichtungen besaß geschlossene Abteilungen zur Unterbringung pflegebedürftiger Geisteskranker und Geistesschwacher. Zu den Einrichtungen des Landesfürsorgeverbandes gehörten die Landesfürsorgeanstalten Markgröningen, Kreis Ludwigsburg, Riedhof, Kreis Ulm, der Rabenhof im Kreis Ellwangen sowie Rappertshofen im Kreis Reutlingen.[110] Über Letzteren berichtet der für die Anstalt zuständige Hausarzt, der Reutlinger Oberamtsarzt Dr. Oskar Beutter:

Etwa um die Mitte des Jahres 1940 wurde, so viel ich mich erinnere, vom Württ. Innenministerium der Landesfürsorgeanstalt eine lange Liste übersandt, in der außerordentlich viele unserer Geisteskranken und Schwachsinnigen aufgeführt waren; zugleich wurde mitgeteilt, dass diese Kranke in eine Anstalt wegverlegt werden sollten. Der Name der Anstalt wurde nicht mitgeteilt; so viel ich mich erinnere hiess es »in eine Landespflegeanstalt«. […] Als Grund der Verlegung nahm ich an, man wolle die Schwachsinnigen in anderen Anstalten zusammenlegen und bei uns Platz für Flüchtlinge oder ähnliche Zwecke schaffen (wir hatten am Anfang des Krieges schon einmal eine grosse Anzahl schwerkranker Personen aus den geräum-

ten Westgebieten aufnehmen müssen). Wir nahmen an, dass die Schwachsinnigenabteilung überhaupt aufgelöst werden müsse. […]

Als der Abtransport der zur Verlegung bestimmten Leute von statten ging, befand ich mich eben im Erholungsurlaub in Urach. Ich wurde von der Anstaltsleitung davon benachrichtigt, und begab mich sofort in die Anstalt, um zu versuchen, für diese möglichst viele brauchbare Leute zu erhalten. So viel ich mich erinnere, kamen zwei geschlossene Autobusse mit Begleitpersonal an. Dieses bestand aus Pflegern und Krankenschwestern in Tracht ohne besondere Abzeichen, wie sie auch in Anstalten getragen zu werden pflegen. Der Transportführer brachte eine Liste der abzuholenden Leute mit, die mit der uns kurz zuvor vom Innenministerium zugeschickten übereinstimmte. Wir versuchten nun, von den darauf genannten Leuten noch einige für die Anstalt zu erhalten, die wir besonders notwendig brauchen konnten und hatten damit auch Erfolg. […] Der Transportleiter, den ich nicht mehr beschreiben könnte, bestand darauf, daß er die auf der Liste stehenden Kranken mitnehmen müsse, gab aber unserer dringenden Bitte um Zurücklassung der obengenannten Leute schließlich nach. […] Dem Transportleiter wurden die Krankenpapiere ausgehändigt. Nachdem der Transport abgefahren war, ergab sich, dass das Gepäck der Kranken zurückgelassen worden war. Erst durch diesen Umstand wurden wir stutzig. Wir konnten uns allerdings nicht vorstellen, wo die Leute hingekommen sein konnten.

Dass die Leute nach Grafeneck gebracht worden wären, über das vage Gerüchte im Umlauf waren, hätte ich nie gedacht.[111]

Der Leiter der Landesfürsorgeanstalt des Kreises Ellwangen, der Diakon Karl Schäfer, wusste zu diesem Zeitpunkt offenbar mehr oder minder genau Bescheid um die Vorgänge von Grafeneck. In seinen Ausführungen vom April 1948 geht Schäfer auf diese Frage ein. Er schildert, wie Eduard Frank, bis zur Beschlagnahmung Grafenecks Hausvater und Leiter des Samariterstifts, ihm gegenüber erste Andeutungen machte.

Frank, *der früher im Rabenhof tätig gewesen war und durch die Beschlagnahme von Grafeneck stellenlos geworden war, kam eines Tages, Zeitpunkt nicht mehr in Erinnerung, und erzählte auf Befragen, daß das Krüppelheim aus Grafeneck hinausgejagt und ein Zaun um die Anstalt erstellt worden sei, und damit sei es für ihn dort aus gewesen. Dies kam uns merkwürdig vor, und später hörten wir dann gerüchteweise von den Vorgängen auf Grafeneck.*[112]

Der Erlass, dem eine Transportliste *mit 50 zu verlegenden Kranken* angehängt war, kündigte den 17. Oktober als Tag des Abtransports an. Jedoch war einer der auf der Liste aufgeführten Heimbewohner verstorben, ein weiterer in die Heil- und Pflegeanstalt Weinsberg verlegt worden. Von den verbliebenen 48 Bewohnern konnten durch die Intervention des Leiters der Württembergischen Landesfürsorgebehörde Regierungsdirektor Karl Mailänder beim Württembergischen Innenministerium 17 gestrichen werden. Diese wurden als unverzichtbare Arbeitskräfte zur Aufrechterhaltung des Anstaltbetriebs reklamiert.

Tatsächlich wurden am 17. Oktober 1940 durch einen der Omnibusse von Grafeneck genau 31 als Pfleglinge bezeichnete Heimbewohner des Rabenhofs abtransportiert. Auf einen weiteren Rettungsversuch beim Eintreffen des grauen Busses hat Inspektor Schäfer verzichtet. Nach eigenen Angaben hielt er dies für aussichtslos. Ob seine Einschätzung zutraf, lässt sich im Nachhinein nicht mehr beurteilen. Manchen Anstaltsleitern gelang ein solches Unterfangen, wie beispielsweise der Heilanstalt Mariaberg oder auch der Landesfürsorgeanstalt Reutlingen-Rappertshofen, in anderen Fällen gelang es nicht. Inspektor Schäfer schilderte die Vorgänge wie folgt:

Schon vor Eingang dieser Transportanordnung hatte ich meine vorgesetzte Dienststelle, Landesfürsorgebehörde, Reg.Dir Mailänder, Stuttgart, um Zuweisung von 17 Arbeitskräften zur Aufrechterhaltung des Anstaltsbetriebes gebeten. Da nun auf der Transportliste auch eine Anzahl 40 – 50% Arbeitskräfte enthalten waren, und weil ich im Übrigen den Zweck des Abtransportes ahnte, wandte ich mich sofort an Reg.Dir Mailänder, um wenigstens Arbeitskräfte der Anstalt zu erhalten. Reg.Dir Mailänder wandte sich an das Innenministerium aufgrund einer von mir eingereichten Liste und hat erreicht, daß nur 31 abtransportiert werden mußten. Denn als am 17. Oktober 1940 ein Transportomnibus ankam, hat der Transportleiter lediglich die Abgabe von 31 namentlich bestimmter Pfleglinge gefordert. Da ich weitere Verhandlungen nach den anderwärts gemachten Erfahrungen für aussichtslos hielt und der Transportleiter die Abgabe der Kranken strikt forderte, war ich machtlos.[113]

Im weiteren Verlauf seiner Aussage geht Schäfer auch auf die Begleitumstände des Abtransports und auf die Opfer desselben ein. Seinen Worten nach kannten die Heimbewohner das ihnen zugedachte Schicksal nicht, was sich insofern nachvollziehen lässt, als auch in anderen Anstalten bei den jeweils ersten *Verlegungen* deren Zweck in der Regel den Heimbewohnern verborgen war. In Einrichtungen hingegen, die mehrfach von solchen regelrechten Deportationen betroffen waren, zeigte sich, dass Heimbewohner oder Patienten sehr schnell deren wahren Zweck erkannten, sich versteckten oder sich gegen die Verschleppung wehrten. Als ein Beispiel hierfür kann die Heil- und Pflegeanstalt Winnenden und die Schwestereinrichtung des Rabenhofs, die Landesfürsorgeanstalt Reutlingen-Rappertshofen, genannt werden.

Nach der ersten *Verlegung* war die Angst unter den Heimbewohnern des Rabenhofs jedoch mit Händen greifbar.

Organisation und Tötung in Grafeneck

Die Organisation der »Euthanasie«-Morde erfolgte gleichermaßen auf drei Ebenen, der zentralen des Reiches, der mittleren der Länder und vor Ort in Grafeneck.

Von Berlin erhielten die Büroabteilungen der Tötungsanstalten die begutachteten Meldebogen, von den Innenministerien der Länder – Württemberg, Baden und Bayern – gingen die Verlegungsanordnungen in die Anstalten, sie dienten in der Regel auch als deren Verhandlungs- und Ansprechpartner, von Grafeneck aus fuhren die drei Busse der *Gemeinnützigen Krankentransport GmbH* in die Anstalten. Durch eine Kabinenwand abgetrennt, wurden sie von einem Fahrer und einem Beifahrer gesteuert. Außerdem begleiteten Pflegepersonen die Transporte, die den Kranken Beruhigungsspritzen geben, sie aber auch an besonderen Vorrichtungen festschnallen oder gar in Handschellen legen konnten.

Voraus fuhr in einem PKW der Transportleiter, der die Liste mit sich führte, nach welcher die Patienten in der Abgabeanstalt ausgesucht wurden. Auf dem Rückweg hatte er dann auch die Krankenakten bei sich.

Jedem Omnibus wurden zwei Pflegepersonen beigegeben. Bei männlichen Patienten waren das Krankenpfleger, bei weiblichen Krankenschwestern. […] Die Kraftfahrer waren durch Kabinenverschläge von dem Wageninnern getrennt. Für bettlägerige Kranke war ein besonderer Liegewagen vorhanden, welcher nach Art eines Lazarettzugwaggons auswechselbare Tragbahren hatte. Dieser Wagen hatte eine Klosettanlage mit Wasserspülung. Hier war die Fahrerkabine vom Wageninnern nicht zu erreichen. […]

Seine persönliche Habe hatte jeder Patient bei sich, grössere Gepäckstücke wurden auf dem Verdeck des Wagens festgeschnallt. Bei Ankunft in der Anstalt wurden die Kranken von anderem Pflegepersonal übernommen und in den großen Kran-

kensaal geführt. Das Gepäck wurde jedem Kranken mitgegeben, resp. hineingetragen. Im Saal waren genügend Betten vorhanden, sodass jedem Kranken eine Ruhestatt zur Verfügung stand. Wie von hier aus mit den Kranken weiterverfahren wurde, entzieht sich meiner Erkenntnis, […].[114]

Eine Schwester hat das, was bei der Ankunft in Grafeneck passierte, auf die kürzeste Formel gebracht:

Die ankommenden Kranken wurden von dem Schwesternpersonal in Empfang genommen, ausgezogen, gemessen, fotografiert, gewogen und dann zur Untersuchung gebracht. Jeder ankommende Transport wurde ohne Rücksicht auf die Tageszeit sofort untersucht und die zur Euthanasie bestimmten wurden sofort vergast.[115]

An weiteren Aussagen wird noch deutlicher, dass das, was für die »Euthanasie«-Morde im Ganzen gilt – eine hochgradige Arbeitsteilung, was den Ablauf des Verbrechens angeht –, auch vor Ort in Grafeneck seine Gültigkeit besitzt.

Sobald wir mit so einem Transport ankamen, war meine Aufgabe, die Geisteskranken aus dem Omnibus nach dem Aufnahmezimmer zu führen. Die Transportleiter Schweninger und Seibl hatten inzwischen dem Büropersonal die entsprechenden Krankengeschichten übergeben. An Hand dieser Unterlagen wurde die Prüfung der einzelnen Personalien vorgenommen. Danach gelangten die Kranken in einen anderen Raum, wo sie zur Entkleidung kamen. Dies war auch meine Aufgabe.[116]

Schließlich führte man die Patienten den Ärzten zur letzten Untersuchung vor. In manchen Fällen wurden dabei Beruhigungsspritzen gegeben, in den weitaus meisten Fällen dauerte die Untersuchung nur wenige Sekunden bis zu einer Minute. In Grafeneck nahmen sie die Ärzte Dr. Schumann, Dr. Hen-

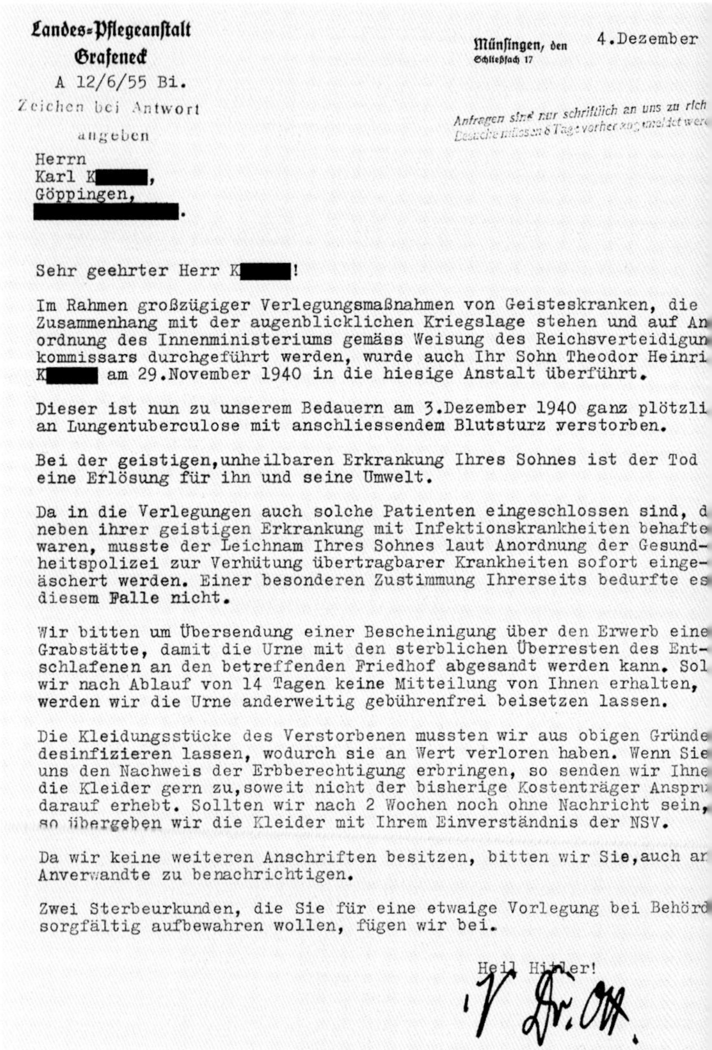

Landes-Pflegeanstalt
Grafeneck

A 12/6/55 Bi.

Zeichen bei Antwort
angeben

Münsingen, den 4.Dezember
Schließfach 17

Anfragen sind nur schriftlich an uns zu rich
Besuche müssen 8 Tage vorher angemeldet wer

Herrn
Karl K█████,
Göppingen,
█████████.

Sehr geehrter Herr K█████!

Im Rahmen großzügiger Verlegungsmaßnahmen von Geisteskranken, die
Zusammenhang mit der augenblicklichen Kriegslage stehen und auf An
ordnung des Innenministeriums gemäss Weisung des Reichsverteidigun
kommissars durchgeführt werden, wurde auch Ihr Sohn Theodor Heinri
K█████ am 29.November 1940 in die hiesige Anstalt überführt.

Dieser ist nun zu unserem Bedauern am 3.Dezember 1940 ganz plötzli
an Lungentuberculose mit anschliessendem Blutsturz verstorben.

Bei der geistigen,unheilbaren Erkrankung Ihres Sohnes ist der Tod
eine Erlösung für ihn und seine Umwelt.

Da in die Verlegungen auch solche Patienten eingeschlossen sind, d
neben ihrer geistigen Erkrankung mit Infektionskrankheiten behafte
waren, musste der Leichnam Ihres Sohnes laut Anordnung der Gesund-
heitspolizei zur Verhütung übertragbarer Krankheiten sofort einge-
äschert werden. Einer besonderen Zustimmung Ihrerseits bedurfte es
diesem Falle nicht.

Wir bitten um Übersendung einer Bescheinigung über den Erwerb eine
Grabstätte, damit die Urne mit den sterblichen Überresten des Ent-
schlafenen an den betreffenden Friedhof abgesandt werden kann. Sol
wir nach Ablauf von 14 Tagen keine Mitteilung von Ihnen erhalten,
werden wir die Urne anderweitig gebührenfrei beisetzen lassen.

Die Kleidungsstücke des Verstorbenen mussten wir aus obigen Gründe
desinfizieren lassen, wodurch sie an Wert verloren haben. Wenn Sie
uns den Nachweis der Erbberechtigung erbringen, so senden wir Ihne
die Kleider gern zu,soweit nicht der bisherige Kostenträger Anspru
darauf erhebt. Sollten wir nach 2 Wochen noch ohne Nachricht sein,
so übergeben wir die Kleider mit Ihrem Einverständnis der NSV.

Da wir keine weiteren Anschriften besitzen, bitten wir Sie,auch an
Anverwandte zu benachrichtigen.

Zwei Sterbeurkunden, die Sie für eine etwaige Vorlegung bei Behörd
sorgfältig aufbewahren wollen, fügen wir bei.

Heil Hitler!
I.V. Dr. Ott

Ein sogenannter »Trostbrief« der Landespflegeanstalt Grafeneck an die Eltern von Theodor Kynast. Der Brief war unterzeichnet mit Dr. Ott, dem Tarnnamen des stellvertretenden Büroleiters von Grafeneck, Gerhard Simon (1904–1990).

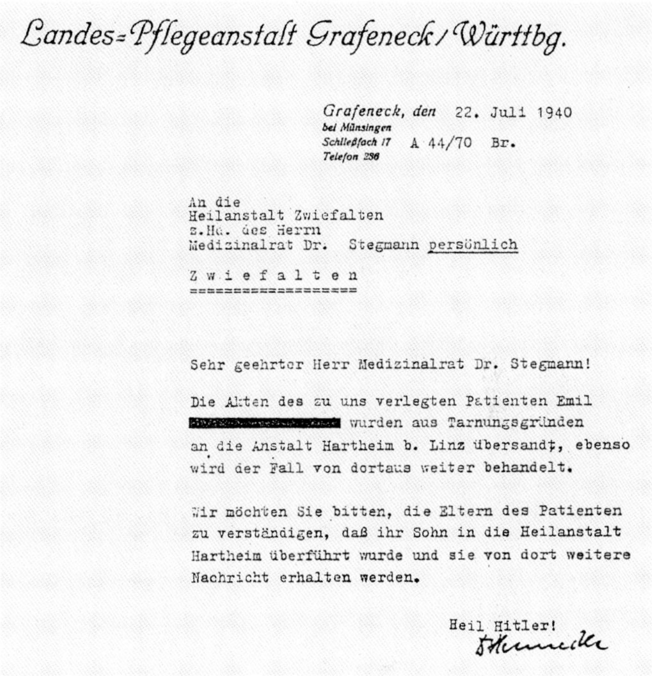

Landes=Pflegeanstalt Grafeneck/Württbg.

Grafeneck, den 22. Juli 1940
bei Münsingen
Schließfach 17 A 44/70 Br.
Telefon 286

An die
Heilanstalt Zwiefalten
z.Hd. des Herrn
Medizinalrat Dr. Stegmann persönlich

Z w i e f a l t e n

Sehr geehrter Herr Medizinalrat Dr. Stegmann!

Die Akten des zu uns verlegten Patienten Emil [geschwärzt] wurden aus Tarnungsgründen an die Anstalt Hartheim b. Linz übersandt, ebenso wird der Fall von dortaus weiter behandelt.

Wir möchten Sie bitten, die Eltern des Patienten zu verständigen, daß ihr Sohn in die Heilanstalt Hartheim überführt wurde und sie von dort weitere Nachricht erhalten werden.

Heil Hitler!

Korrespondenz zwischen der Landespflegeanstalt Grafeneck und der Heilanstalt Zwiefalten, die das Verfahren des »Aktenaustauschs« zwischen den Vernichtungszentren der »Euthanasie« beschreibt: Der Patient Emil H. wurde in Grafeneck ermordet, die Eltern aber von der Anstalt Hartheim bei Linz über seinen Tod informiert.

Deckel einer Urne aus der »Euthanasie«-Anstalt Hartheim bei Linz mit Namen, Geburtsdatum und fiktivem Sterbe- und Einäscherungsdatum.

Zentraler Saal im ersten Obergeschoss des Schlosses Grafeneck. Hier saß von Oktober 1939 bis April 1941 das Täterpersonal der »T4«-Organisation. Die Aufnahme stammt aus der Mitte der 1930er Jahre.

necke und ab April Dr. Baumhardt vor. Sie diente aber in der Regel nicht dem Zweck einer nochmaligen Überprüfung des Krankheitszustandes, um sozusagen auf diese Weise eine letzte Auswahl zu treffen, sondern sie wurde dazu benutzt, die sachliche und personelle Richtigkeit der vorgestellten Kranken zu überprüfen und auffallende Kennzeichen zu notieren, die für die Erstellung einer späteren Todesursache von Bedeutung sein konnten.

Kurz darauf erfolgte die ärztliche Untersuchung seitens der Ärzte Dr. Schumann und Dr. Baumhardt, jedoch nach dem jeweiligen Geschlecht. Es kam dabei vor, daß einige Kranke zurückgestellt wurden. Sie sind zu ihren Anstalten zurückgebracht worden. Die todgeweihten Personen dagegen kamen anschließend in einen anderen Aufenthaltsraum, von wo sie das männliche Pflegeper-

sonal in Empfang genommen hat und in die […] Baracke zum Vergasen geführt wurden. Die besonders unruhigen Kranken erhielten zur Beruhigung Morphiumspritzen von 0,5 bis 1 ccm. […] Ich gebe zu, daß wir zu den Kranken vor ihrer Vergasung sagen mußten, daß sie jetzt gebadet würden.[117]

Den Opfern wurde ein alter Militärmantel übergeworfen, dann ging es durch ein Tor im Bretterzaun, vorbei am Krematorium, zum Tötungsgebäude. Die Ermordung erfolgte durch Kohlenmonoxyd-Gas, das der Anstaltsarzt durch Bedienen eines Manometers in den Vergasungsraum einströmen ließ.

Beim Betreten des Vergasungsraumes wurden die Kranken, maximal 75 Personen, nochmals gezählt, sodann die Tore geschlossen. Anfangs schienen einige Opfer noch geglaubt zu haben, es gehe tatsächlich zum Duschen, andere begannen sich im letzten Augenblick zu wehren und schrien laut. Die Zufuhr des Gases betrug in der Regel ca. 20 Minuten; sie wurde eingestellt, wenn sich im Vergasungsraum keine Bewegung mehr feststellen ließ. Geraume Zeit nach der Vergasung öffneten Hilfskräfte, die Gasmasken trugen, die Flügeltore.

Das Personal, das die Krematoriumsöfen bediente, manchmal auch »Brenner« oder *Desinfektoren* genannt, war auch zuständig für den Abtransport der Leichen zu den Öfen des Krematoriums.

Ein Pfleger schilderte die Ermordung aus seiner Perspektive:

Beim Reingehen in den Vergasungsraum bzw. Hereintragen wurden die Geisteskranken nochmals gezählt, sodann wurde die Türe und das Entlüftungsfenster geschlossen. Sodann ließ der Arzt von einem Nebenraum aus das Gas einströmen. Die Tätigkeit des Pflegepersonals war mit dem Verbringen der Geisteskranken in den Vergasungsraum beendet. Das Einströmenlassen des Gases wurde ausschließlich vom Arzt gemacht. […]

Zu Anfang konnten in den Vergasungsraum etwa 30 bis 40 Personen auf einmal verbracht werden, später wurde der Vergasungsraum noch vergrößert, d.h. ein Stück der sogenannten Kleiderablage wurde noch hinzugenommen, indem die Mauer versetzt wurde. Der neue Vergasungsraum konnte einen ganzen Transport in Höhe von 75 Personen etwa aufnehmen. Wie lange der Arzt das Gas einströmen und wirken ließ, weiß ich nicht. […]

Das Öffnen der Türe und das Ingangsetzen der Ventilation geschah durch einen der Pfleger, die den Schließdienst an der inneren Absperrung versahen. Diese erhielten vom Arzt jeweils die Anordnung, nach einer halben oder vielleicht auch nach einer Stunde – ich kann das nicht mehr sagen – die Türe zu öffnen und die Ventilation einzustellen. Ich selbst war zu diesem Dienst genau wie die anderen Pfleger eingeteilt worden. Zu Anfang nahm der Arzt das Öffnen der Türe selbst vor und trug dabei eine Gasmaske. Wir rissen später nur unter Luftanhalten die Türe auf und entfernten uns sofort von ihr. Außerdem wurde von außen die Ventilation eingeschaltet. Das Öffnen der Türe geschah auch vielfach durch die Bedienung der Verbrennungsöfen. Zur Entlüftung wurde dann der Vergasungsraum eine bestimmte Zeit offengelassen, ich weiß es nicht mehr so genau, ob es ein oder zwei Stunden waren.[118]

Tötungsbürokratie und Personal

Man hatte das Personal für die Vernichtungsanstalt Grafeneck – ungefähr 80 bis 100 Männer und Frauen – ab Ende 1939 von Berlin und Stuttgart aus rekrutiert. Es bestand aus Ärzten, Polizeibeamten, Büroangestellten, Pflege- und Transportpersonal, Wirtschafts- und Hauspersonal sowie Wachmannschaften und Leichenbrennern, die in der Regel Verbänden der SS entstammten.

Was ihre soziale Herkunft betrifft, gehörten die Täter allen sozialen Schichten an. Jedoch ist ein beträchtlicher Unterschied in der Art und Weise der Rekrutierung unübersehbar. Während vor allem das ärztliche Leitungspersonal sich ohne jeglichen Druck für sein Tun entscheiden konnte, war eine große Zahl der mittleren und unteren Funktionsträger nach Grafeneck dienstverpflichtet oder kommandiert. Zum Teil geschah dies über das Arbeitsamt, die Landwirtschaftskammer oder die NS-Frauenschaft. Daneben finden sich aber auch Personen, die von Freunden, Bekannten und Verwandten, die bereits in der »T4«, der zentralen Behörde in Berlin, tätig waren, vermittelt wurden.

Wie viele der Täter und Gehilfen sich aus tiefster Überzeugung am Krankenmord beteiligten, kann heute nicht mehr in jeder Hinsicht erschlossen werden. Angst vor Repression oder Verfolgung scheinen eine eher untergeordnete Rolle gespielt zu haben. Bei einem Bruch des Schweigegebots, welches als Geheimnisverrat ausgelegt wurde, waren jedoch Todesstrafe und Konzentrationslagerhaft angedroht, Letzteres ist in einem Fall auch überliefert.

Ausschlaggebend für die Mitwirkung von Tätern und Tatgehilfen war mit Sicherheit ein ganzes Bündel von Motiven, wie Karriere- und Aufstiegschancen, gute finanzielle Verdienstaussichten genauso wie Obrigkeitsdenken und Staatsgläubigkeit, nationalsozialistische Propaganda, seelische Verrohung und Gewöhnung.

Der erste ärztliche Leiter, bei dem die Gesamtverantwortung für die Durchführung des Massenmordes vor Ort lag, war Dr. Horst Schumann (1906–1983).

Anfang Oktober 1939 wurde Schumann, zuvor Amtsarzt in Halle an der Saale, in die KdF bestellt, wo Viktor Brack ihn über die »Euthanasie«-Mordaktion informierte und zur Mitarbeit aufforderte. Schumann willigte ein und wurde zum Leitenden Arzt in Grafeneck ernannt. Im April 1940 unterbrach er seinen Dienst für vier Wochen, um an einem *psychia-*

trischen Fortbildungslehrgang bei Werner Heyde in Würzburg teilzunehmen.

Von Grafeneck wechselte Schumann im Frühsommer 1940 nach Sonnenstein/Pirna, ebenfalls eine Vernichtungsanstalt.

Auf Schumann folgte als neuer Direktor Grafenecks sein bisheriger Stellvertreter Dr. Ernst Baumhardt, geboren am 3. März 1911. Er war ärztlicher Direktor von Grafeneck zwischen Mai/Juni 1940 bis zur Auflösung der Vernichtungsanstalt im Dezember 1940. 1941, als ein großer Teil des Personals von Grafeneck nach Hadamar versetz wurde, leitete Baumhardt die Vernichtungsanstalt Hadamar bei Limburg an der Lahn. Er verließ im Sommer 1941 die »T4«-Behörde, über seine Motive ist wenig bekannt. Als Marinearzt auf einem U-Boot fiel er am 12. Juni 1943.

Auf den Posten als stellvertretender ärztlicher Direktor rückte ein Dr. Günther Hennecke nach, geboren am 11. August 1912. Nach der Aufhebung von Grafeneck als »T4«-Anstalt ging er zusammen mit Hennecke nach Hadamar.

Auch er wird Marinearzt – Marineassistenzarzt / Sanitätsoffizier auf einem U-Boot. Er fiel am 28.11.1943 bei der Versenkung des U-Boots 538 im Nordatlantik.

Nicht zum ständigen Personal von Grafeneck zählte der 1900 in Staufenberg in Hessen geborene Chemiker Dr. August Becker. Becker, Mitglied der SS seit 1931, SS-Untersturmführer im Amt II des *Reichssicherheitshauptamtes,* spielte jedoch für die Vernichtungs- und Mordanstalten der *Aktion T4* eine bedeutende Rolle.

Vom Januar 1940 bis zum Oktober 1941 war er zur »T4«-Behörde abgestellt und beauftragt, das zu den Morden benötigte Kohlenmonoxydgas von der BASF in Ludwigshafen zu holen und zu den einzelnen Tötungsanstalten zu bringen. Nach Zeugenaussagen anderer Mitarbeiter derselben Behörde, u. a. Richard von Hegener, nahm er die erste Vergasung in Brandenburg, die als sogenannte *Probevergasung* in die Literatur eingegangen ist, selbst vor. Nach anderen Zeugenaussagen, wie der in Grafeneck tätigen Krankenpflegerin Pauline Kneissler, bediente Dr. Becker in Grafeneck anfänglich ebenfalls die Vergasungsanlage. Bei einer Aussage räumte er diese Vorwürfe ein:

Etwa 14 Tage später, noch im Monat Januar 1940, lieferte ich nach der Heilanstalt Grafeneck in Württemberg auch einige der Gasflaschen, um dort ebenfalls einen Anfangsversuch zu machen. In Grafeneck befand sich bereits Dr. Schumann. […]

In Grafeneck spielte sich das gleiche ab wie in Brandenburg, auch ein besonders hergerichteter Bau mit zwei transportablen Verbrennungsöfen. In Grafeneck habe ich die Leitung und die Unterrichtung des Personals durchgeführt. Ich hatte die Leitung bei ein oder zwei Versuchen, nachher konnte es Dr. Schumann in eigener Zuständigkeit allein durchführen.[119]

Um die Morde zu verschleiern, war in Grafeneck eine bürokratische Abwicklungsstelle und ein Sonderstandesamt eingerichtet worden. Dort wurden unter anderem vorgefertigte Anschreiben, sogenannte *Trostbriefe* und Sterbeurkunden mit gefälschten Todesursachen und Sterbedaten, ausgestellt und an die Verwandten der Opfer verschickt. Auch hierfür wurde eine Vielzahl von Personal benötigt. Auf deren Anwerbung wurde bereits an anderer Stelle eingegangen. Man folgte hierbei dem Vorschlag des Juristen der »T4« Dr. Gerhard Bohne, Polizeibeamte mit der Leitung von Büroabteilung und Sonderstandesamt zu betrauen. Christian Wirth (1885–1944), bis zu seiner Abkommandierung zur »T4«-Behörde Ende 1939 Kriminalkommissar des Polizeipräsidiums Stuttgart, war mit dem Aufbau der Büroabteilung in Grafeneck betraut. Er stieg bis zum Inspekteur aller sechs Vernichtungsanstalten der »T4«, zum Polizeimajor und SS-Sturmbannführer auf.

Der erste reguläre Leiter des Sonderstandesamtes wurde Jacob Wöger, ebenfalls Kriminalkommissar, geb. am 3. Mai

1897 in Steinheim, Kreis Heidenheim. In den Vorermittlungen zum Grafeneck-Prozess gab Wöger eine ausführliche und detaillierte Schilderung, jedoch scheint unglaubwürdig, dass er erst bei seiner Ankunft in Grafeneck über die wahren Hintergründe seiner Tätigkeit aufgeklärt wurde.

Als ich in den ersten Januartagen 1940 meine Tätigkeit in Grafeneck aufnahm, bestand diese zuerst in der Einrichtung der Büros. Mir standen für das Standesamt ursprünglich 2 später 3 Räume zur Verfügung. Angehörige meines Standesamtes waren mein Stellvertreter HOLZSCHUH, Fräulein Thea MOSER, später noch Fräulein Freya MOSER, Frau FREUDENBERG und Frau GERST. Reine Standesamtstätigkeiten, also die ersten Todesanzeigen kamen meiner Erinnerung nach erst Ende Januar bezw. Anfang Februar 1940 zur Bearbeitung.

Als ich etwa 2 Wochen in Grafeneck war, kamen die ersten Geisteskranken dort an. Es mag zu dieser Zeit gewesen sein, als auch Dr. BOHNE wieder aus Berlin erschien. Er kam zu mir und informierte sich über den Stand meiner Arbeiten im Standesamt. In diesem Zusammenhang eröffnete Dr. BOHNE, daß ein Gesetz über den »Gnadentod« geschaffen worden sei, das jedoch nicht veröffentlicht werde, um der Feindpropaganda nicht Material in die Hände zu geben. Von Dr. BOHNE erfuhr ich, daß in Grafeneck unheilbare Fälle von Geisteskrankheit durch den Gnadentod erlöst würden. In welcher Form die Kranken zum Tode gebracht werden sollten, erwähnte BOHNE nicht. […]

Solange ich Standesbeamter in Grafeneck war, wurde als Todesort nur Grafeneck angegeben. Als Todesursache wurde das vermerkt, was von ärztlicher Seite im Totenschein stand. […]

Meine Arbeit als Standesbeamter vollzog sich in der gleichen Weise wie bei jedem anderen Standesamt. Als Grundlage verwendete ich das Personenstandsgesetz und die Dienstanweisung für Standesbeamte. Wahrscheinlich bestanden auch noch irgendwelche Anweisungen des Reichsinnenministeriums bezüglich des besonderen Falles von Grafeneck. Was diese Anweisungen im einzelnen besagten, weiß ich heute nicht mehr. […]

Wie ich mich noch entsinne, kam etwa im Februar 1940 aus Berlin die Anweisung, daß der Standesbeamte nicht mehr mit seinem Namen, sondern mit einem festgelegten Decknamen unterzeichnen mußte. So unterzeichnete ich mit dem Namen »Haase« und Holzschuh mit dem Namen »Lemm«. Diese Anweisung kam damals vom Reichsinnenministerium. […]

Nachdem die Aktion in Grafeneck angelaufen war, sich also die Todesmeldungen häuften, war es dort allgemein ein offenes Geheimnis, daß die Geisteskranken vergast wurden. […]

Während meines Aufenthaltes in Grafeneck war Dr. SCHUMANN Leiter der Anstalt. Sein Stellverteter war Dr. BAUMHARDT. RÄDER-GROSSMANN war Verwaltungsführer und ein gewisser SCHÜTT war Einkäufer. […]

Im Zusammenhang mit meiner Tätigkeit in Grafeneck muß ich noch erwähnen, daß ich mich in dieser Zeit für die leitende Dienstprüfung für die Kriminalpolizei vorbereitete. Wie ich mich noch entsinne, legte ich im Februar oder März 1940 in Berlin-Charlottenburg, wohin ich für etwa 8 Tage beurlaubt wurde, die Auswahlprüfung für den höheren Kriminaldienst ab. Meiner Erinnerung nach fand dann im Juni 1940 die eigentliche Prüfung statt. Zu diesem Zweck war ich wiederum zwei Wochen nach Berlin-Charlottenburg beurlaubt. Wegen der Vorbereitungsarbeiten für diese Prüfungen war ich in Grafeneck außer meiner dortigen dienstlichen Tätigkeit sehr stark in Anspruch genommen. So erklärt es sich auch, daß ich mich für den Dienstbetrieb in der Anstalt nicht im besonderen Maße interessierte. Ich versah meine Arbeit als Standesbeamter und im Übrigen beschäftigte ich mich auf kriminalpolizeilichem Gebiet, um die erwähnte Prüfung ablegen zu können. […] Da es mir in Grafeneck nicht gefiel, habe ich mich, wie ich mich heute noch entsinne, einmal an den Inspekteur der Sicherheitspolizei in Stuttgart mit der Bitte gewandt, wieder bei der Polizei Verwendung zu finden. So erfolgte dann im Juni

1940 meine Abordnung nach Thorn, wo ich Kommissariatsleiter der Kripo wurde. Dort verblieb ich bis Ende 1942. […]

Mitte 1943 wurde ich sowohl aus den Diensten der Sicherheitspolizei entlassen und pensioniert.[120]

Hermann Holzschuh war anfänglich der Stellvertreter Wögers in Grafeneck. Er wurde 1907 als Sohn eines Stuttgarter Kriminalinspektors geboren, trat später selber in den württembergischen Polizeidienst ein und war 1937 in den Rang eines Kriminaloberassistenten bei der Stuttgarter Kripo aufgestiegen. Er begann seine Tätigkeit in Grafeneck als stellvertretender Leiter des Sonderstandesamtes, später wurde er dessen Leiter, sein Pseudonym war »Lemm«.

Die nun freigewordene Stelle wurde mit dem Verwaltungsfachmann Kurt Simon besetzt, einem kaufmännischen Angestellten, der bereits 1931 der SA und der NSDAP beigetreten war. Bei ihm lag nun die Zuständigkeit für die Aktenführung, die Korrespondenz, das Standesamt, das Personalwesen und somit letztendlich für den gesamten Mordprozess. Er zeichnete die von ihm ausgefertigten amtlichen Dokumente unter verschiedenen Pseudonymen wie *Zorn*, *Keil* oder *Dr. Ott*. Bei einer Vernehmung nach dem Krieg – Berlin 1951 – gab er zu Protokoll:

Im Rahmen dieser Aktion hatte ich in Grafeneck die büromässige Bearbeitung der anlaufenden Fälle zu bearbeiten. Hierbei möchte ich nicht unerwähnt lassen, dass der unterschriftliche Vollzug in allen Anstalten auf Grund einer Anordnung von T4 nicht mit dem tatsächlichen Namen, sondern pseudonym erfolgte.

So zeichnete ich in der Anstalt A [Grafeneck, Anm. T. S.]
die Schreiben der Anstalt mit Dr. Ott,
die polizeilichen Verfügungen mit Keil und
den standesamtlichen Schriftverkehr mit Zorn.

Anschließend erkläre ich an Eides statt, dass ich mir im Rah-

men des Euthanasie-Programms keine Verbrechen gegen die Menschlichkeit habe zu schulden kommen lassen. Trotz meiner Tätigkeit in dieser Aktion habe ich den anständigen Menschen in mir und auch vor der Öffentlichkeit bewahrt.[121]

In die Formulare wurden fiktive Todesursachen wie beispielsweise Lungenentzündung eingetragen. Auch das Sterbedatum entsprach in den wenigsten Fällen den realen Tatsachen. Da die Patienten in der Tötungsanstalt im Regelfall am Tag ihres Eintreffens ermordet wurden, wurden die Daten entzerrt, um eine Häufung zu vermeiden. Belegt sind auch Fälle von Vordatierungen. Dies ermöglichte bei den betreffenden Kostenträgern eine zeitlich verlängerte Abrechnung von Pflegegeldern. Zusammen mit der Todesurkunde – in doppelter Ausführung – wurde an die Angehörigen ein Beileidsschreiben verschickt, dessen Einheitswortlaut besagte, dass der Tod für den Betreffenden eine Erlösung dargestellt habe.

Eine Urne der oder des Verstorbenen – die Leichen waren, wie es hieß, »aus seuchenpolizeilichen Gründen« verbrannt worden – konnte auf Kosten der Hinterbliebenen an das betreffende Friedhofsamt geschickt werden. Als ein weiterer Versuch, das Verbrechen geheim zu halten, kann auch der Aktenaustausch unter den Tötungsanstalten gelten. So ist es in zahlreichen Fällen überliefert, dass Todesurkunden und Beileidsschreiben bei in Grafeneck Ermordeten aus Brandenburg, Sonnenstein/Pirna oder Hartheim bei Linz verschickt wurden.

Anfänglich wurde in Grafeneck ein *Sterbebuch* mit fortlaufender Nummer geführt. Einem auswärtigen Standesbeamten fiel dann die hohe laufende Nummer des Sterbebuches von Grafeneck auf, zumal Grafeneck im Ortsbuch nur als Weiler eingetragen war. Daraufhin wurde auf Anordnung des Leiters der Büroabteilung von »T4«, Gerhard Bohne, das Sterbebuch nicht mehr fortlaufend nummeriert, sondern von Zeit zu Zeit

Das Foto zeigt einen von der Reichspost der »T4«-Organisation überlassenen Busse. Die Aufnahme entstand bei einer der Deportationen von Heimbewohnern aus der Stiftung Liebenau nach Grafeneck im Herbst 1940.

Die Busse von Grafeneck in der Heil- und Pflegeanstalt Stetten im Remstal im Herbst 1940.

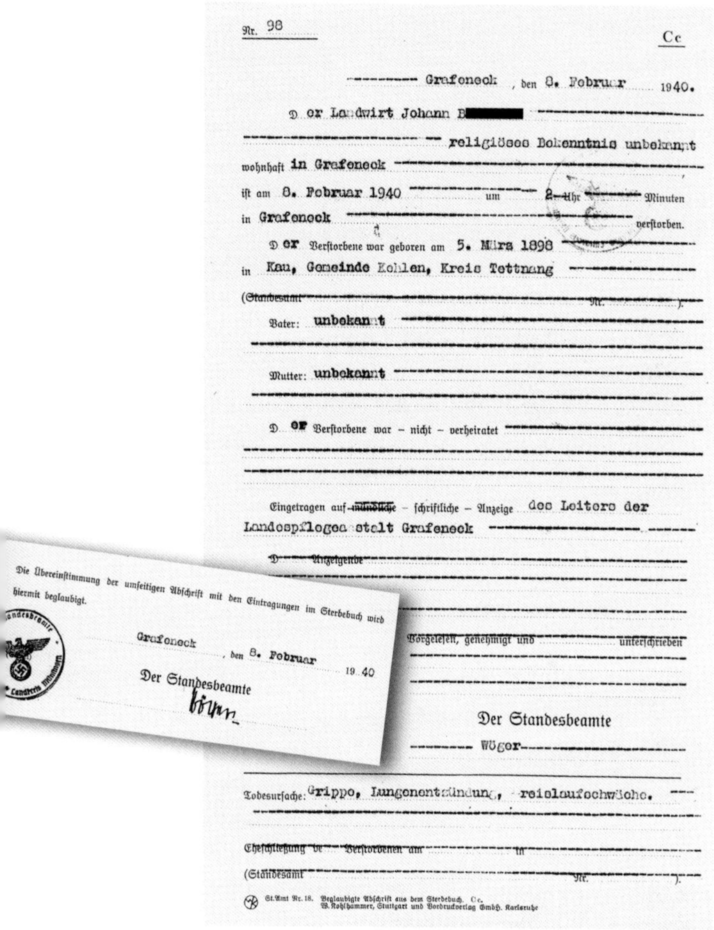

Nr. 98 Cc

Grafeneck, den 8. Februar 1940.

Der Landwirt Johann B■■■■

religiöses Bekenntnis unbekannt

wohnhaft in Grafeneck

ist am 8. Februar 1940 um 2 Uhr Minuten

in Grafeneck verstorben.

Der Verstorbene war geboren am 5. März 1898

in Kau, Gemeinde Kehlen, Kreis Tettnang

(Standesamt Nr.)

Vater: unbekannt

Mutter: unbekannt

Der Verstorbene war – nicht – verheiratet

Eingetragen auf ~~mündliche~~ – schriftliche – Anzeige des Leiters der Landespflegeanstalt Grafeneck

~~Der Anzeigende~~

~~Vorgelesen, genehmigt und unterschrieben~~

Der Standesbeamte
Wöger

Todesursache: Grippe, Lungenentzündung, Kreislaufschwäche.

~~Eheschließung der Verstorbenen am in~~
(~~Standesamt~~ Nr.).

St.Amt Nr. 18. Beglaubigte Abschrift aus dem Sterbebuch. Cc.
W. Kohlhammer, Stuttgart und Vordruckverlag GmbH. Karlsruhe

Die Übereinstimmung der umseitigen Abschrift mit den Eintragungen im Sterbebuch wird hiermit beglaubigt.

Grafeneck, den 8. Februar 1940

Der Standesbeamte
Wöger

Vom Sonderstandesamt Grafeneck ausgestellte Todesurkunde für den Landwirt Johannes B., der am 1. Februar 1940 aus der Anstalt Pfingstweid bei Tettnang nach Grafeneck »verlegt« und ermordet worden war (Vorder- und Rückseite); unterzeichnet ist das Dokument vom dem als Standesbeamten eingesetzten Stuttgarter Polizeikommissar Jacob Wöger. Der Sterbetag und die Todesursache wurden zur Täuschung der Angehörigen gefälscht.

abgeschlossen und ein neues Sterbebuch begonnen, allerdings nicht mit der laufenden Nummer 1, sondern je nach dem Fortschreiten des Jahres mit 20 oder 50, da es aufgefallen wäre, wenn man bei Jahresende mit der Nummer 1 begonnen hätte.

Als sich die Trostbriefe an Angehörige aus Grafeneck häuften, als der Tod zu vieler Kranker am selben Tag und am selben Ort Verdacht erregen musste, wurde im Frühjahr 1940 auf Anordnung von Berlin die sogenannte *Absteck-Abteilung* eingerichtet. In Grafeneck befanden sich im Absteckzimmer mehrere Karten an der Wand, für größere Städte auch Städtekarten. Auf diesen Karten wurde mittels farbiger Nadeln der Geburts- oder der Wohnort des Kranken abgesteckt.

Nach Bildung dieser Absteck-Abteilung kamen die Sterbeakten vom Arzt zuerst in den Absteckraum, wo entsprechend der Häufung von Todesfällen von Kranken aus der gleichen Region ein falscher Todestag in den vom Arzt beigefügten Totenschein eingetragen wurde. Erst danach gingen die Akten wieder zum Arzt zurück, der nun die Todesursache eintrug.

Etwa April, Mai oder Juni 1940 wurde auf Anordnung von Berlin die sogenannte Absteckabteilung gebildet. […] Um die gleiche Zeit war auch von Berlin die Weisung gekommen, daß aus denselben Verschleierungsgründen Aktentausch mit den Euthanasieanstalten Brandenburg und Hartheim bei Linz/Österreich stattzufinden habe, mit dem Ziel der Beurkundung eines anderen Todesortes. So wurden Akten von Grafeneck nach diesen Anstalten versandt und umgekehrt. Die Absteckabteilung erledigte dann das weitere. Anfänglich wurde das Sterbebuch mit fortlaufender Nummer geführt. Einem auswärtigen Standesbeamten fiel dann die hohe lfd. Nummer des Sterbebuchs von Grafeneck auf, da Grafeneck im Ortsbuch als Weiler eingetragen war. Auf Anordnung von Oberreg. Rat Bohne, der gerade anwesend war, wurde von da an das Sterbebuch nicht fortlaufend nummeriert, sondern von Zeit zu Zeit abgeschlossen und ein neues Sterbebuch begonnen, aber nicht mit der lfd. Nummer 1, sondern verschieden je nach dem Monat mit der lfd. Nr. vielleicht 20 oder 50, je nach dem Fortschreiten des Jahres, sonst wäre es aufgefallen, daß Mitte oder Ende des Jahres mit der Nr. 1 begonnen worden wäre.[122]

Eine eigene Büroabteilung in Grafeneck war zuständig für die Erstellung sogenannter Trostbriefe, die die Angehörigen eines Toten zusammen mit seinem persönlichen Eigentum erhielten. Diese Briefe waren alle nach demselben Schema verfasst, man musste lediglich den Namen, die Todesursache und das Datum einsetzen.

Die Grafenecker Ärzte unterschrieben mit den falschen Namen Dr. Jäger und Dr. Keller. Um ihnen die Arbeit mit der einzusetzenden Todesursache zu erleichtern, bekamen sie eine Liste in die Hand, in der Kurzgutachten zusammengestellt waren.

Nicht immer glaubten die Angehörigen, was sie in den Trostbriefen lasen, vor allem dann nicht, wenn die Todesursache offensichtlich nicht stimmen konnte; so bei einem Opfer, wo der Tod durch Blinddarmdurchbruch bescheinigt wurde, während die Angehörigen wussten, dass der Blinddarm längst entfernt worden war. In nicht wenigen Fällen wurde von den Angehörigen die wahre Sachlage erkannt und mehr oder weniger unverhohlen Protest geäußert.

In den meisten Trostbriefen wurde den Angehörigen die Möglichkeit gegeben, die sterblichen Überreste der Angehörigen in einer Urne auf einen Friedhof zugestellt zu erhalten, wenn ein solcher angegeben wurde. In diesem Fall entstanden den Angehörigen nur die Kosten der Beisetzung, die Übersendung der Urne wurde aus Reichsausgleichsmitteln bezahlt.

Die Metallurnen mit Deckel wurden von der GEKRAT in einer Metallwarenfabrik in Lünen/Westfalen abgeholt. In die Deckel wurde dann zum Versand an die Angehörigen oben eine Nummer eingestanzt, darunter Name, Geburtstag und -ort, Sterbetag und -ort und schließlich der Tag der Einäscherung.

Die eingestanzte Nummer war die gleiche, die den Kranken bei der Abholung in der Anstalt als Personenkennziffer mit Tintenstift auf den Rücken, in den Nacken oder auf den Arm geschrieben worden war. Sie deckt sich auch mit der Nummer, die in die Transportliste und in die Krankenakte eingetragen war. Vom Einstieg in den grauen Bus an zählte nur noch diese Nummer, die Namen der Patienten spielten keine Rolle mehr.

Die Urnen wurden vom Grafenecker »Euthanasie«-Personal nicht im nahen Münsingen auf die Post gegeben, da auf dem kleinen Postamt derlei Massensendungen aufgefallen wären, sondern in Stuttgart, Ulm und anderen Orten, wohin regelmäßig Kuriere fuhren.

In Grafeneck wurde von der Verwaltung auch ein Urnenbuch geführt, in dem alle versandten Urnen mit laufender Nummer eingetragen wurden sowie mit einem Vermerk, wo die Urne bestattet wurde.

In Grafeneck hatte ich das Urnenbuch anzulegen, ein solches bestand bisher nicht. In dasselbe waren alle Getöteten, nach laufender Nummer der Grafenecker Krankenakten, mit einem Vermerk einzutragen, wo die Urne bestattet worden ist. […] Die Endnummer war etwa 10 000–12 000. In dieses Urnenbuch wurden aber nicht nur eingetragen die auf Grafeneck Getöteten, sondern auch die Namen derjenigen Kranken, die in Wirklichkeit in anderen Vernichtungsanstalten, Brandenburg, Sonnenstein und Hartheim, getötet worden sind, deren Akten aber nach Grafeneck zum Zwecke der Beurkundung des Todesfalles als in Grafeneck geschehen versandt worden sind. Dies geschah aus Tarnungsgründen. Bezüglich derjenigen auf Grafeneck Getöteten, deren Akten zum Zwecke der Beurkundung des Todes an andere Vernichtungsanstalten als dort eingetreten versandt worden sind, wurde zwar auch ein Eintrag im Urnenbuch mit laufender Nummer gemacht, jedoch mit einem Vermerk, daß die Akten nach Brandenburg, Sonnenstein oder Hartheim versandt worden sind. Wenn von den

Angehörigen keine Urne angefordert wurde, so machte ich in die diesbezügliche Spalte einen Strich. Wenn eine Urne angefordert wurde über einen Toten, der in Wirklichkeit nicht in Grafeneck, sondern in Brandenburg, Sonnenstein oder Hartheim getötet oder verbrannt worden war, so wurde von Grafeneck aus eine Urne mit irgendwelcher Asche den Angehörigen an den gewünschten Friedhof übersandt, es war also nicht so, daß etwa von der anderen Vernichtungsanstalt die richtige Asche angefordert worden wäre. Wenn Angehörige der in Grafeneck wirklich verstorbenen Toten eine Urne angefordert haben, so wurde eben auch eine Urne mit irgendwelcher Asche weggeschickt.[123]

Alltag

Den tiefsten und vielleicht auch problematischsten Einblick in die *Banalität des Bösen,* um ein Wort von Hannah Arendt zu zitieren, gibt der *Einkäufer* von Grafeneck, der 1906 bei Lübeck geborene Hans-Heinz Schütt. Von Beruf kaufmännischer Angestellter, war er 1933 der Allgemeinen SS und 1937 der NSDAP beigetreten; 1931 bis 1934 war Schütt hauptamtlich beim Deutschnationalen Handlungsgehilfenverband bzw. bei der deutschen Angestelltenschaft, danach bei der Deutschen Arbeitsfront (DAF) tätig. 1935 bis 1936 arbeitete er als Verwaltungsangestellter der Technischen Hochschule Berlin, ab 1936 bis 1940 als Verwaltungsangestellter beim SS-Oberabschnitt Spree. Von der »T4«-Behörde angeworben und nach Grafeneck versetzt, machte der Einkäufer nach dem Krieg folgende Aussagen:

Die baulichen Veränderungen und Einrichtungen auf Grafeneck habe ich nicht verfolgen können, da ich ja auf Grund meiner Tätigkeit den ganzen Tag über regelmäßig von Grafeneck weg war. Im Schloßgebäude selbst befand sich das Pflege-, Büro- und sonstige Personal. In ihm waren auch die Büroräume untergebracht.

Es wohnten dort ferner auch die Ärzte. Im Erdgeschoß befanden sich die Küche, Vorratsräume und teilweise auch Schlafräume. Im ersten Stock waren die Büroräume der Verwaltung und der Ärzte, der Speisesaal sowie das Standesamt. Außerdem befanden sich auf diesem Stock einige Schlafräume. Im zweiten Stock befanden sich ausschließlich Wohn- und Schlafräume. Im Schloßgebäude war ferner die Telefonvermittlung und die Wache untergebracht. Etwa 200 m ostwärts vom Schloß befand sich der Stall mit dem Wirtschaftsgebäude, in dem Willmann mit Frau und einigen landwirtschaftlichen Arbeitern wohnte. Wieder etwa 200 m weiter ostwärts auf den sich in Richtung Münsingen erstreckenden Höhenrücken lag dann eine große Baracke, die für etwa 200 Personen eingerichtet war. Gegenüber der Baracke befand sich der Vergasungsraum, der in einem ehemaligen Schuppen eingerichtet war, daneben befand sich die Garage und ein offener Schuppen, unter dem die beiden Verbrennungsöfen, sowie ein Anhänger mit Dieselöl untergestellt waren. Die Baracke, der Vergasungsraum, die Garage sowie der Schuppen mit den Verbrennungsöfen waren mit einem drei bis vier Meter hohen Bretterzaun umgeben, der jeglichen Einblick in diesen Teil der Anstalt verwehrte. Der Fahrweg führte mitten durch diesen besonders abgesperrten Teil der Anstalt und gegen diesen Fahrweg waren der Vergasungsraum, sowie die Verbrennungsöfen nochmals durch eine drei bis vier Meter hohe Blende abgeschirmt, so daß diese Teile auch vom Fahrweg aus nicht zu sehen waren. Ich fuhr mit meinem Wirtschaftswagen, einem roten Paketwagen der Reichspost durch diesen besonders abgesperrten Teil der Anstalt hindurch, sofern ich wußte, daß kein Transport angekommen war. Im letzteren Falle konnte ich nicht durchfahren, da dann die Tore von innen verschlossen waren. In diesem Falle benutzte ich den direkten steilen Weg, bzw. bei stark beladenem Wagen ließ ich diesen stehen und ging zu Fuß zum Schloßgebäude. Ich selbst habe nie einen Vergasungs- und Verbrennungsvorgang gesehen, ich bin auch nie dabeigewesen, als ein Transport ankam und war auch nie Zeuge der ärztlichen und pflegerischen Tätigkeit. […]

Das Personal auf Grafeneck bestand aus den Ärzten, dem Pflegepersonal, dem Transportpersonal, dem Verwaltungspersonal, dem Standesamtspersonal, dem Küchen- und Waschküchenpersonal und sonstigem Hilfspersonal. Die höchste Stärke, die es je erreicht hat, waren, so weit ich es aus der Verpflegung noch weiß, etwa 100 Köpfe.

Als Direktor und leitender Arzt funktionierte zuerst Dr. Schumann, sein Vertreter war **Dr. Baumhardt**. *Beide waren, soweit ich mich erinnern kann, aus Sachsen. Vermutlich im Sommer ging Dr. Schumann weg, wohin weiß ich nicht. Nun wurde Dr. Baumhardt Direktor und leitender Arzt und als Stellvertreter kam* **Dr. Hennecke**. *[…]*

Zu erwähnen wäre noch, daß der Direktor der Anstalt auch unser Disziplinarvorgesetzter war. Ich kann mich auch noch an einen **Dr. Becker** *erinnern, der zu Anfang einigemale jeweils auf mehrere Stunden sich in Grafeneck aufhielt. […] Über seine Aufgabe und seine Tätigkeit auf Grafeneck ist mir nie etwas bekannt geworden. Ich kann infolgedessen auch nicht sagen, ob er zu Anfang die Vergasung selbst durchgeführt hat. Ebensowenig wie ich sagen kann, ob später die Vergasung durch die Ärzte durchgeführt wurde.*

Ich selbst habe es ja nie gesehen und habe auch niemandem vom Personal danach gefragt. Es war wie eine stille Verabredung, daß über diese Dinge, wenn man z.B. abends zusammensaß, nie gesprochen wurde. Ich kann infolgedessen in diesen Punkten wirklich keine Angaben machen. Ich bin selbstverständlich vor allem zu Anfang, als ich als einer der Wenigen Kontakt mit der Außenwelt hatte, von Außenstehenden über Grafeneck ausgefragt worden. Bei solchen Gelegenheiten gab ich je nach Lage gar keine oder eine ausweichende Antwort entsprechend der mir auferlegten Schweigepflicht. Die Neugier der Außenstehenden war natürlich zu Anfang vor allem sehr groß, da Grafeneck auch in weitem Umfang abgesperrt und die Zugänge durch Posten gesichert waren.

Alltag:

Zu ihrer Illustrierung sei der Ablauf eines Tages geschildert. Jeden Morgen etwa um 3 Uhr nach dem Frühstück holte ich im Wirtschaftsgebäude die für Münsingen zur Ablieferung bestimmte Milch, holte auf dem Büro die für die Post bestimmten privaten und dienstlichen Ausgänge. Dann setzte ich mich in meinen Wagen und fuhr nach Münsingen, lieferte bei der Molkerei die Milch ab, gab am Postamt die Post auf und leerte das für Grafeneck bestimmte Postfach. Hierbei sei auch erwähnt, daß ich die von Angehörigen angeforderten Aschenurnen ebenfalls zum Postamt mitnahm, soweit solche zum Versand vorhanden waren. Vom Postamt fuhr ich dann zu den einzelnen Geschäftsleuten in Münsingen und gab bei diesen die Bestellungen für die Küche auf. Am häufigsten kam ich zu folgenden Münsinger Geschäftsleuten: Lebensmittelgeschäft Starzmann, Daur, Bäckerei Reif, Metzgerei Glocker, einer weiteren Metzgerei in der Nähe der Apotheke, deren Namen ich im Augenblick nicht weiß, Buchhandlung Pflüger, Autowerkstatt Bader und Illig, Flaschner Grotz, Drogerie Adam, Gemüsehandlung Bader, Eisenwarenhandlung Schoch oder ähnlich. In diese Geschäfte kam ich regelmäßig, aus besonderem Anlaß kam ich auch noch in andere Geschäfte in Münsingen, wie z.B. zum Schuster Bader. Nachdem ich meine Bestellungen aufgegeben hatte, ging ich meistens in die Wirtschaft Autenrieth zum frühstücken. Nach demselben machte ich wieder die Runde bei den Geschäftsleuten und holte die bestellten Waren ab. Inzwischen war es meistens Mitttag geworden und ich fuhr nach Grafeneck zurück, lieferte dort alles ab, aß zu Mittag und fuhr dann nachmittags, um die übrigen Besorgungen zu erledigen. Hierbei kam ich in der Hauptsache nach Reutlingen, Tübingen und Ulm. Bei diesen Fahrten erledigte ich die unend-

lich vielen privaten Wünsche des gesamten Personals von Grafeneck. Da auf Grafeneck keine Möglichkeit für das Personal bestand, die Dinge des täglichen Bedarfs zu kaufen, mußte ich dies alles besorgen, ob es sich nun z.B. um Lockenwickler oder um Bücher, um Strumpfhalter oder Schreibpapier handelte. Ich mußte kurz um alles, was ein Mann oder eine Frau braucht, besorgen. Dazu vor allem zu Anfang dem Personal jegliches Verlassen von Grafeneck verboten war und außerdem infolge der schlechten Verkehrsverhältnisse auch ein Wegkommen fast ausgeschlossen war. […]

Ich kam regelmäßig abends spät nach Grafeneck zurück und nach dem Abendessen saß ich dann meistens auf dem Büro und machte die Abrechnungen. Manchmal spielte ich auch des abends mit Räder-Großmann und Heinrich einen Skat oder ich fuhr zu Leuten in der nächsten Umgebung, die ich auf Grund meiner Tätigkeit kennen gelernt hatte. Auch mancher Abend war damit ausgefüllt, daß ich bei Willmann saß und mit diesem besprach, was für seinen landwirtschaftlichen Betrieb zu beschaffen war, oder mit Räder-Großmann und dem Koch zusammen und besprach mit diesen zusammen, was für den nächsten oder die nächsten Tage in der Küche benötigt wurde. Auch des Sonntags morgens fuhr ich mit der Milch und mit der Post nach Münsingen.

Des Sonntags nachmittags setzte ich mich bei gutem Wetter auf das Rad und fuhr in das Lautertal oder lief im Winter Schi oder machte in der Umgebung Besuche. Nur selten bei schlechtem Wetter blieb ich des Sonntags nachmittags auf Grafeneck und las dann oder hörte Radio oder spielte Schach oder saß mit einigen bei einem Glase Bier zur Unterhaltung zusammen. Mindestens zweimal in der Woche fuhr ich regelmäßig nach Stuttgart, um dort vor allem das zu besorgen, was ich in Münsingen nicht beschaffen konnte. Regelmäßig kam ich z.B. zu folgenden Firmen in Stuttgart: Feinkost Böhm, Zahn & Nopper, Abuco, Beleuchtungszentrale, Kaufhaus Union, Papierwaren Rehn, Postscheckamt usw. Auf dem Innenministerium oder sonstigen Behörden in

Stuttgart hatte ich nichts zu tun. Bei dieser Gelegenheit erledigte ich auch bisweilen für einzelne der vorher genannten Münsinger Firmen Aufträge, die von diesen infolge der schlechten Verkehrsbedingungen nicht so schnell erledigt werden konnten, wie durch meine Fahrten. Für die Durchführung derartiger Gefälligkeiten kam dann manchmal etwas nach Grafeneck, was sonst in Münsingen nicht zu kaufen gewesen wäre. Auf Weihnachten 1940 bekam ich Urlaub. Als ich aus diesem zurückkam, war der Großteil des Grafenecker Personals bereits nach Hadamar verlegt. Ich persönlich verblieb von der Verwaltung allein noch zur Abwicklung bis weit in das Frühjahr 1941 hinein. […]

Die Opfer von Grafeneck

In Grafeneck wurden zwischen Januar und Dezember 1940 zwischen 10.500 und 11.000 Menschen ermordet. Diese unbestreitbare Tatsache hat bereits das Schwurgericht Tübingen in einem Prozess, der gegen eine kleine Zahl der Täter geführt wurde, festgestellt. Ganz präzise nennen die Unterlagen die Zahl von 10.654 Opfern – Männer und Frauen, Alte, Erwachsene, Jugendliche und Kinder. Bis vor wenigen Jahren war dies eine unvorstellbare, aber zugleich auch anonyme Größe. Heute – 80 Jahre nach ihrem Tod – sind über 9500 dieser Opfer wieder namentlich bekannt. Ein Opferbuch hält ihre Namen fest. So manch einem Opfer sind inzwischen biographische Arbeiten oder Skizzen gewidmet. Sie stammten aus dem gesamten heutigen Bundesland Baden-Württemberg und weit darüber hinaus. Sie wurden ausgelöscht und ihre Individualität negiert, weil sie nicht den Nützlichkeitskriterien der Täter und vielleicht auch der Zuschauer dieser Verbrechen genügten: *Unnütze Esser, Defektmenschen, Ballastexistenzen*, so das Vokabular der Zeit und nicht nur der NS-Zeit. Die Opfer waren Menschen mit geistiger Behinderung oder psychischer Erkrankung, denen eine geringe Leistungs- und Arbeitsfähigkeit attestiert wurde, Menschen, die von der Justiz als zurechnungsunfähig oder *gemeinschaftsunfähig* erklärt waren, Menschen, die als Langzeitpatienten galten, Menschen, die als Juden nicht den rassischen Normen genügten. Alle hatten sie gemein, dass sie in Anstalten waren und damit der *Volksgemeinschaft* in ihrem Existenzkampf, dem Krieg, hinderlich waren. Allein in Württemberg und Baden waren 40 einzelne Anstalten von den »Euthanasie«-Morden betroffen. Die meisten Einrichtungen, vor allem die badischen und württembergischen, sind heute bekannt; waren es Anfang der neunziger Jahre 35 Anstalten, sind heute bereits 49 bekannt.

Um ihre regionale und administrative Einordnung und Vielfalt zu verdeutlichen, werden die verschiedenen Anstalten aufgeführt und die Zahl ihrer Opfer vermerkt. Die Zahlen beziehen sich hierbei, und dies muss ausdrücklich betont werden, auf die Opfer von Grafeneck. Würde man die Opfer aus Württemberg und Baden hinzuzählen, die im Jahr 1941 im hessischen Hadamar bei Limburg ermordet wurden, würde deren Zahl noch höher liegen. Betont werden soll ebenfalls, dass alle Zahlen nur als vorläufig anzusehen sind und trotz der scheinbaren Präzision Unschärfen aufweisen können. Sie sind deshalb nur als Annäherungswerte aufzufassen. Sie stützen sich hauptsächlich auf das statistische Material des 1949 vor dem Schwurgericht Tübingen verhandelten Grafeneck-Prozesses, die Wochenberichte württembergischer Anstalten an das Innenministerium in Stuttgart sowie die Jahresberichte der einzelnen Anstalten.

Der Einzugsbereich der Vernichtungsanstalt Grafeneck 1940: Baden-Württemberg, Bayern, Rheinland-Pfalz, Hessen und Nordrhein-Westfalen. Die Opfer stammten aus insgesamt 49 Heil- und Pflegeanstalten.

»EUTHANASIE«-OPFER AUS WÜRTTEMBERGISCHEN UND BADISCHEN ANSTALTEN IN GRAFENECK (1940) UND HADAMAR (1941)

	Grafeneck 1940	**Hadamar 1941**
I. Württemberg/ Hohenzollern		
A. Staatliche Heil- und Pflegeanstalten		
1. Weinsberg	422	4
2. Winnenden (Winnental)	356	35
3. Weissenau	558	12
4. Schussenried	317	-
5. Zwiefalten	352	7
6. Sigmaringen	71	19
Gesamt	**2076**	**77**
B. Städtische Kliniken		
1. Bürgerhospital Stuttgart	2	-
C. Privatheilanstalten		
1. Rottenmünster	178	-
2. Christophsbad/ Göppingen	148	31
3. Kennenburg/ Esslingen a. N.	7	1
Gesamt	**333**	**32**
D. Landesfürsorge-anstalten		
1. Markgröningen	120	-
2. Rabenhof/ Ellwangen	30	2
3. Riedhof/Ulm	55	-

4. Rappertshofen/ Reutlingen	72	-
Gesamt	**277**	**2**
E. Konfessionelle Anstalten		
Innere Mission/ Landesverband Württemberg (evang.)		
1. Pfingstweide/ Tettnang	24	3
2. Stetten i. R.	324	-
3. Gottlob-Weisser-Haus/Schwäbisch Hall	87	86
4. Mariaberg/ Reutlingen	61	1
5. Samariterstift Obersontheim	-	4
6. Paulinenpflege Winnenden	1	7
7. Gustav Werner Stiftung/Loßburg-Rodt	-	19
8. Gustav Werner Stiftung/Bleiche bei Urach	-	1
9. Gustav Werner Stiftung/Dettingen-Reutlingen	-	2
10. Gustav Werner Stiftung/Fluorn-Rottweil	-	2
11. Fürsorgeheim Tempelhof / Crailsheim	-	3
12. Zieglersche Anstalten Wilhelmsdorf		18

Caritas (kathol.)		
1. Liebenau	463	6
2. Heggbach/Biberach a.d.R.	173	3
3. Ingerkingen	72	-
4. Rosenharz/ Ravensburg	26	-
5. Erziehungsanstalt Heiligenbronn/ Rottweil	-	1
Gesamt	**1230**	**156**
II. Baden		
A. Staatliche Heil- und Pflegeanstalten		
1. Wiesloch	675	39
2. Rastatt	468	-
3. Illenau	237	-
4. Emmendingen	700	46
5. Reichenau/ Konstanz	448	49
Gesamt	**2528**	**134**
B. Kreispflege-anstalten		
1. Weinheim	35	46
2. Krautheim	42	4
3. Sinsheim	234	7
4. Hub/Ottersweier	404	17
5. Fußbach/ Gengenbach	130	4
6. Freiburg	120	-
7. Geisingen	15	36
8. Wiechs	89	16
9. Jestetten	135	-
Gesamt	**1268**	**130**

C. Konfessionelle Anstalten		
Innere Mission/ Landesverband Baden (evangelisch)		
1. Mosbach	218	6
2. Kork	113	1
Caritas (kathol.)		
3. Herten/St. Josefsanstalt	345	
Gesamt	**676**	**7**
III. Bayern		
1. Eglfing-Haar/ München	164	-
2. Kaufbeuren	414	-
3. Günzburg	248	-
4. Schweinspoint/ Donauwörth	83	-
5. Lohr a.M.	76	-
6. Werneck	?	-
7. Klingenmünster	59	-
Gesamt	**1044**	-
IV. Hessen und Rheinprovinz/ Preußen		
1. Philipps-Hospital Goddelau/Kr. Darmstadt	56	-
2. Bedburg-Hau, Kreis Kleve	455	-
Gesamt	**511**	-

Über die Gesamtzahl der Opfer in Grafeneck existieren verschiedene Angaben. So schwierig und beinahe müßig diese Thematik und diese Diskussion erscheint, so notwendig ist sie jedoch bis heute. Die *Hartheim-Statistik*, benannt nach ihrem

Fundort im heute österreichischen Hartheim bei Linz, einem der sechs »T4«-Vernichtungszentren, gibt die Zahl der Opfer in Grafeneck mit 9839 an. Der württembergische Grafeneck-Prozess vor dem Schwurgericht Tübingen, der auf monatelangen Vorermittlungen des Amtsgerichts Münsingen basiert, stellt 10.654 Opfer fest, die hauptsächlich aus Württemberg, Hohenzollern, Baden und Bayern stammen. Allein die Zahl der bayerischen Opfer lässt sich nicht exakt bis zu den Herkunftsanstalten zurückverfolgen. Die Liste der Anstalten spiegelt deshalb auch nur den momentanen Stand unserer Kenntnisse wider und bleibt vor allem, was Bayern anbelangt, unvollständig.

Die hier angeführten Angaben basieren auf dem Material des Grafeneck-Prozesses und auf Untersuchungen in den Archiven der sogenannten Abgabeanstalten.

	LAND	**ZAHL DER ANSTALTEN**	**OPFER**
I.	**WÜRTTEMBERG (mit Hohenzollern)**	**23**	**3918**
II.	**BADEN**	**17**	**4472**
III.	**BAYERN**	**7**	**1864**
IV.	**HESSEN / PREUSSEN**	**2**	**511**
		49	**10.765**

Herkunft der Opfer von Grafeneck

Was die nackten Zahlen verschweigen, sind die Begleitumstände und das Leid, das den einzelnen Opfern widerfuhr. Wie die Abtransporte vonstatten gingen, welche Tumulte sich abspielten, ist aus den Aussagen des Ärztepersonals in Winnenden nur am Rande zu entnehmen.

Über die einzelnen Transporte kann ich keine nähere Auskunft mehr geben. Anfänglich, als deren Zweck nicht bekannt war, verließen sie in Ruhe, später, als die Kranken die Wahrheit irgendwie erfahren hatten, haben sie teilweise geschrien und sich gewehrt, als sie in die Transportautos verladen waren, verstummten sie plötzlich. Was das Transportpersonal in den Autos mit ihnen gemacht hat, weiß ich nicht. Besonders schlimm war es mit den Kranken, die gem. § 42b StGB eingewiesen und völlig klar waren. Das Transportpersonal war sehr brüsk, ablehnend und wies uns zurück.

Da über die Vorgänge auf Grafeneck auch damals noch nichts Sicheres bekannt war, Gerüchte über Versuche mit Giftgasen oder Ausprobierung neuer Waffen umgingen, war die ärztliche Verantwortung doppelt schwer. Ich überlegte mir tatsächlich, ob ich nicht meinen Kranken lieber selbst etwas einspritzen solle, um sie vor einem barbarischen Tode zu bewahren. Ich hatte damals schlaflose Nächte. Ich bin überzeugt, daß es den Kollegen ebenso ging, auch das Personal weinte, als die Kranken wegkamen. Man sah sonst harte Pfleger, die sich verstohlen eine Träne aus den Augen wischten, oder die wegliefen. Die Pflegerinnen konnten sich überhaupt nicht mehr beherrschen.

Hierzu finden sich Schilderungen in den Aussagen der Pflegerinnen und Pfleger während des Grafeneck-Prozesses:

Ich bin seit Mai 1904 als Pfleger bzw. Oberpfleger in der Heilanstalt Winnenden tätig. In den Jahren 1940/41 war ich auf der sogenannten Männerabteilung A beschäftigt.[…]

Man kann nicht sagen, daß die Transporte in Ruhe abgegangen sind. So hat einmal ein Kranker geschrien, man solle ihm eine halbe Stunde Zeit lassen, er wolle ans Grammophon und der Welt verkünden, was vor sich gehe. Ein anderer Kranker ist vor den Omnibussen niedergekniet und hat gefleht, man solle ihn doch da lassen; er wurde aber von den Grafenecker Transportleuten ins Auto gebracht.[124]

Ähnlich, darüber hinaus noch viele andere Details ansprechend, äußerte sich am 22. April 1948 die Kanzleiangestellte einer württembergischen Heilanstalt, Hedwig Busch, geboren am 17.10.1903, vor dem Amtsgericht Münsingen:

Ich bin seit 1.[..]2.1939 in der Heilanstalt Winnenden als Kanzleiangestellte tätig. Im Herbst 1939 musste ich die bekannten Meldebogen ausfüllen, für die männlichen Insassen der Anstalt, ich arbeitete dabei insoweit selbständig, als ich die notwendigen Angaben aus den vorhandenen Kranken-Akten zu entnehmen hatte, im übrigen machte mir Dr. Gutekunst die erforderlichen Angaben, so zum Beispiel bei der Arbeitsleistung von Kranken und der Diagnose. Dr. Gutekunst hat jeden einzelnen Meldebogen überprüft und er war ganz im allgemeinen sehr korrekt. Der Zweck der Meldebogen war mir unbekannt. In die einzelnen Transporte, die in der Folge, im Jahre 1940, von der Anstalt abgingen, kann ich mich im einzelnen nicht mehr erinnern, einmal ist Dr. Stegmann aus Zwiefalten mit einem solchen Transport mitgekommen, erklärte, Obst hier zu holen und ist wieder mit zurückgefahren, in einem Transportomnibus. Das Schicksal der abtransportierten Kranken erfuhr ich erst im Laufe der Zeit durch Gerüchte von aussen her. Ich konnte nicht glauben, daß das in Deutschland möglich sei. Die Transporte wickelten sich nicht immer in Ruhe ab. Eine Kranke rief einmal: »Ihr seid meine Mörder.« […][125]

Viele der über 10.000 Opfer der »Euthanasie«-Morde sind bis heute namenlos geblieben. Jahrzehntelang schlummerten sie in Archiven des Landes, der Kommunen oder auch in den Einrichtungen, aus denen die Menschen deportiert wurden. Im Grunde genommen begann erst seit 1990 eine zentrale Rekonstruktion der Opfernamen. Diese ist bis zum heutigen Tag noch nicht abgeschlossen. Über 9500 Namen sind heute bekannt. Über einzelne Opfer entstanden in den letzten Jahren biographische Arbeiten, von kurzen Lebensskizzen bis hin zu Biographien. Zugrunde lag hierbei oftmals ein lokalgeschichtlicher Ansatz oder aber auch ein sehr persönlicher und familiengeschichtlicher. Bekannt ist in diesem Zusammenhang die Lebensbeschreibung der Emma Zeller, die, 1889 in Stuttgart geboren, nach achtjährigem Anstaltsaufenthalt in Weinsberg im Juni 1940 in Grafeneck ermordet wurde.[126] Eine biographische Würdigung seines Lebens und seines Werkes existiert auch für den 1864 im badischen Offenburg geborenen Kunstschlosser Franz Karl Bühler. Bühler, der 1896 geistig erkrankte und von Verfolgungsängsten gequält wurde, verbrachte vor seiner Ermordung in Grafeneck Jahrzehnte seines Lebens in den badischen Heilanstalten Illenau und Emmendingen. Dort beschäftigte er sich mit Malerei und schuf ein umfängliches Werk, das in die Sammlung des Heidelberger Arztes und Kunsthistorikers Hans Prinzhorn eingegangen ist.[127] Weniger bekannt, aber ebenso erschütternd sind die die Beschreibungen der Lebensschicksale des Tübinger Gerichtsassessors Kolomann K. und des bis 1933 für das Fach Evangelische Theologie in Tübingen eingeschriebenen Georg Mall.[128] Kolomann K. wurde 1935 zwangsweise aus der Tübinger Universitätsnervenklinik in die südwürttembergische Heilanstalt Weißenau eingewiesen und am 9. September 1940, nur wenige Tage vor seinem 37. Geburtstag, von dort nach Grafeneck überstellt. Die Geschichte Georg Malls, *Weggeworfen wie ein angebissener Apfel*, ist auch die seines Bruders: *Von einem Psychiater, der seinen Bruder dem Krankenmordprogramm auslieferte.* Für die vielen tausend bis zum heutigen Tag nicht genannten Opfer soll stellvertretend der am 29. Juni 1904 geborene Theodor Heinrich Kynast stehen. Theodor Kynast lebte – wir wissen nicht genau, seit wann – im württembergischen Göppingen. Seine Eltern waren der Maschinentechniker Karl Kynast und dessen Frau Ottilie Marie. Der Lebens- und Leidensweg des Theodor Kynast bleibt weitgehend im Dunkeln. Mit der Diagnose Schizophrenie war er Patient der Göppinger Privatheilanstalt, dem Christophsbad. Dort gehörte er zu den *Staatspfleglingen*, das heißt den auf öffentliche Kosten untergebrachten Patienten. Am 14. Oktober wurde er auf Anordnung des Württembergischen Innenministeriums zusammen mit 74 weiteren männlichen Patienten aus Göppingen in die württembergische Heilanstalt Winnental verlegt. Jedoch ließ man ihn hier nur eine ganz kurze Zeitspanne verweilen. Um die Spuren der Opfer und der Täter zu verwischen, waren wie in diesem Fall auch Zwischenverlegungen vor dem Weg nach Grafeneck vorgesehen. Am 29. November 1940 wurden 16 der Göppinger Patienten, darunter Theodor Kynast, zusammen mit Insassen von verschiedenen Anstalten – Stetten i. R., Schwäbisch Hall, Paulinenpflege Winnenden und dem Bürgerhospital Stuttgart – von Winnental nach Grafeneck *verlegt* und dort am selben Tag ermordet. Die vom Standesamt Grafeneck ausgestellte Sterbeurkunde, die als Beruf von Theodor Kynast Hilfsarbeiter angibt, sowie der sogenannte *Trostbrief* an die Eltern nach Göppingen sind im Original erhalten und befinden sich heute im Archiv der Gedenkstätte Grafeneck. Die Sterbeurkunde trägt das Datum vom 3. Dezember, der Brief an die Eltern das Datum 4. Dezember 1940. Die Fälschung von Todestag und Todesursache waren hierbei ein bewusst eingesetztes Mittel der Täuschung der Angehörigen. Als Todesursache war *Lungentuberculose, Blutsturz* angegeben. Unterzeichnet waren die Schreiben der *Landes-Pflegeanstalt Grafeneck* mit den ebenfalls gefälschten Unterschriften *Dr. Ott* und des Standesbeamten *Zorn.* Der Nachlass, der nach seinem Tod an die Eltern nach Göppingen ging, zeigt die Angst und Verzweiflung des Sechsunddreißigjährigen. In einen Keks hatte er das Wort *Mörder* eingeritzt. Ein letzter verzweifelter Hilfeschrei an seine Mitwelt wie aber auch an die Nachwelt. Die Eltern schalteten Ende Dezember 1940, vielleicht auch Anfang 1941 einen Schulfreund von Theodor, der inzwischen als Pfarrer in Bad Boll ansässig war, ein. Dieser verfasste für die Mutter einen Brief an die *Landes-Pflegeanstalt Grafeneck.* Ihr Brief vom 20. Januar 1941 wurde von den Grafenecker Stellen mit Ausflüchten und Lügen beantwortet. Theodor Kynast war eines der ersten Opfer von Grafeneck, von dem Fotos und Originaldokumente – vermutlich aus dem familiären Umfeld – an die Gedenkstätte gegeben wurden. Sein Porträt hat Eingang in die Dauerausstellung des Dokumentationszentrums in Grafeneck gefunden und befindet sich heute im Original im Haus der Geschichte Baden-Württemberg in Stuttgart. In Göppingen erinnert ein Stolperstein an Theodor Kynast.

Aus dem Nachlass des Christophsbads Göppingen an die Eltern von Theodor Kynast. Auf dem Keks ist das Wort »Mörder« zu lesen.

Theodor Kynast (1904–1940), ermordet in Grafeneck.

Reaktionen auf die »Euthanasie«

Die Reaktionen auf die Krankenmorde sind vielfältig und decken ein breites Spektrum von Mentalitäten ab.

Als Beispiele sollen das Protestverhalten von Angehörigen, nur wenig bekannte Äußerungen des Württembergischen Landesfürsorgeverbandes, darunter ein Schreiben an den Württembergischen Innenminister, aber auch andere Dokumente, wie der Jahresbericht einer Heil- und Pflegeanstalt sowie ein Auszug aus der Kriegschronik der Evangelischen Kirchengemeinde Reutlingen, herangezogen werden.

Ein weitgehend unerforschtes Kapitel stellt in diesem Zusammenhang das Verhalten der Angehörigen dar. Das Wissen über die Tötungen in Grafeneck auf der Schwäbischen Alb war weit über die Anstaltsmauern hinaus, in manchen Fällen wohl sogar von außen nach innen gedrungen. Hier ist eine Wertung, noch gar eine quantitative, nahezu unmöglich. Wie viele Angehörige wussten oder ahnten vom drohenden Schicksal, das den Patienten zugedacht war? Wer wusste von der möglicherweise auch noch so geringen Chance, Patienten rechtzeitig nach Hause zu holen? Wie viele verzichteten bewusst auf diese Option, wie viele wurden vom Tod ihres Angehörigen vollkommen überrascht? All dies lässt sich vermutlich nicht mehr klären. Eines der frühen überlieferten Schriftstücke ist der Brief der Schwester eines in Grafeneck getöteten Mannes vom 15. Februar 1940. Der Bruder war am 1. Februar aus der Epileptikeranstalt Pfingstweide nach Grafeneck *verlegt* worden. Der Brief war an die Anstaltsleitung gerichtet:

Lieber Hausvater!

Anbei sende ich Ihnen eine Abschrift von der Landes-Pflegeanstalt Grafeneck.

Groß war der Schrecken, als wir diesen Brief gestern mit den Sterbeurkunden bekamen. Was soll ich davon denken? Ich möchte Sie innigst bitten, mir die verschiedenen Fragen zu beantworten. Wie kam Wilhelm von der Pfingstweide weg? Gesund oder krank? Was hatten Sie für einen Eindruck v. W. Ging er schwer von dort? Wie viele kamen nach Grafeneck? Wilhelm hat doch so eine starke Natur, und er kann doch etwas vertragen, denn er ist doch eine ganz zähe Natur.

Wie kommt es, dass in den Sterbeurkunden z.B. steht, Religion unbekannt? Ob Vater oder Mutter noch da sind, auch unbekannt. Wenn doch die Papiere von Wilhelm mitgekommen sind, dann wäre die Sache doch geklärt gewesen. Die ganze Sache kommt mir so komisch vor. Ich weiss gar nicht, was ich denken soll. Alles ist in mir wund. Wäre der liebe gute Wilhelm dort bei Ihnen lieber Hausvater gestorben, unter Ihren liebevollen Händen, dann würde ich mich beruhigen, so aber mach ich mir allerhand Gedanken. Niemand hat den lieben Kerl verstanden, die liebe gute Mutter und Schwester, wo ihn doch gerne hatten, können ihn nicht mehr besuchen. Denn Angina ist doch nicht ansteckend, und wieso ist dort ein Krematorium? Müssen die Leute dort krank werden? Lieber Hausvater, Ihnen darf ich das ja alles schreiben.

Ein Brief aus Dettingen an der Erms:

L.B., Schuhgeschäft, Dettingen-Erms
Dettingen, den 14. Oktober 1940

An die Verwaltung der Heilanstalt Weissenau

Betr.: Der Zurückzahlung der zuviel bezahlten Verpflegungsgelder von 39 Tagen im Betrage von 159,51 Reichsmark für meinen Sohn O.B.

Lt. Ihrer Mitteilung vom 23. August ist mein Sohn am 22. August aus ihrer Anstalt weggenommen worden, um seinen letz-

ten Gang anzutreten. Trotz dieser langen Zeit her ist mir obiger Betrag noch nicht zurückerstattet worden, sollte dies nicht nächster Tage geschehen, wäre ich genötigt, an anderer Stelle vorstellig zu werden. Es ist ja eine ungeheuere Zumutung, etwas davon zu glauben, was einem in dieser Sache vorgemacht wird, denn landauf und -ab wird mit Grauen und Entsetzen davon gesprochen was in Grafeneck vor sich geht. Der Dank des Vaterlands für ehemalige Frontkämpfer kann jedenfalls nicht mehr krasser zum Ausdruck kommen als durch solchen Heldentod. Und dann kann ja das kaum mehr überboten werden, wenn man die Kühnheit besitzt noch zu schreiben, alle ärztlichen Bemühungen seien leider ohne Erfolg geblieben. Ein höherer Richter wird aber jedenfalls zu seiner Zeit sein Urteil fällen in dieser Sache.

Der tief gebeugte Vater
L.B.

Ein Schreiben aus Baden:

Dem Evangelischen Oberkirchenrat zu Karlsruhe

Da bei diesem Todesfall keine kirchliche Feier in Grafeneck gehalten wurde, wird in Steinen am Donnerstag, 29.8. eine Trauerfeier gehalten werden. Die Urne mit der Asche will die Tochter nicht kommen lassen, da sie nicht glaubt, daß die Asche wirklich in der Urne ist. Es ist sehr bedauerlich, daß die Mitteilung aus Grafeneck solches Mißtrauen erweckt, daß der Mitteilung in den Einzelheiten kein Glaube geschenkt wird. Von der Leitung der Anstalt Wiechs hat die Tochter erfahren, daß die Mutter gesund am 31.7.40 von Wiechs abgereist ist. Weil die Tochter gelegentlich ihre Mutter besuchte, ist sie sehr überrascht, erst jetzt durch den Tod zu erfahren, daß ihre Mutter gar nicht mehr in Wiechs war seit 31.7.

Da die Sterbeurkunde im ganzen Text außer Name, Geburtstag und -ort und Sterbetag durch Buchdruck hergestellt ist für

Massenbedarf, erweckt schon dies und andere Anzeichen ein Mißtrauen, das die Betroffenen hart und gleichgültig macht. Andre, die davon hören, glauben nicht, daß solche Maßnahmen durchgeführt werden, von denen die Leute etwas ängstlich erzählen.

Die Gemeindeglieder erfahren zum Teil von ihren Verwandten oder Bekannten, daß auch aus Herten drei Wagen voll Pfleglinge weggebracht worden sind. Andre haben erfahren, daß früher in Emmendingen untergebrachte Pfleglinge auch in Grafeneck gestorben sind.

Ebenso haben andere Gemeindeglieder erfahren, daß Insassen der Anstalt Rastatt (Teil von Wiesloch) in Grafeneck gestorben sind.

Die Art, wie nun von Kork, von Rastatt, von Emmendingen, von Wiechs und wohl auch von anderen Anstalten die Kranken nach Grafeneck verbracht wurden, ohne wieder von dort wegzukommen, erregt bei denen, die davon hören, solches Entsetzen, daß sie solche Maßnahmen nicht für möglich halten.

Uns Geistlichen scheint das Mißtrauen, das die Menschen erfaßt, dadurch sehr staatsgefährlich werden zu können, weil die Leute aus Angst bei zuständigen Stellen nichts sagen, aber im Bekanntenkreis ein Mißtrauen gegen Staatsmaßnahmen ausstreuen, das als schlimme Saat eine furchtbare Frucht bringen kann. Davor haben wir uns zu fürchten. Es ist daher zu wünschen, daß maßgebende Stellen sich an die zuständigen Staatsstellen wenden und offen auf die Gefahr hinweisen, die den Bestand unseres Reiches und Volkes bedrohen, wenn Menschen ihr Mißtrauen nicht los werden gegenüber der nötig gewordenen Staatsmaßnahme.

Wie aus einem Erlaß des Evangelischen Oberkirchenrats in Stuttgart vom 27.7.40 Nr. A 7371 hervorgeht, sind an den Herrn Reichsinnenminister über diese Maßnahme gegen Anstaltspfleglinge aus dem Kreis der Betroffenen nur Äußerungen in zustimmendem Sinn gelangt. Daß andere Äußerungen, die nach meiner Kenntnis an die staatlichen Stellen gegeben wurden in nicht zustimmendem Sinn, nicht weitergegeben wurden, läßt befürchten, daß die staatlichen Stellen über den wirklichen Eindruck der ergriffenen Maßnahme falsch unterrichtet sind.

Es ist tief erschütternd, wie bei seelsorgerlichen Besuchen manche Gemeindeglieder ihrem Mißtrauen gegen staatliche Maßnahmen Ausdruck geben, so daß wir auf unsere Christenpflicht hinweisen müssen, der Obrigkeit Gehorsam und Vertrauen entgegenzubringen. Bei einer Vernehmung durch die Geheime Staatspolizei im Sommer 1937 habe ich dem Beamten auch sagen müssen, daß er bei seiner Umfrage in den Häusern es wohl erfahren haben mag, wie ich Widerspruch gegen die Staatsordnung und Widerwillen gegen staatliche Maßnahmen zurecht zu bringen suche, daß es durchaus verkehrt ist, wenn einer aus der Gemeinde gerade den Pfarrer als Staatsfeind hinstellen will.

Bald wird das Mißtrauen so groß werden, daß auch gegen den Pfarrer aus lauter Angst die Offenheit in seelsorgerlicher Aussprache verschwindet. Dann wird fast gar kein Vertrauen mehr zu finden sein, das zum Teil jetzt noch in geistlichen Dingen die Kirchengemeinde zusammenhält. Zerstörende mißtrauische Mächte sind leider überall am Werk.

Am 28.6.40 hat Herr Direktor Dr. Jäger in Grafeneck mit Schreiben Nr. A 22/15 2691 V meiner Frau mit der Geheimpolizei gedroht. Eine Abschrift jenes Drohbriefes ging am 3.7.40 an das Badische Ministerium, woher mir aber bis jetzt noch keine Antwort zuging.

Heute bezweifle ich die Angabe im Schreiben des Herrn Direktor Dr. Jäger vom 28.6.40 Nr. A 22/15/2691 V, »daß in unsrer Anstalt 7 Patienten von der Anstalt Kork bisher verstorben sind, ist richtig«. Denn seit der Überführung von Stetten nach Grafeneck sind wohl mehr als 7 von den über 70 weggeführten weiblichen Pfleglingen in Grafeneck verstorben. Daß diese unerwartet gestorben sind, ist wohl nicht wahr, denn sie wurden doch nach Grafeneck gebracht, um dort zu sterben, man erwartete ihren Tod!

Da unsre Gemeindeglieder keinen Weg wissen, Unrichtigkeiten und Mißverständnisse zurecht zu bringen, bitte ich, bei den maßgebenden Stellen zu versuchen, ob etwas von der Wahrheit der Maßnahme zu erfahren ist.

Gez. Pfr. Gilbert[129]

Ein Bericht eines Mannes, dessen Schwester in Grafeneck ermordet wurde, ist ebenfalls überliefert. Die Todesurkunde hatte den Bruder aus Hartheim bei Linz erreicht, ebenfalls eine der Tötungsanstalten der »Euthanasie«, mit der Grafeneck regelmäßig, um die Angehörigen zu täuschen, einen Aktenaustausch vornahm. Bemerkenswert ist, dass der Mann durch sein Nachhaken die Heilanstalt Grafeneck genannt bekam und dort einen Besuch abstattete.

Um so entsetzter waren wir, als wir kurz darauf von der Anstalt Winnental die Nachricht erhielten, daß unsere Schwester verlagert worden sei. Daraufhin unternahmen wir energische Schritte bei der Anstaltsdirektion, die uns nichts anderes sagen konnte, als daß die Kranken angeblich nach Hartheim-Niederdonau mit noch mehr uns bekannten anderen Bekannten laut Erlaß des Reichsverteidigungskommissars verlegt worden seien, und müßten wir warten, bis wir Nachricht erhielten. Nun depeschierten wir sogleich mit Hartheim, daß wir sofort dorthin abreisen würden. Inzwischen kam aber schon eine Depesche von Hartheim, daß die Kranke an Lungenentzündung verstorben sei, die Urne sei unterwegs. Wie uns aber eine Anstaltsschwester von Winnental erklärte wurden die Kranken gar nicht verlegt, sondern wurden haufenweise in Omnibussen vollgepfropft betäubt und in Grafeneck a. d. Schwäbischen Alb in großen Öfen verbrannt.

Ich selbst habe mich von dem Schloß Grafeneck persönlich überzeugt und habe versucht, den dortigen Arzt zu sprechen, welcher sich jedoch nicht sehen ließ. Dafür aber wurde ich von der Gendarmerie, mit Hunden bewacht, empfangen, die mir rieten, sogleich vom Tor wegzugehen, andernfalls laufe ich Gefahr, dort bleiben zu müssen.[130]

Durch den sogenannten *Sperrerlass* des württembergischen Innenministeriums vom 9. September 1940 wurde verfügt, dass Patienten nicht ohne ausdrückliche Genehmigung des Innenministeriums entlassen werden durften. Dies sollte verhindern, dass Angehörige auf das drohende Schicksal der Patienten auch und gerade durch die Anstaltsleitung aufmerksam gemacht und auf Wunsch dann in die Familie entlassen wurden.

Ab November 1940 war es den Anstalten ausdrücklich verboten, die Angehörigen der *verlegten* Patienten zu benachrichtigen.

Noch ein weiterer Fall soll geschildert werden. Auf ein Schreiben vom 27. Januar 1941 an die Württembergische Landesfürsorgeanstalt Reutlingen reagierte die Anstaltsleitung nicht, vielmehr wurde der Brief des Mannes, dessen ehemalige Frau nach Grafeneck verlegt und dort ermordet worden war, vom dortigen Direktor an die Landesfürsorgebehörde in Stuttgart weitergeleitet.

Aus dem Zusammenhang geht hervor, dass zuvor eine Todesnachricht mit einem Trostbrief und einer gefälschten Todesursache den Mann erreicht hatte.

Nach längerer Krankheit ist es mir erst jetzt möglich, nochmals wegen dem Schicksal meiner früheren Frau Lina Neidig, geb. Schwenk, bei Ihnen Nachforschungen anzustellen.

Ich habe mich mit meinem Schwager, Herrn Hermann Schwenk, dem Bruder meiner Frau, wohnhaft in Stuttgart-W., Bismarckstr. 41, in Verbindung gesetzt, der mit mir darin über-

einstimmt, dass es keine deutsche Behörde gibt, die nicht Aufzeichnungen über den Verbleib eines Kranken macht, um bei ev. Anfragen auch Auskunft geben zu können.

Mein Schwager und ich sind Parteimitglieder und entschlossen, die Sache auf amtlichen Wege weiter verfolgen zu lassen, sofern Sie meiner nochmaligen Bitte um Aufschluss über den Aufenthalt meiner früheren Frau nicht entsprechen sollten.

Heil Hitler! gez. Arthur Neidig.[131]

Anhand der Jahresnachweisung einer Heilanstalt kann die andere Seite, nämlich die geschäftsmäßige Abwicklung und Behandlung der *Verlegungen* dokumentiert werden, die in keinem größeren Kontrast zu den oben zitierten persönlichen Zeugnissen von Angehörigen der Opfer stehen könnte:

Jahresabschluß für 1940

Tit. 13

Haushaltsbetrag 758.000,- RM

Einnahmen 670.352,29 RM

Die Wenigereinnahmen mit 87.647,71 RM sind zurückzuführen auf die zeitweise geringere Belegung der Anstalt. In der Zeit vom 31. Mai bis 29. November 1940 wurden zusammen 414 Kranke aus der Heilanstalt Winnental wegverlegt. Der Zugang aus anderen Anstalten in der Zeit vom 19. September bis 28. November betrug nur 306 Kranke. Ab Januar 1941 erreichten die Einnahmen aus Verpflegungsgeldern wieder annähernd die frühere Höhe.

Tit. 508

Dem Haushaltsplan für 1940 wurde ein Durchschnittstand von 685 Kranken zugrunde gelegt. Durch die Wegverlegungen von Kranken im Laufe des Rechnungsjahres ist der Belegungsstand stark gesunken und zeitweise bis auf 386 Kranke zurückgegangen. Der dadurch entstandene Ausfall an Verpflegungsgeldern war erheblich. Trotz dieser Umstände ergibt sich für das

Rechnungsjahr 1940 bei der Heilanstalt Winnental – noch ein Einnahmeüberschuß von 46.637,12 RM.

Direktion

Oekonomieverwaltung

Dr. Gutekunst

Ungerer[132]

Vergleichbar fiel die Reaktion der Landesfürsorgebehörde in Stuttgart aus. Ein sehr sachlicher und nüchterner, man könnte sagen geschäftsmäßiger Ton kennzeichnet das Schreiben an den Württembergischen Innenminister vom 30. Dezember 1940. Dies war der Zeitpunkt, zu dem die Tötungsanstalt Grafeneck geschlossen und deren Personal ins hessische Hadamar bei Limburg an der Lahn versetzt wurde, wo die Tötungen von kranken und behinderten Menschen bis August 1941 fortgesetzt wurden. Der Vorsitzende des Landesfürsorgeverbandes, Karl Mailänder, schildert in seinem Bericht die Situation, in der sich die vier Landesfürsorgeanstalten nach den Verlegungen befanden. Ganz zum Schluss, nachdem er neue Funktionen für die Landesfürsorgeanstalten skizziert hat, weist Mailänder auf die Notwendigkeit hin, die Landesfürsorgeanstalten zu erhalten.

Bei den in letzter Zeit geführten Besprechungen wurden auch die Württ. Landesfürsorgeanstalten erwähnt. Bezüglich dieser möchte ich auf Folgendes aufmerksam machen:

(…) Nach der in den letzten Monaten durchgeführten Verlegung einer großen Zahl von Pfleglingen in andere Anstalten sind zur Zeit von den vorhandenen rund 1300 Plätzen 766 mit vollsinnigen Pfleglingen belegt. Die Zahl der anderen Pfleglinge beträgt noch 162. Zusammen befinden sich also 928 Pfleglinge in den vier Landesfürsorgeanstalten. Rund 400 Betten sind frei.

Diese freien Plätze werden in Zeitkürze wieder in Anspruch genommen werden […]. In neuester Zeit sind zahlreiche Aufnahmegesuche eingegangen.

Ein Bericht des Bezirksfürsorgeverbands Reutlingen an die Ministerialabteilung für Bezirks- und Körperschaftsverwaltung vom 25.11.40 schildert die nach Ausfall einer Anzahl Anstalten der freien Wohlfahrtspflege bestehenden Schwierigkeiten, für anstaltsbedürftige Personen geeigneten Unterkommen zu finden. […]

Aus vorstehenden Darlegungen geht hervor, daß die Landesfürsorgeanstalten in ihrem jetzigen Bestand zur Erfüllung der ihnen auf dem Gebiet der öffentlichen Fürsorge zugewiesenen Aufgaben unbedingt erhalten werden müssen. Mailänder[133]

Die Sicht einer Anstalt spiegelt der folgende Bericht vom 8. Januar 1941 über die dienstliche Besichtigung der Landesfürsorgeanstalt Reutlingen wider. Hier geht der nicht genannte Verfasser sehr drastisch auf die Konsequenzen ein, die die Verlegungen für den Anstaltsbetrieb mit sich brachten.

Mit der durch das Württ. Innenministerium im Auftrag des Reichsverteidigungskommissars angeordneten und in den Monaten September und November 1940 durchgeführten Verlegung von 73 männlichen und weiblichen Pfleglingen ist der Anstalt eine größere Anzahl teilbeschäftigter Arbeitskräfte verloren gegangen. Diese Leute wurden täglich bei der Reinigung der Zimmer, Treppen, Gänge, Aborte, der Nachttöpfe und Zimmerklosetts, der Kleidung und Wäsche der Unreinlichen usw. eingesetzt. Diese Arbeiten will niemand mehr besorgen. Eine Pflegerin, die bei der Zimmer- und Bettstellenreinigung mithelfen sollte, hat sofort dagegen Widerspruch erhoben und jetzt gekündigt. Normale Arbeitskräfte durch das Arbeitsamt oder sonst zu bekommen ist zur Zeit nicht möglich, sie würden aber auch die genannten Arbeiten ablehnen.

Dazu kommt, daß in letzter Zeit mehrere Pfleglinge, die bisher in der Küche, Waschküche, im Gemüseputzraum und in der Nähestube arbeiteten, abgewandert sind. Sie unterlagen keiner Beschränkung in der Aufenthaltswahl und mußten auf Verlangen und unter Verzicht auf öffentliche Fürsorge entlassen werden.

Die Behebung der entstandenen Schwierigkeiten stellt die Hauseltern vor eine zunächst unlösbar erscheinende Aufgabe. Solange nicht die nötigen Pflege- und Arbeitskräfte gewonnen sind, können Pfleglinge, die sich nicht selbst versorgen können oder gar unreinlich sind, nicht mehr aufgenommen werden. Eine Verlegung der besonders Pflegebedürftigen in eine andere Landesfürsorgeanstalt würde dort sofort dieselben Schwierigkeiten verursachen. Anstalten der freien Wohlfahrtspflege, in die früher solche Pfleglinge abgeschoben werden konnten, sind geschlossen, bezw. für andere Zwecke bestimmt worden.[134]

Die skizzierten Nachteile scheinen jedoch, so hat es zumindest den Anschein, durch die Vorteile, die die neue Situation mit sich brachte, ausgeglichen worden zu sein. Am 15. April 1941 kündigte der Leiter des Württembergischen Landesfürsorgeverbandes, Regierungsdirektor Karl Mailänder, die Schließung der Schwachsinnigenabteilungen und damit verbunden die *Hebung des Ansehens* der Landesfürsorgeanstalten an:

Der Staat will eine Pflegeanstalt für Schwachsinnige in Zwiefalten einrichten. Dadurch können die Schwachsinnigen-Abt. in den Landesfürsorgeanstalten in absehbarer Zeit ganz aufgehoben und damit das Ansehen der Anstalten gehoben werden. Die Anstaltsverwalter begrüssen diese Absicht, haben aber so lange Bedenken, als für die in der Landwirtschaft tätigen Schwachsinnigen keine anderen Arbeitskräfte vorhanden sind. Solche beim gegenwärtigen Mangel an landwirtschaftlichen Arbeitskräften zu bekommen, sei ausgeschlossen.[135]

Die Kriegschronik der Evangelischen Kirchengemeinde wiederum spricht eine deutliche Sprache, die in Aussagen gipfelt, dass *vor den Augen der Bevölkerung ein Massenmord geschah*, dass das *Todesauto auch durch die hiesigen Straßen* Reutlingens fuhr sowie in den Worten: *Das Volk wusste im allgemeinen von dieser Maßnahme.*

Reutlingen bekam in einer – wie später bekannt wurde – gleichzeitig mit der Kriegserklärung 1939 eingeleiteten furchtbaren Kriegsmassnahme eine traurige Berühmtheit. Seit Anfang 1940 wurde die Vernichtung lebensunwerten Lebens in der zu diesem Kriegszweck beschlagnahmten abgelegenen Anstalt der Inneren Mission Grafeneck, Kreis Münsingen, aufgenommen. Die ersten Urnen trugen, wie mir D. F. von Bodelschwingh erzählte, den Poststempel »Reutlingen«. Vor den Augen der Bevölkerung geschah ein Massenmord, der im ganzen 15.000 Leben in Grafeneck vernichtet hat. Das »Todesauto« fuhr auch durch die hiesigen Strassen. Die Maßnahme griff in hiesige Familien hinein, da nicht wenige irgendein schwaches Glied in einer Heilanstalt oder im Versorgungshaus hatten. (…) Das Volk wusste im allgemeinen von dieser Maßnahme, weithin nicht von ihrem Umfang auch nicht von der schauerlichen Aufmachung (die erlogenen Beileidsbriefe zum Tod – von Geretteten!). Die Beteiligten kannten ihren Fall.[136]

Die Schließung Grafenecks und das Ende der »Aktion T4«

Im Dezember 1940 wurde die Vernichtungsanstalt Grafeneck bei Münsingen geschlossen und das Personal nach Hadamar bei Limburg an der Lahn versetzt. Dort gingen die Krankenmorde mit unverminderter Brutalität und Intensität bis in den August 1941 hinein weiter.

Die Frage nach den Gründen für den Abbruch der Krankenmorde im Südwesten lässt sich nicht eindeutig beantworten. Jedoch sind hierbei mehrere Motive zu unterscheiden und zu gewichten. In den Blick kommen hierbei

- das im Verlauf des Jahres 1940 zunehmende Wissen um die als »Geheime Reichssache Grafeneck« stattfindenden Morde und damit das Scheitern aller Geheimhaltungsbemühungen,
- die vielfältigen Proteste von Angehörigen, Anstalten, Kirchen sowie aus den Reihen der Partei und schließlich
- organisatorische Überlegungen der Täter in Berlin und Stuttgart, Grafeneck nach über 10.600 Morden zu schließen, da die selbstgesteckten Ziele für den deutschen Südwesten Ende 1940 erreicht schienen.

Dr. jur. Wilhelm Frick (1877–1946), Reichsinnenminister.

In der Tat war es das zunehmende Wissen um die als »Geheime Reichssache« geplanten »Euthanasie«-Morde in Gra-

Else von Löwis (1880–1961), Frauenschaftsführerin und Kulturreferentin der Stadt Stuttgart.

feneck, das zu einer Vielzahl überlieferter und nicht überlieferter Proteste führte. Beschrieben wurden bereits die Reaktionen und die Proteste der Angehörigen sowie der meist vergebliche Versuch so manch einer Einrichtung, das Leben der ihnen anvertrauten Menschen zu retten. Diese Bemühungen sind nachweisbar, deren Zivilcourage und Mut beeindruckend. Auch gingen die christlichen Kirchen, die evangelische wie die katholische, den Weg des Protestes. Die Kirchenleitungen von Baden sowie von Württemberg, die Landesverbände der Inneren Mission, der Caritasverband, die Arbeitsgemeinschaft der evangelischen Anstaltsseelsorger, um nur einige zu nennen, sie alle protestierten. In der Regel war ihr Einspruch gezielt an die einzelnen Institutionen des NS-Staates gerichtet, an staatliche Stellen wie an parteiamtliche auf Länderebene wie auf Reichsebene. Die Eingaben richteten sich auch an Wehrmachtsstellen und an Einzelpersonen. Deutlich wird das Spektrum der Protestaktivitäten am Beispiel der evangelischen Landeskirche in Württemberg. Hier fanden sich gewissermaßen der Landesverband der Inneren Mission und seine jeweiligen Anstalten, der württembergische Landesbischof Theophil Wurm sowie der Evangelische Oberkirchenrat zu einer mehr oder minder geschlossenen Abwehrhaltung zusammen. Wie berichtet wurden die Kirchen bereits im Februar 1940 mit den ersten Verlegungen nach Grafeneck und den ersten Morden konfrontiert. Der Landesverband der Inneren Mission informierte nach ersten Eingaben an das württembergische Innenministerium die Zentralleitung für das Anstaltswesen, den württembergischen Landesbischof und den Centralausschuss der Inneren Mission der Deutschen Evangelischen Kirche in Berlin. Letzterer beauftragte seinen Vizepräsidenten, den Leiter der Bodelschwingh'schen Anstalten in Lobetal, mit der Ausarbeitung einer Denkschrift, die am 16. Juli dem Chef der Reichskanzlei, Staatssekretär Lammers, zur Weitergabe an Hitler übergeben wurde. In dieser Denkschrift wurde mehrfach Bezug auf Grafeneck genommen. In der Zwischenzeit waren jedoch erneute Verlegungen erfolgt, so aus der badischen Epileptikeranstalt Kork am 30. Mai 1940. Landesbischof Wurm wurde wiederholt und von mehreren Seiten über die Morde in Grafeneck informiert. Über die Oberin des Diakonissenmutterhauses Bethlehem in Karlsruhe wurde der Kontakt zu Gerhard Braune von Centralausschuss der Inneren Mission und zum badischen Landesbischof Kühlewein geknüpft. Daneben traten verschiedene Dekanatämter, darunter auch das Münsinger, zu dessen Zuständigkeit Grafeneck zählte, als auch die Samariterstiftung an den Evangelischen Landesbischof und Oberkirchenrat heran.

Am 6. Juli 1940 geht der Landesbischof in einem Schreiben an den *Reichsminister für kirchliche Angelegenheiten,* Kerrl, noch ohne Grafeneck direkt zu erwähnen, auf die »Euthanasie« ein:

Neben dem tiefen Dank, der uns gegen Gott, gegen Führer und Wehrmacht bewegt, konnte ich die Sorge nicht verschweigen, die auf allen christlichen Volksgenossen liegt angesichts so mancher Äusserungen und Handlungen in der letzten Zeit. […]

Eine weitere schwere Belastung für viele christliche Kreise sind die Massnahmen zur Lebensvernichtung, die gegenwärtig auf Anordnung des Reichsverteidigungsrats gegen Pfleglinge der staatlichen und privaten Heilanstalten ergriffen werden. Da es

Theophil Wurm (1868–1953), Landesbischof der Evangelischen Landeskirche Württemberg.

in Württemberg gerade auch in geistig hochstehenden Familien verhältnismässig häufig Degenerationserscheinungen gibt, sind viele Volkskreise dadurch berührt, dass Angehörige plötzlich aus dem bisherigen Unterbringungsort weggeschafft und einer anderen Anstalt überwiesen werden. Man macht sich offenbar in den massgebenden Stellen nicht klar, wie dadurch das Vertrauen des Volkes zu den staatlichen Behörden und zur Ärzteschaft erschüttert wird.

Das am 19. Juli, also knapp zwei Wochen später, an den Reichsinnenminister Frick gerichtete fünfseitige Schreiben wird bereits deutlicher. Wurm geht dort auf das Verfahren und das Ausmaß der Verlegungen ebenso ein wie auf die Beunruhigung, die das Land erfasst hatte:

Durch zahlreiche Anfragen aus Stadt und Land und aus den verschiedensten Kreisen veranlaßt, halte ich es für meine Pflicht, die Reichsregierung darauf aufmerksam zu machen, dass in unserem kleinen Lande diese Sache ganz grosses Aufsehen er-

regt. Zunächst einmal deshalb, weil sich eine der in Betracht kommenden Anstalten, das Schloss Grafeneck, in welcher die Pfleglinge eingeliefert werden und wo ein Krematorium und ein Standesamt errichtet worden ist, in Württemberg befindet. Grafeneck ist Eigentum einer Anstalt der Inneren Mission, der Samariterstiftung, die an verschiedenen Orten körperlich und geistig Behinderte seit vielen Jahren aufnimmt und verpflegt. Sie wurde bei Kriegsausbruch auf Weisung des württ. Innenministeriums in das Kloster Reutte in Oberschwaben verlegt; […]. Das Schloß liegt auf einer Anhöhe der schwäbischen Alb inmitten eines spärlich bewohnten Waldgebiets. Umso aufmerksamer verfolgt die Bevölkerung der Umgegend die Vorgänge, die sich dort abspielen. Die Krankentransporte, die auf dem kleinen Bahnhof bei Marbach a.L. ausgeladen wurden, die Autobusse mit undurchsichtigen Fenstern, die die Kranken von entfernten Bahnhöfen oder unmittelbar von den Anstalten bringen, der aus dem Krematorium aufsteigende Rauch, der auch auf grössere Entfernungen wahrgenommen werden kann, – dies alles erregt die Gemüter um so mehr, als niemand Zutritt zu dem Schloß bekommt.[137]

Gegen die Tötung wehrloser Menschen machte Landesbischof Wurm in seinem Schreiben, das durchaus auch nationalistische *und* nationalsozialistische Töne enthielt, menschliche und religiöse, aber auch rechtliche Einwände geltend.

Dass ein Volk für seine Existenz kämpft und dass keiner zu gut ist, um in diesem Existenzkampf sein Leben einzusetzen, das dürfen wir als Gottes Willen und Gebot ansehen; dass aber das Leben Schwacher und Wehrloser vernichtet wird, nicht weil sie eine Gefahr für uns sind, sondern weil wir dessen überdrüssig sind, sie zu ernähren und zu pflegen – das ist gegen Gottes Gebot.

In letzter Instanz begründet der Landesbischof seinen Einspruch mit der Sorge um das Gemeinwesen und damit auch um den Bestand des Staatswesens:

Wenn die Jugend sieht, daß dem Staat das Leben nicht mehr heilig ist, welche Folgerungen wird sie daraus für das Privatleben ziehen? Kann nicht jedes Rohheitsverbrechen damit begründet werden, daß für den Betreffenden die Beseitigung eines anderen von Nutzen war? Auf dieser schiefen Ebene gibt es kein Halten mehr. […] Entweder erkennt auch der nationalsozialistische Staat die Grenzen an, die ihm von Gott gesetzt sind, oder er begünstigt einen Sittenverfall, der auch den Verfall des Staates nach sich ziehen würde.

Aus heutiger Sicht liegt in diesen Worten die ganze Tragik kirchlicher Politik, vielleicht auch der Kern ihres Scheiterns begründet: Energischer Protest einerseits, jedoch gleichzeitig die Loyalität zum nationalsozialistischen Staat verkündend, *die vorhandene Mißstimmung nicht als eine Mißachtung nationaler und politischer Notwendigkeiten*[138] anzusehen. An keiner Stelle und zu keinem Zeitpunkt verließ die Amtskirche den Weg der vertraulichen Eingabe. Dass der Brief Wurms an den Reichsinnenminister in Abschriften bald im ganzen Reich kursierte, lag nicht in der Absicht seines Verfassers. Unermüdlich wurde dieser Weg weiterbeschritten. Eingabe und Protest folgten in immer kürzeren Zeitabständen aufeinander, am 25. Juli an den Chef der Reichskanzlei, Heinrich Lammers, am 23. August an Reichsjustizminister Gürtner, am 9. September an den württembergischen Reichsstatthalter Murr, am 21. September an den Staatssekretär Conti im Reichsinnenministerium, am gleichen Tag an Ministerialdirektor Dill im württembergischen Innenministerium, am 22. Oktober an den Befehlshaber des Wehrkreises V in Stuttgart, General Osswald. Ende Oktober verfasste Landesbischof Wurm gar eine Denkschrift für das *Oberkommando der Wehrmacht* über *Planwirtschaftliche Maßnahmen in Heil- und Pflegeanstalten.*

Unterstützt wurden die Bestrebungen Wurms vom Landesverband der Inneren Mission in Württemberg, vertreten durch seinen Vorsitzenden, Kirchenrat Seiz – Vorsitz von 1936 bis 1955 –, und seinen stellvertretenden Landesgeschäftsführer, Pfarrer Schosser. Jedoch blieben auch ihre Vorstöße vom 2. und 8. Oktober 1940 beim württembergischen Innenministerium ohne greifbaren Erfolg. Zuvor hatte jedoch der Landesverband seine klare Haltung vom Juli 1940, die eingehenden Meldebogen durch die Anstalten nicht weiter bearbeiten zu lassen, teilweise revidiert. Am 26. September 1940 schrieb der Landesverband der Inneren Mission in Württemberg an den bis dahin standhaften Heimleiter der Taubstummenanstalt Wilhelmsdorf, Heinrich Hermann, folgende Zeilen:

Lieber Herr Inspektor!

[…] Ich glaube, dass Sie zunächst alle Gerechtigkeit erfüllen, wenn Sie eine doppelte Liste Ihrer Pfleglinge einschicken, soweit sie unter den Begriff »schwachsinnig« fallen. […]

Eine Liste der Nichtschwachsinnigen wird ja nicht angefordert. Wenn dann die beiden Herren Dr. Mauthe und Dr. Eyrich kommen sollten, dann wird ja die Berliner Liste von ihnen selbst ausgefertigt werden. Sollten die Herren dann von Ihnen verlangen, daß Sie den ersten Teil der Liste ausfertigen, so werden wir dem wohl entsprechen müssen.[139]

Ein weiteres Glied in der Kette des württembergischen Protestes war der Evangelische Oberkirchenrat. Im Juli 1940 hatte Oberkirchenrat Sautter erste Aktivitäten entfaltet, die jedoch beim Vorsitzenden des Sondergerichts Stuttgart, Senatspräsident Cuhorst, auf taube Ohren stießen. Direkt vorstellig wurde Sautter in den Folgemonaten auch in der württembergischen Reichsstatthalterei, bei Oberregierungsrat Ritter, dem Adjutanten des Reichsstatthalters, und in der Reichskanzlei in Berlin, Ministerialdirektor Kritzinger. Am 4. Dezember, kurz bevor Grafeneck seiner Bestimmung als Vernichtungsanstalt enthoben wurde, traf Sautter mit dem leitenden Medizinalbeamten im württembergischen Innenministerium, Ministerialrat Dr. Eugen Stähle, zusammen. Einige Sätze des Gesprächsprotokolls vom 6. Dezember 1940 verdienen es zitiert zu werden. Sie bieten einen Einblick in die Gedankenwelt eines der Protagonisten zur Frage der *Vernichtung lebensunwerten Lebens.* So führte Stähle aus, dass sich die Kritiker der »Euthanasie« gerade nicht auf den Willen Gottes berufen könnten:

Wo der Wille Gottes wirklich gilt ..., nämlich in der freien Natur, gibt es kein Erbarmen für das Schwache und Kranke, sondern nur einen Sieg der Starken und Gesunden. Kein kranker Hase kann sich länger als einige Tage halten: er wird der sichere Raub seiner Feinde und dadurch von seinem Leiden erlöst; so sind die Hasen immer eine 100%ige Gesellschaft.

Als Sautter erwiderte, dass es sich bei der *Vernichtung lebensunwerten Lebens* nicht um Hasen, sondern um Menschen handele, entgegnete Stähle:

Die ganze Natur, einschließlich dem Menschen, ist Gottes Welt und auch die Frommen müssen dauernd morden: Der Herr Stadtpfarrer muß seinen Gockel auch vorher töten lassen, ehe er sich ihn schmecken lässt und selbst die Vegetarier müssen laufend Leben vernichten, denn auch Gras und Kraut sind Lebewesen.

Dieser Vulgärsozialdarwinismus, verbrämt mit pantheistischer Phraseologie, stand ganz in der Tradition der Pamphlete und Traktate zur Euthanasieproblematik, die seit der Jahrhundertwende erschienen waren. Die Vergleiche mit dem Tierreich waren vor allem für die Schriften Ernst Manns kennzeichnend gewesen, die von Stähle aufgegriffen worden sein dürften. An Mann erinnert auch Stähles Beurteilung des christlichen Tötungsverbots:

Das 5. Gebot: Du sollst nicht töten, ist gar kein Gebot Gottes, sondern eine jüdische Erfindung, mittels derer die Juden, die größten Mörder der Weltgeschichte, immer wieder versuchen, ihre Feinde von einer tatkräftigen Gegenwehr abzuhalten, um sie dann desto leichter erledigen zu können.

Am 18. Dezember 1940 informierte Oberkirchenrat Sautter den Oberregierungsrat Ritter über seine Besprechung mit Stähle. Er habe von Stähle erfahren, *die Aktion sei im großen und ganzen abgeschlossen und Grafeneck werde aufgehoben.* Am 26. März erklärte Ritter schließlich, *Grafeneck sei nunmehr geschlossen.* Dabei hob er nochmals hervor, dass der Reichsstatthalter froh war, *dass diese Aktion zu Ende sei.*

In der zweiten Dezemberhälfte schaltete sich aber auch einer der mächtigsten Männer des Dritten Reiches, Reichsführer SS und Chef der Deutschen Polizei, Heinrich Himmler, in die Vorgänge um Grafeneck ein. Besonders gut ist zumindest eine Episode überliefert, die zu seinem Eingreifen führte. Es begann mit dem Brief der württembergischen Gutsherrin und Frauenschaftsführerin, daneben auch Kulturreferentin in Stuttgart, Else von Löwis. Ihre Empörung über die Morde von Grafeneck und ihre Ausführungen über die Begleitumstände und die in Württemberg dadurch verursachte Stimmung gelangten über Umwege zu Himmler. Der Brief vom November 1940 spiegelt anschaulich das Dilemma überzeugter Nationalsozialisten wider. Wie zuvor in den Protesten des württembergischen Landesbischofs Wurm oder denen des westfälischen Bischofs von Münster, Graf von Galen, im August 1941, taucht ein Motiv und eine immer wiederkehrende Frage auf: *Wohin wird dieser Weg uns führen und wo wird die Grenze gezogen werden?*

Sie wissen sicher von den Maßnahmen, durch die wir uns zur Zeit der unheilbar Geisteskranken entledigen, aber vielleicht haben Sie doch keine rechte Vorstellung davon, in welcher Weise und in welch ungeheuerlichem Umfang es geschieht und wie entsetzlich der Eindruck ist im Volk! Hier in Württemberg spielt sich die Tragödie in Grafeneck auf der Alb ab, wodurch dieser Ort einen ganz schauerlichen Klang bekommen hat. Anfangs wehrte man sich instinktiv dagegen, die Sache zu glauben, oder hielt die Gerüchte zum mindesten für maßlos übertrieben. Mir wurde noch bei unserer letzten Arbeitstagung auf der Gauschule in Stuttgart Mitte Oktober von »gutunterrichteter« Seite versichert, es handle sich nur um die absoluten Kretinen, und die »Euthanasie« werde nur in ganz streng geprüften Fällen angewendet. Jetzt ist es ganz unmöglich, diese Version noch irgendeinem Menschen glaubhaft zu machen, und die absolut sicher bezeugten Einzelfälle schießen wie Pilze aus dem Boden.

Was kann ich noch glauben? Wohin wird dieser Weg uns führen und wo wird die Grenze gezogen werden? Es sind ja durchaus nicht nur die hoffnungslos Verblödeten und Umnachteten, die es trifft, sondern, wie es scheint, werden allmählich alle unheilbar Geisteskranken – daneben auch Epileptiker, die geistig gar nicht gestört sind – erfaßt. Darunter befinden sich vielfach Menschen, die am Leben noch Anteil nehmen, ihr bescheidenes Teil Arbeit leisten, die mit ihren Angehörigen in brieflichem Verkehr stehen, Menschen, die, wenn das graue Auto der SS kommt, wissen, wohin es geht und was ihnen bevorsteht. Und die Bauern auf der Alb, die auf dem Felde arbeiten und diese Autos vorbeifahren sehen, wissen auch, wohin sie fahren und sehen Tag und Nacht den Schornstein des Krematoriums rauchen. […] Genügte es denn nicht, daß man sie sterilisiert hat, und ist es nicht entsetz-

lich zu denken, daß über diesen allen nun das Damoklesschwert von Grafeneck hängt?

Am 19. Dezember 1940 reagierte Himmler gegenüber Walter Buch, den obersten Richter der NSDAP, der den Brief an ihn weitergeleitet hatte. Er sicherte ihm eine schnelle Klärung zu.

Am selben Tage schrieb Himmler auch an Viktor Brack:

Lieber Brack!

Wie ich höre, ist auf der Alb wegen der Anstalt Grafeneck eine große Erregung. Die Bevölkerung kennt das graue Auto der SS und glaubt zu wissen, was sich in dem dauernd rauchenden Krematorium abspielt. Was dort geschieht, ist ein Geheimnis und ist es doch nicht mehr. Somit ist dort die schlimmste Stimmung ausgebrochen, und es bleibt meines Erachtens nur übrig, an dieser Stelle die Verwendung der Anstalt einzustellen und allenfalls in einer klugen und vernünftigen Weise aufklärend zu wirken, indem man gerade in der dortigen Gegend Filme über Erb- und Geisteskranke laufen läßt. Ich darf Sie um Mitteilung bitten, wie dieses schwierige Problem gelöst wird.

Der Brief Himmlers vom 19. Dezember mag Viktor Brack in der Kanzlei des Führers, den für die Mordaktion zuständigen Mann, ein bis zwei Tage später erreicht haben. Die letzten *Verlegungen* und die letzten Morde des Dezember 1940 lagen zu diesem Zeitpunkt aber schon über eine Woche zurück. Am 12. dieses Monats wurden 71 Patienten des Fürst-Carl-Landeskrankenhauses in Sigmaringen ermordet,[140] am 13 Dezember 20 Personen der evangelischen Heilanstalt Mariaberg – fünf Frauen und fünfzehn Männer zwischen 16 und 66 Jahren[141]. Somit hat mit Sicherheit nicht der Brief Himmlers den alleinigen Ausschlag für den Abbruch der Krankenmorde in Grafeneck gegeben. Erste Anzeichen für ein geplante Einstellung lagen bereits im Herbst 1940 vor. Zu diesem Zeitpunkt endete die Mordaktion in Brandenburg, wo die Morde im Februar 1940 als zweiter Tötungsanstalt nach Grafeneck begonnen hatten. Das Personal der Brandenburger Mordanstalt wurde nach Bernburg an der Saale im heutigen Sachsen-Anhalt versetzt. Die Mordziffern in Grafeneck waren spätestens seit Oktober 1940 rückläufig. Vieles spricht dafür, dass die vorgegebenen Ziele erreicht waren und im südwestdeutschen Raum, dem, wenn man so will, Einzugsbereich Grafenecks, nur noch wenige potentielle Opfer am Leben waren. Hierfür spricht auch die Tatsache, dass bei Beginn der »Euthanasie«-Aktion 1939 eine Richtzahl von 20 Prozent aller Anstaltsinsassen im Deutschen Reich genannt worden war. In den südwestdeutschen Ländern lag die Tötungsrate Ende 1940 bei über 50 Prozent aller Anstaltspatienten – legt man die Belegungszahlen vom 1. Januar 1940 zugrunde. Jeder zweite Patient einer Heil- und Pflegeanstalt war 1940 in Grafeneck ermordet worden.

Das Gros des Personals von Grafeneck verließ den Ort Ende Dezember 1940, nicht ohne zuvor eine Weihnachtsfeier, an der auch Berliner Funktionäre der »T4«-Zentrale teilnahmen, abgehalten zu haben. Zu dieser Zeit bereitete man in Berlin und anderswo bereits die Erfassung neuer Regionen des Reiches für die Krankenmord-Aktion vor. Ab Januar 1941 wurden die Grafenecker Täter ins hessische Hadamar bei Limburg an der Lahn versetzt. Im gleichen Monat begannen dort die Morde an psychisch Kranken und geistig Behinderten hauptsächlich aus den Regionen Hessen und Westfalen. Ein letztes Kommando verblieb bis zur endgültigen Abwicklung finanzieller Vorgänge sowie der teilweisen Rückbauung bis zum März 1941 in Grafeneck.

Trotz des Abbruchs der Tötungen in Grafeneck sollten im März 1941 noch letzte »Verlegungen« weiterer schätzungsweise 500 Patienten aus Südwestdeutschland in die Nachfolgetötungsanstalt Hadamar erfolgen. Jeweils ungefähr 250 Männer und Frauen wurden über die badische Zwischenanstalt

Wiesloch sowie das württembergische Pendant Weinsberg nach Hadamar deportiert und ermordet.

Im August 1941 beendete Hitler durch eine mündliche Anordnung an Viktor Brack die *Verlegungen* von Anstaltspatienten in Tötungsanstalten wie Hadamar. Das Ende dieser sogenannten zentral gelenkten »Euthanasie«-Aktion – ihr sollte die dezentrale folgen, in der bis 1945 in einer Vielzahl von Anstalten ohne Unterbrechung weiter gemordet wurde – hatte zum damaligen Zeitpunkt eine Vielfalt von Gründen:

– die verstärkte Ablehnung der Krankenmorde, die in der öffentlichen Predigt des katholischen Bischofs von Münster Graf von Galen kulminierte, und

– die zunehmende Konzentration des nationalsozialistischen Regimes auf den im Juni 1941 begonnenen Russlandkrieg. Zu diesem Zweck musste die Loyalität von Bevölkerung und Wehrmacht sichergestellt werden.

Grafeneck und Auschwitz – »Euthanasie« und »Endlösung«

Von den »Euthanasie«-Morden zur Ermordung der europäischen Juden

Auschwitz II Birkenau.

Der spätere Einsatz der »Euthanasie«-Täter bei der Vernichtung der europäischen Juden verweist auf einen direkten Zusammenhang zwischen den Verbrechenskomplexen der »Euthanasie«-Morde und dem Mord an den Juden.[142]

Eine auf den ersten Blick äußerliche, im Kern aber wesensmäßige Übereinstimmung stellt ebenfalls die Tatsache dar, dass spezielle Vernichtungszentren geschaffen wurden, in denen Menschen systematisch und industriell ermordet wurden. Die Tötungstechnologie der Gasmordanstalten wurde hierbei für den späteren Mord an den europäischen Juden übernommen. Die Verbrechen, hochgradig arbeitsteilig organisiert, vollzogen sich nach einem durchaus vergleichbaren Muster: der Definition der Opfer, ihrer Konzentration und schließlich ihrer Ermordung. Die Täterperspektive gegenüber den Opfern weist hierbei Übereinstimmungen, aber auch deutliche Unterschiede auf. Beiden Opfergruppen wurde aus der Sicht der Täter eine (erb)biologische Minderwertigkeit zugeschrieben und deren »Lebensunwert« behauptet. Während jedoch das Hauptkriterium für die Täter bei der Ermordung der Juden allein in der Zugehörigkeit der Opfer zu einer angeblich »jüdischen Rasse« bestand, wurden – wie gesehen – die Gründe für den Ausschluss aus der »Volksgemeinschaft« bei den »Euthanasie«-Morden durch stark utilitaristische Motive, also Nützlichkeitserwägungen im Sinne von Kosten-Nutzen-Rechnungen, überlagert. Die tiefste Ursache beider Verbrechen lag jedoch in der Anmaßung der Täter, beiden Opfergruppen ihre Menschlichkeit abzusprechen und ihren »Lebenswert« zu negieren, um sie schließlich zu ermorden.

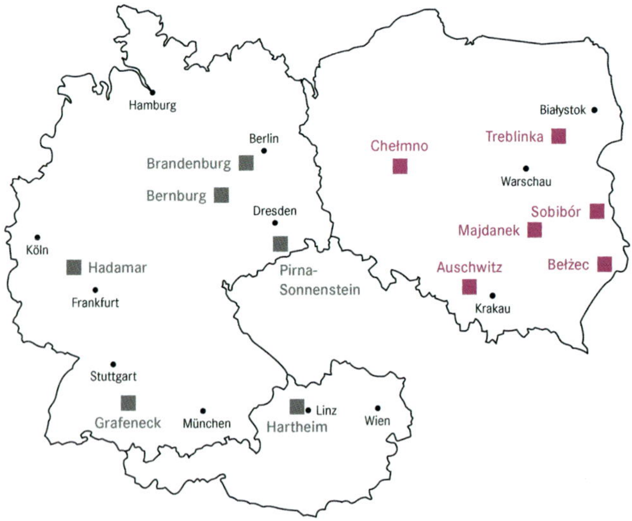

Die Vernichtungszentren der NS-»Euthanasie« und des Holocaust. Ein Teil des Personals der »T4«-Organisation wirkte mit bei der Ermordung der deutschen und europäischen Juden.

Auch die Täter von Grafeneck finden sich in den Vernichtungszentren des Holocaust wieder. Dr. Horst Schumann (1906–1983), der erste Leiter und ärztlicher Direktor von Grafeneck, war ab Herbst 1942 Lagerarzt in Auschwitz und selektierte an der Rampe von Birkenau Menschen für grausame und oftmals tödliche Röntgensterilisationsversuche.

Maßgeblich wirkte ein großer Teil des Grafeneck-Personals, darunter auch Christian Wirth, an herausragender Stelle bei der »Endlösung der Judenfrage« mit, der Ermordung der europäischen Juden. Im Rahmen der »Aktion Reinhard«, leitete Wirth den Aufbau des Vernichtungslagers Belzec, wurde später dessen erster Kommandant und ab 1. August 1942 zum Inspekteur der Vernichtungslager Belzec, Treblinka und Sobibor ernannt, in denen nach heutigem Wissensstand 1,75 Millionen Menschen ermordet wurden. Bei einem »Sondereinsatz« in Triest 1944 kam Christian Wirth ums Leben. Die Umstände seines Todes sind ungeklärt.

Auch das in Grafeneck tätige Verwaltungs-, Pflege- und Wachpersonal findet sich nach 1940 in den anderen Vernichtungszentren der »Euthanasie« und den Vernichtungslagern im Osten wieder. Ihre Einsatzorte sind ebenfalls benannt: Belzec, Treblinka und Sobibor. Kurt Franz, Jahrgang 1914, der in Grafeneck als »Küchenchef« arbeitete, wird letzter Kommandant von Treblinka.

Nur ein kleiner Teil der Täter wurde nach dem Krieg vor Gericht gestellt und bestraft. Die meisten kehrten in die Gesellschaft zurück, aus der sie gekommen waren.

Doch noch einmal zurück nach Württemberg und Baden. Bei Kriegsende ordneten dort die leitenden Medizinalbeamten, die Ministerialräte Dr. Eugen Stähle und Dr. Ludwig Sprauer – als eine ihrer letzten Amtshandlungen überhaupt – die Vernichtung derjenigen Akten an, die sich auf die *planwirtschaftlichen Maßnahmen* und damit die *Verlegungen* nach Grafeneck bezogen. Ein Großteil des Aktenmaterials war damit tatsächlich vernichtet oder wurde in Folge von Kriegseinwirkungen zerstört und ist somit unwiederbringlich verloren.

Jedoch ist dies mit Sicherheit nicht der einzige Grund, daß bis auf den heutigen Tag eine eingehende Darstellung der »Euthanasie«-Verbrechen in Baden-Württemberg fehlt. Erst in den letzten Jahren war es möglich, das Geschehen in Ansätzen zu rekonstruieren. Auch die vorliegende Darstellung kann nur vorläufige Ergebnisse vermitteln. Sie versteht sich als der Versuch einer Annäherung an ein bis heute schwieriges Kapitel deutscher Zeitgeschichte.

Geschichte und Erinnerung – Gedenkstätte und Dokumentationszentrum

Abriss des Landwirtschaftsgebäudes, in dem 1940 über 10.000 Menschen ermordet wurden, durch die Samariterstiftung im Jahr 1965.

1985 erinnert eine erste bronzene Texttafel an die Menschheitsverbrechen von Grafeneck.

Nach den Morden nutzte die Führung der Hitler-Jugend – Gauleitung Württemberg – das Schloss als einen Ort der Kinderlandverschickung, an dem Jugendliche aus bombenkriegsgefährdeten Regionen untergebracht werden. In Etappen kehrte bereits während des Krieges die Samariterstiftung nach Grafeneck zurück. Die französische Besatzungsmacht war es schließlich, die das Schloss der Samariterstiftung zurückerstattete und damit einen Neuanfang für die Arbeit mit behinderten Menschen ermöglichte. Die bei Kriegsbeginn vertriebenen behinderten Menschen, die den Krieg überlebt hatten, zogen erneut ins Schloss ein. Grafeneck ist seither wieder ein von der Samariterstiftung genutzter Ort – Lebensraum, Wohnort und Arbeitsplatz für behinderte Männer und Frauen.[143] Eine juristische Auseinandersetzung mit den »Euthanasie«-Verbrechen wurde von den alliierten Besatzungsmächten, aber auch von deutschen Behörden angestoßen. Sie mündete in zwei Grafeneck-Prozessen, die 1948 in Freiburg für den badischen Landesteil und 1949 in Tübingen für den württembergischen Landesteil stattfanden. In Freiburg standen zwei Angeklagte vor Gericht, in Tübingen acht Personen. Die Freiburger

50 Jahre danach – Errichtung der Gedenkstätte Grafeneck im Jahr 1990.

Angeklagten, beide leitende Beamte des badischen Innenministeriums, wurden zu hohen Gefängnisstrafen verurteilt, jedoch bereits in den 1950er Jahren begnadigt. Der Grafeneck-Prozess, der 1949 in Tübingen stattfand, versuchte ebenfalls, den monströsen Verbrechen von Grafeneck Rechnung zu tragen. Das Urteil fiel sehr milde aus: Fünf Freisprüchen standen drei Verurteilungen gegenüber. Die Gefängnisstrafen lagen hierbei zwischen eineinhalb und fünf Jahren. Die hohe Bedeutung des Tübinger Prozesses liegt darin begründet, dass er die Verbrechen akribisch rekonstruiert und die Zahl der Opfer von 10.654 genau bestimmt hat. Die moderne Ge-

Ein Alphabet-Garten mit 26 Buchstaben erinnert seit 1998 an die bekannten und die unbekannten Opfer von Grafeneck.

Gedenkstätte Grafeneck: Im Vordergrund das Gedenkbuch für die Opfer der »Euthanasie« in Grafeneck. Das Buch enthält heute über 9500 Namen.

schichtswissenschaft hat die vom Gericht genannte Größenordnung der Opfer bestätigt. In Grafeneck wurden die Spuren, die an die »Euthanasie«-Morde erinnern, in den 1950er und 1960er Jahren sichtbar, aber auch bewusst zum Verschwinden gebracht: Ein früher Gedenkort entstand auf dem Friedhof der Einrichtung, und nahezu gleichzeitig wurde das Vernichtungsgebäude durch die Samariterstiftung abgerissen. Viel Zeit verging, bevor die Geschichte des Jahres 1940 in Grafeneck wieder zur Sprache gebracht, bevor das Schweigen gebrochen wurde. Fast 40 Jahre wurden die Morde der Nationalsozialisten an behinderten Menschen in Grafeneck nicht thematisiert, herrschte Sprachlosigkeit in der Region und weit darüber hinaus, fehlten die Worte für das Grauen.[144] Jedoch gab es schon in dieser langen Phase der Erinnerungsverweigerung und des Schweigens gegenläufige Tendenzen. Anfang der 1960er Jahre wurde von der Samariterstiftung mit der Unterstützung des Landes Baden-Württemberg ein erster Gedenkort auf dem Friedhof

Ein Altar bildet den Mittelpunkt der Gedenkstätte Grafeneck.

der Einrichtung geschaffen. Eine erläuternde Gedenk- oder Informationstafel, um das Verbrechen zu benennen, existierte in diesen Jahren noch nicht. Der Sprachlosigkeit in der Region und in Grafeneck selbst wurde in den 1970er Jahren ein Ende gesetzt. Der Bund der Euthanasiegeschädigten und Zwangssterilisierten sowie antifaschistische Gruppen wie die Vereinigung der Verfolgten des Naziregimes (VVN)/Bund der Antifaschisten waren es, die erste Gedenkveranstaltungen und Kranzniederlegungen vornahmen. Später kamen auch Samariterstift und Samariterstiftung hinzu. Eine nennenswerte Resonanz in der Bevölkerung fanden diese Veranstaltungen nicht. Dies änderte sich erst am vierzigsten Jahrestag der Beschlagnahmung von Grafeneck für *Zwecke des Reichs*, die am 14.10.1939 erfolgt war. Über 1000 Menschen strebten am Buß- und Bettag 1979 in einem Sternmarsch dem ehemaligen Ort der Vernichtung zu. Der Gedenkgottesdienst im Jahr 1979 war die Initialzündung für die Gründung des Arbeitskreises Gedenkstätte Grafeneck, aus dem der heutige Trägerverein der Gedenkstätte hervorgegangen ist. Seit 1982 erinnert eine erste Texttafel an die Verbrechen von 1940. Der eigentliche Ort des Mahnens und Gedenkens, eine offene Kapelle, entstand 1990 in unmittelbarer Nähe zum Friedhof unter dem Leitgedanken: *Das Gedenken braucht einen Ort*. Der Leitgedanke für die Errichtung der Gedenkstätte war hierbei dieser so einfache wie bestechende Satz. Er hat bis heute nichts von seiner Gültigkeit verloren: *Das Gedenken braucht einen Ort*.

Die Gedenkstätte erhielt die sakrale Gestalt einer offenen Kapelle mit einem Altar im Zentrum. Sie steht auf einem fünfeckigen Grundriss. Die Dachkonstruktion ruht auf fünf vertikalen und fünf horizontalen Trägern in Anspielung auf das fünfte christliche Gebot: *Du sollst nicht töten*. Seit 1996 beinhaltete die damals beginnende geschichtswissenschaftliche Arbeit auch die verstärkte Suche nach den Namen und damit der Identität der Opfer. Der Verein Gedenkstätte Grafeneck e.V., der 1994 gegründet worden war, konnte 1998 der Gedenkstätte zwei markante Elemente hinzufügen. Zum einen das bis heute jährlich erweiterte *Namens- und Gedenkbuch* und zum anderen den von der amerikanischen Künstlerin Diane Samuels entworfenen Alphabet-Garten für die bekannten und die un-

Das 2005 errichtete Dokumentationszentrum der Gedenkstätte Grafeneck. Im gleichen Jahr übernahmen das Land Baden-Württemberg und der Ministerpräsident die Schirmherrschaft über die Gedenkstätte.

bekannten Opfer von Grafeneck. Gedenkbuch und Alphabet-Garten sind heute zentrale Bestandteile der Gedenkstätte. Nach dem Bau der Gedenkstätte stieg ab Mitte der 1990er Jahre die Zahl der Besucher und der Besuchergruppen kontinuierlich an. An die Seite der Erinnerungsstätte trat eine intensive wissenschaftliche, publizistische und pädagogische Arbeit, die durch eine mobile Ausstellung 2003 einen nochmaligen qualitativen Sprung erfahren hat. In dieser Zeit entstanden die Idee und erste Konzepte zu einer Dokumentationsstätte in Grafeneck.

Das Dokumentationszentrum

Das Dokumentationszentrum Gedenkstätte Grafeneck ist seit seiner Eröffnung im Jahr 2005 das Zentrum und der Kern der Gedenkstättenarbeit in Grafeneck. Neben den Ort des Gedenkens, die Gedenkstätte selbst, trat nun das Dokumentationszentrum als *Ort der Information und Dokumentation.*[145] Als zentrales Medium der Informationsvermittlung beherbergt

Ausstellung im Dokumentationszentrum, Raum 1.

Ausstellung im Dokumentationszentrum , Raum 1 und 2.

Ausstellung im Dokumentationszentrum, Detail.

Dokumentationszentrum, Außenansicht Detail.

Dokumentationszentrum, Außenansicht.

Dokumentationszentrum, Außenansicht.

das täglich geöffnete Dokumentationszentrum eine Dauerausstellung. Sie trägt den Titel *Grafeneck 1940 – Krankenmord im Nationalsozialismus* und den Untertitel *Geschichte und Erinnerung*. Sie dient den vielen tausenden Einzelbesuchern als Informationsquelle und ist gleichzeitig die Grundlage für die Arbeit mit einer ständig wachsenden Zahl von Besuchergruppen. Das Ausstellungskonzept zeigt im ersten Raum Grafeneck als einen Ausgangspunkt nationalsozialistischer Vernichtungspolitik, der vom Mord an geistig behinderten und psychisch erkrankten Menschen, der *Aktion T4*, zur Ermordung der europäischen und deutschen Juden in den Vernichtungslagern des Holocaust führte. Gleichzeitig greift es über die historische Thematik der NS-Verbrechen hinaus. Im Raum II, überschrieben mit *Erinnerung*, wird der Frage des Umgangs mit dieser Geschichte nach dem Krieg und der Entstehung der Erinnerungsarbeit in Baden-Württemberg und Grafeneck nachgegangen. Im Mittelpunkt der ständigen Dokumentation der »Euthanasie«-Verbrechen in Grafeneck stehen in erster Linie Opfer und Täter, aber auch die *Zuschauer*, das politische und das gesellschaftliche Umfeld sowie die Mechanismen und Denkstrukturen, die zu diesem »arbeitsteiligen Großverbrechen« geführt haben: eugenische Überlegungen und volkswirtschaftliches Kosten-Nutzen-Denken, die weit über bloße NS-Ideologie hinaus auf Vergangenheit, Gegenwart und Zukunft verweisen. Das Dokumentationszentrum zeigt aber auch die Bedeutung Grafenecks für die Geschichte der 48 Behinderteneinrichtungen und psychiatrischen Einrichtungen in Baden, Württemberg und Bayern, ebenso für alle Stadt- und Landkreise sowie hunderte Städte und Gemeinden, aus denen die Opfer stammten. Im zweiten Raum richtet die Ausstellung ihren Blick auf die Zeit nach 1945. Wie ging die Gesellschaft mit diesem Verbrechen um, wie fand die publizistische und juristische Auseinandersetzung statt und wie findet die Erinnerung an diesen schwierigen Teil der deutschen und südwestdeutschen Geschichte einen Platz im historischen Gedächtnis des Landes Baden-Württemberg und seiner Bewohner? Trotz des Fluchtpunktes einer negativ besetzten Geschichte kann Grafeneck – Gedenkstätte und Behinderteneinrichtung – die Bedeutung der Demokratie mit ihren Konzepten von Menschenwürde und Menschenrechten unterstreichen und demokratisches Bewusstsein fördern. In dieser Perspektive bilden die Gedenkstätte Grafeneck und das Dokumentationszentrum eine Schnittstelle von Erinnerung, historisch-politischer Bildung, Wissenschaft und Begegnung. Daneben – und das ist für die Funktionalität und die Arbeit der Gedenkstätte Grafeneck ebenfalls von elementarer Bedeutung – beherbergt das Dokumentationszentrum neben dem *Büro* für die hauptamtlichen Mitarbeiter ein *Archiv* mit zahlreichen Fotos, Akten im Original oder als Kopie, Überlieferungen aus staatlichen, kirchlichen und privaten Archiven und Nachlässen. Das Archiv ist unabdingbar für die Bearbeitung der Anfragen von Angehörigen und Nachfahren, der Öffentlichkeit wie auch der Wissenschaft, der Gerichte und Verwaltungen. Daneben existiert eine der Allgemeinheit offenstehende *Fachbibliothek.* Sie umfasst die Themenkomplexe staatliche und kirchliche Wohlfahrtspflege, Rassenhy-

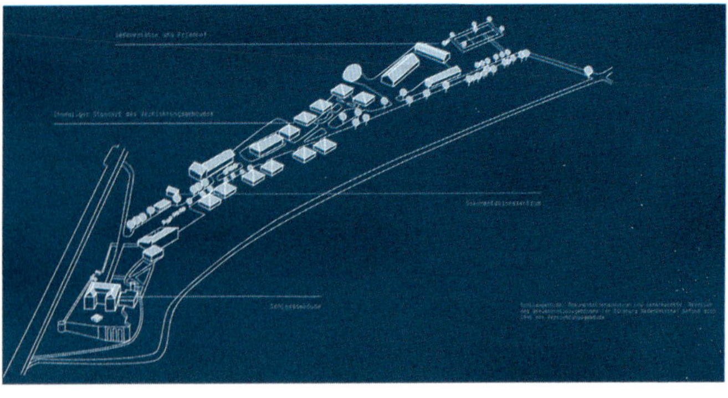

Lageplan von Grafeneck heute.

giene/Eugenik, NS-Diktatur, Zwangssterilisation und »Euthanasie« im Nationalsozialismus, Rassismus und Bio-Ethik. Ein Seminar- und Besprechungsraum für Einzelbesucher und für kleinere Arbeitsgruppen rundet das Konzept des Dokumentationszentrums ab. 2006 waren die Umbauten zum Dokumentationszentrum abgeschlossen. 2008 wurde auch das architektonische Konzept ausgezeichnet. Das Dokumentationszentrum erhielt eine Auszeichnung des Bundes Deutscher Architekten BDA Baden-Württemberg.

Zum Gesamtkomplex von Gedenken und Erinnerung gehören somit in der umgekehrten Reihenfolge ihrer Entstehung:

- das 2005 eröffnete *Dokumentationszentrum*
- die *Gedenkstätte* von 1990 als zentraler Erinnerungsort
- der frühe *Gedenkort auf dem Friedhof* des Samariterstifts Grafeneck aus dem Jahr 1962, der aus einem monumentalen Steinkreuz, einer halbrunden Steinmauer und zwei bzw. drei Urnengrabstellen besteht
- das *Schloss Grafeneck* als Sitz der Täter 1939 bis 1941 mit deren Verwaltung, Sonderstandesamt, Küche, Büro-, Arbeits- und Wohnräumen
- der *Ort des Verbrechens* mit den heute nicht mehr vorhandenen Gebäuden: Remise mit Gaskammer, Krematorium, Aufnahmebaracke und Busgarage.

Grafeneck – Funktionen und Aufgaben

Die Gedenkstätte Grafeneck ist heute, wie geschildert, in erster Linie *Erinnerungs- und Mahnstätte* und damit für viele tausende Menschen ein Ort individueller Trauer und kollektiven Gedenkens. Die Gedenkstätte versteht sich als *Dokumentations- und Forschungsstätte.* Sie bewahrt das historische Wissen und macht es der Öffentlichkeit zugänglich. Dies geschieht in erster Linie durch Veröffentlichungen, Vorträge, Lesungen, durch eine Wanderausstellung sowie insbesondere durch das 2005 geschaffene Dokumentationszentrum. Den Kern des Dokumentationszentrums bildet eine Dauerausstellung, die nachhaltig die Möglichkeiten wissenschaftlichen und pädagogischen Arbeitens mit Besuchern – vor allem mit Besuchergruppen – verbessert. Aber auch dem Einzelbesucher gibt sie die Möglichkeit zur vertieften Informationsgewinnung und Auseinandersetzung mit der Geschichte des Ortes und der nationalsozialistischen »Euthanasie«-Verbrechen. Die Gedenkstätte erfüllt auch *öffentliche und humanitäre Aufgaben als Auskunfts- und Informationsstelle* für Angehörige und Nachfahren der Opfer, für Städte und Gemeinden ebenso wie für Gerichte in Sachen Entschädigung und Nachlass. Die Gedenkstätte Grafeneck ist eine Stätte für *historische und politische Bildungsarbeit.* Informiert wird hierbei über das Denken sowie die konkreten Mechanismen, die nach einer langen Vorgeschichte zu den Verbrechen von 1940 führten. Eine große Zahl nationaler und internationaler Jugend- und Erwachsenengruppen besucht jährlich die Gedenkstätte und das Samariterstift Grafeneck. Die Aufgaben sind somit auch in der Zukunft nicht nur die Information über ein historisches Ereignis, sondern im Sinne einer kritischen Bildungsaufgabe auch die Auseinandersetzung mit Themen wie der Bioethik- und der neuen »Euthanasie«-Debatte, aber auch mit politischem Extremismus, Rassismus, Antisemitismus und mit Fremdenfeindlichkeit.

Das Gedenk- und Namensbuch von Grafeneck wurde erstmals 1994 veröffentlicht. Seit 2009 existiert ein zweites Buch. Es enthält die vielen hundert Herkunftsorte der Opfer von Grafeneck 1940.

Die Gedenkbücher – Namen und Orte

Ein wichtiger Aspekt der Gedenkstättenarbeit in Grafeneck war seit dem Bau der Gedenkstätte im Jahr 1990 die Rekonstruktion der Namen der Opfer. 1994 konnte das Namensbuch erstmals vorgelegt werden. Seit 1998 ist es öffentlich zugänglich im Bereich der Gedenkstätte angebracht. Es ist somit im wahrsten Sinne des Wortes zugänglich geworden. Von ursprünglich 4000 Namen ist die Zahl der heute namentlich bekannten Opfer auf über 9600 angewachsen. Wie bei keinem anderen Gegenstand sonst verbindet sich hier augenscheinlich wissenschaftliche Forschung und akribische Recherche mit verschiedenen Formen von Erinnerungs- und Gedenkarbeit. Der Vorgang, die Opfer wieder bei ihrem Namen zu nennen, kann die Verbrechen nicht ungeschehen machen. Zuallererst werden hinter den Opferzahlen aber wieder die einzelnen Menschen sichtbar: 10.654 Männer, Frauen und Kinder, die von den Tätern stigmatisiert und im wahrsten Sinne des Wortes ausgelöscht werden sollten. Von nahezu allen haben wir heute einen Namen, jedoch nur von wenigen ein Bild oder eine Biografie. Doch auch hier befinden wir uns in einer Dynamik des Wiedersichtbarmachens. Wie die Verbrechen aus dem allgemeinen Bewusstsein verschwunden waren, waren dies auch die Lebensschicksale. Jedes der 10.654 Opfer besitzt einen Vornamen, einen Nachnamen, einen Geburtstag, einen Geburtsort, einen Wohnort. Zum ersten Mal wurde 2009 auch ein Herkunftsbuch für die Opfer von Grafeneck aufgelegt. Es enthält weit über tausend Städte, Gemeinden und Ortschaften in Deutschland und darüber hinaus. Die Mehrzahl der Orte liegt in Baden-Württemberg, aber auch in Bayern und Nordrhein-Westfalen. Da das Buch in Einzelfällen auch die Geburtsorte beinhaltet, sind darunter auch Orte, die jenseits nationaler Grenzen sind: Zürich, Chur, Basel, St. Gallen, New York, Charkow, Samoa und viele andere mehr. Angestoßen durch die Arbeit der Gedenkstätte Grafeneck entwickelten sich in den letzten beiden Jahrzehnten eine Vielzahl von Initiativen, die den Spuren der Opfer nachgehen. Verwandte der Opfer rekonstruieren die Lebensschicksale ihrer ermordeten Angehörigen. Die Einrichtungen, aus denen die Opfer kamen, fragen nach dem Schicksal ihrer Patienten und Heimbewohner. Landkreise, Städte und Gemeinden fragen nach den Namen. Hierbei wird deutlich, dass Grafeneck nicht nur einen Teil der nationalen Geschichte und der Landesgeschichte darstellt, sondern sich in 10.654 Familiengeschichten hinein erstreckt. Exakt so viele Opfer wurden grausam ermordet. *Planmäßig, arglistig und aus niedrigen Beweggründen,* befand das Tübinger Schwurgericht im Juni 1949. Das historische Faktum wirkt fort bis in die Gegenwart. Jede Woche wenden sich Verwandte der Opfer, Ältere, die die Opfer noch persönlich gekannt haben, aber auch Jüngere an die Gedenkstätte und suchen um Auskünfte nach – oftmals ein jahrzehntelanger verdrängter und tabuisierter Teil der familiären Geschichte. Rückblickend auf das letzte Jahrzehnt erkennt man, dass die Zahl der anfragenden Nachkommen und Angehörigen beständig angestiegen ist. Eine Erklärung hierfür könnte sein, dass erst die Zeit Barrieren beseitigt hat und paradoxerweise dadurch die Vergangenheit näher an die Gegenwart herangerückt ist. Eine Vergangenheit, die nicht vergeht.

Geschichte und Erinnerung: 80 Jahre »Euthanasie«-Verbrechen

Eine Farbspur verbindet im Oktober 2009 Schloss Grafeneck mit dem baden-württembergischen Innenministerium in Stuttgart, eine Bürger-Aktion, an der sich zehntausende von Menschen beteiligten – 70 Jahre nach dem Beginn der Verbrechen von Grafeneck im Oktober 1939 und als Symbol für die Verantwortung des Staates und der Landesministerien.

Die Jahre 2009/10 bis 2019/20 standen, was die Erinnerungsgeschichte Grafenecks angeht, unter einem doppelten Vorzeichen. Die Beschlagnahmung Grafenecks und der Beginn der Morde jährten sich zum 70., 75. beziehungsweise 80. Mal. Stets aufs Neue wurde deutlich, welche große Symbolkraft von diesem Ort ausgeht. Mit der Ermordung von 10.654 Menschen symbolisiert das Jahr 1940 einen zivilisatorischen Rückschritt in die Barbarei, einen Zivilisationsbruch ungeheuren Ausmaßes – und doch gleichzeitig eine Möglichkeit der Moderne. Denn auch die totalitären Staaten des 20. Jahrhunderts in Gestalt des Faschismus, des Nationalsozialismus und des Stalinismus waren unzweifelhaft Produkte der Moderne. Man kann dies mit Horkheimer und Adorno als *Dialektik der Aufklärung* oder mit Zygmunt Baumann als die *Ambivalenz der Moderne* interpretieren. Modernität und Barbarei, Zivilisierung und Entzivilisierung sind somit keine sich ausschließende Phänomene oder Prozesse. Sie sind Möglichkeiten der Moderne und des Zivilisationsprozesses, sowohl was die Geschichte als auch was unsere Gegenwart und Zukunft angeht.[146]

Das Denkmal der grauen Busse der Künstler Horst Hoheisel und Andreas Knitz auf dem Weg nach Grafeneck. Am 13. Juni 2013 war das Denkmal auf dem Weg von Zwiefalten nach München für einen kurzen Nachmittag in Grafeneck. Die Tieflader mit den vier Betonteilen nahmen den Weg, der 1940 über eintausend Patienten aus der Heil- und Pflegeanstalt Zwiefalten in den Tod führte.

Vorbereitet und eingeleitet wurde dieses Menschheitsverbrechen durch die Beschlagnahme Grafenecks am 14. Oktober 1939. An diesem Tag wurde Grafeneck im Auftrag von Berlin und für *Zwecke des Reichs* durch das Württembergische Innenministerium beschlagnahmt. Eine Vielzahl bedeutender Veranstaltungen erinnerte in den letzten zwei Jahrzehnten an die Verbrechen von Grafeneck. Nur eine denkbar kleine Auswahl kann hier Erwähnung finden. Bedeutsam bis in die Gegenwart und in der kollektiven Erinnerung der Zeitgenossen war und ist die *Spur der Erinnerung*, eine lila Farbspur, die vom 13. bis zum 16. Oktober 2009 von Grafeneck nach Stuttgart gezogen wurde. Sie endete am damaligen baden-württembergischen Innenministerium am Karlsplatz, dem früheren Sitz des württembergischen Innenministeriums. Mitglieder des Arbeitskreises »Euthanasie«, der Initiativen *Stolpersteine für Stuttgart*, das Bürgerrechtsforum *Die AnStifter* und weitere Bürger aus

Stuttgart hatten die Idee der *Spur der Erinnerung* ersonnen, den *Tatort Grafeneck* mit dem Tatort der Schreibtischtäter im württembergischen Innenministerium zu verbinden.

Eine Vielzahl von Veranstaltungen wies in den letzten Jahren auf diesen Sachverhalt hin. Die Länder Baden und Württemberg existieren heute nicht mehr, das baden-württembergische Innenministerium steht aber auch in den Nachkriegsjahrzehnten in einem spannungsvollen Verantwortungs- und Erinnerungszusammenhang. Der harsche Vorwurf der Samariterstiftung 1946 an das Ministerium fand in der Folgezeit keine Fortsetzung. Eine Aufarbeitung der Geschichte unterblieb auf allen Seiten: beim Ministerium, bei den Kranken- und Behinderteneinrichtungen, bei den Kirchen und Familien. Nur: Die Opfer waren tot. Eine Anerkennung, Nennung, Entschädigung unterblieb für Jahrzehnte. In den 1960er Jahren entschied der damalige Innenminister Hans Filbinger, den Bestrebungen der Samariterstiftung zur Errichtung eines Erinnerungsortes auf dem Friedhof von Grafeneck zuzustimmen.

Mit der Gründung eines Sozialministeriums verschwanden die Bezüge von Geschichte und Verbrechen weitestgehend. Erst die geschichtswissenschaftlichen Forschungen der 1990er Jahre wiesen in Ansätzen auf die Rolle und Funktion der Innenministerien im NS-Staat hin. Für die Öffentlichkeit sichtbar wurde dieser Zusammenhang durch die *Spur der Erinnerung*. Ein aktuelles Forschungsprojekt der letzten Jahre beleuchtet die Geschichte der badischen und württembergischen Ministerien im Nationalsozialismus. 2019 erschienen hierzu die ersten beiden Bände, ein dritter Band soll 2020 erscheinen. Ein Beitrag des Autors beleuchtet darin explizit die Rolle der badischen und württembergischen Innenministerien und die »Euthanasie«-Verbrechen von Grafeneck 1940. Ein wichtiger Schritt auf dem Weg zu einer Etablierung der Gedenkstätte Grafeneck und einer breiten Verankerung in der Gesellschaft waren und sind bis heute die verschiedenen

Schirmherrschaften. Solche übernahmen die Bischöfe Frank Otfried July von der Evangelischen Landeskirche Württemberg und Gebhard Fürst von der Diözese Rottenburg-Stuttgart – vorangegangen war 2005 der damalige Ministerpräsident Günther H. Oettinger für das Land Baden-Württemberg. Am 14. Oktober 2009 wurde das *Denkmal der Grauen Busse* der Künstler Horst Hoheisel und Andreas Knitz vor dem Neuen Schloss in Stuttgart aufgestellt. Die grauen Busse erinnern an die Todestransporte der Patienten. Die Künstler haben dieses Mahnmal zuallererst für das Zentrum für Psychiatrie *Die Weißenau* bei Ravensburg geschaffen. Zwei in Originalgröße in Beton gegossene Busse des Typs, wie er in den Jahren 1940 und 1941 von den Pflegeanstalten zu den Vernichtungslagern fuhr, erinnern an den Massenmord. Den Denkmalbussen eingeschrieben ist das Zitat: *Wohin bringt ihr uns?*, die überlieferte Frage eines Patienten. Ein Denkmal-Bus blockiert dauerhaft die alte Pforte der ehemaligen Heilanstalt Weißenau, von wo aus die Busse nach Grafeneck fuhren. Ein zweiter, identischer grauer Denkmal-Bus wechselt seine Standorte: zuerst von Ravensburg nach Berlin, 2009 nach Stuttgart und 2014 nach Grafeneck – wenn auch nur für einen Tag. Unweit seines Standortes vor dem Neuen Schloss in Stuttgart befand sich in der Dorotheenstraße das Württembergische Innenministerium, von wo aus am 14. Oktober 1939 das Samariterstift Grafeneck *für Zwecke des Reichs* beschlagnahmt worden war. Die grauen Busse fuhren 1940 über viele Straßen Süddeutschlands kranke und behinderte Menschen quer durch Städte und Dörfer zur Gaskammer nach Grafeneck. Im Diakonischen Werk Stuttgart fand am 15. Oktober 2009 ebenfalls eine Veranstaltung statt, die an den 70. Jahrestag der Beschlagnahmung Grafenecks erinnerte. Zu diesem auch für die Württembergische Diakonie bedeutsamen erinnerungsgeschichtlichen Tag wurde seitens des Diakonischen Werks eine Erklärung verfasst. Sie ist abgedruckt in der am gleichen Tag der Öffentlichkeit vorgestellten Broschüre mit dem Titel *Wohin bringt ihr uns? Euthanasiemorde in Württemberg – Gedenkorte der Diakonie.* Im ersten Abschnitt, der die Überschrift trägt: *Aus Ehrfurcht vor dem Leben stellen wir uns der Vergangenheit*, heißt es: *Diakonische Einrichtungen haben damals dem menschenverachtenden Verhalten nicht genug gewehrt und behinderte Menschen nicht ausreichend geschützt. […] Diese Ereignisse gehören zur Geschichte der Diakonie in Württemberg. Sie lassen sich nicht ungeschehen machen. Was geschehen ist, darf nicht verdrängt werden, damit sich die Missachtung der Würde behinderter und psychisch kranker Menschen niemals wiederholt.*[147] Grafeneck war das einzige Vernichtungszentrum des NS-Staates, das vor seiner Beschlagnahmung für die Zwecke der »T4«-Aktion einen kirchlichen Träger hatte. Aus dieser Perspektive ist Grafeneck, von der kirchlichen und diakonischen Zeitgeschichtsschreibung allenfalls am Rande wahrgenommen, sowohl ein Teil kirchlicher Geschichte als auch von Diakonie und Caritas in Deutschland. Deutlich zum Ausdruck gebracht hat dies der Landesbischof der Evangelischen Kirche in Württemberg, Frank O. July. Er hielt im Oktober 2009 die Predigt für den Grafenecker Gedenkgottesdienst. Auch das Symposium *60 Jahre Grafeneck-Prozess* im Schloss Hohentübingen fand in diesem Jahr statt. Wieder war es ein Jahrestag, der die Juristische Fakultät der Universität Tübingen zusammen mit der Gedenkstätte Grafeneck zu dieser Veranstaltung bewog. Vor Gericht standen im Juni 1949 acht Personen, sechs Männer und zwei Frauen. Ihnen wurden *Verbrechen gegen die Menschlichkeit und Beihilfe zum Mord* vorgeworfen. Den 10.654 Morden von Grafeneck standen schließlich insgesamt achteinhalb Jahre Zuchthaus für drei Angeklagte und fünf Freisprüche gegenüber. Große Beachtung fand im Herbst 2009 auch die vom SWR Fernsehen in Auftrag gegebene 45-minütige Fernsehdokumentation *Grafeneck 1940. Die Mordfabrik auf der*

Schwäbischen Alb. Die Dokumentation des Hamburger Filmemachers Knut Weinrich, wissenschaftlich begleitet durch die Gedenkstätte Grafeneck, wurde bereits, ebenso wie eine Sendung der Reihe *Planet Wissen* zu Grafeneck und den »Euthanasie«-Verbrechen, mehrfach ausgestrahlt.[148]

Barrierefreie Gedenkstätte und Kunstprojekt Grafeneck 10654

10654 Terrakotta-Figuren des Künstlers Jochen Meyder erinnern an die Opfer von Grafeneck. Temporäre Installation im Dokumentationszentrum der Gedenkstätte.

Das letzte Jahrzehnt brachte für die Gedenkstätte Grafeneck einen ungeheuren Schub. Die Besucherzahlen und damit auch die der Besuchergruppen stiegen noch stärker an. Seit 2015 besuchen sehr stabil jährlich 400 angemeldete Besuchergruppen Gedenkstätte, Dokumentationszentrum und Schloss Grafeneck. Damit ist die Obergrenze der Gedenkstätte, was Ressourcen wie Räume und Personal angehen, erreicht und in manchen Fällen auch überschritten. Einen deutlichen Anstieg zeigt die Statistik der letzten fünf Jahre bei den nicht angemeldeten Besuchergruppen. Deren Zahl liegt inzwischen bei 100 bis 200 kleinen und großen Gruppen jährlich. Diese erfreuliche Entwicklung wird abgerundet durch eine ebenfalls stark steigende Zahl von Kleinstgruppen, Familien und Einzelpersonen. Das vergangene Jahrzehnt brachte auch einen ungeheuren Schub an Professionalisierung in den Bereichen Wissenschaft und Bildung. Es entstand eine Vielzahl von Publikationen, darunter nicht wenige wissenschaftliche Darstellungen zu den vielfältigsten Themen und Aspekten der Geschichte und der Erinnerungskultur Grafenecks. Verschiedene Darstellungen zu Dokumentationszentrum und Dauerausstellung sowie zu den umfangreichen Bildungs- und Seminarangeboten kamen hinzu. Zwei Wanderausstellungen tragen dazu bei, die historische Thematik, aber auch Fragen der historisch-politischen Bildung nach außen zu tragen: Landkreise, Kommunen, Kliniken ebenso wie Schulen und viele andere Institutionen nutzen diese Möglichkeit, an die eigene Geschichte anzuknüpfen und diese in die nationale und Landesgeschichte einzubinden. Als eine Gedenkstätte von nationaler Bedeutung wurde Grafeneck immer wieder durch die Gedenkstättenförderung des Bundes unterstützt. Bisher geschah dies immer, man ist geneigt hinzuzufügen: *leider*, nur auf dem Wege der Projektförderung und nicht auf dem einer kontinuierlichen institutionellen Förderung. Von Seiten des Landes Baden-Württemberg hat sich die Förderung in den letzten Jahren deutlich verbessert. Ungeachtet dessen bleiben die Infrastruktur, hier vor allem des Schlosses Grafeneck, weit hinter den Standards einer modernen Bildungseinrichtung des 21. Jahrhunderts zurück. Mit Bundes- und Landesmitteln konnten aber wichtige Projekte auf den Weg gebracht werden.

Neben der Errichtung des Dokumentationszentrums ist hier an aller erster Stelle das Vorhaben *Barrierefreie Gedenkstätte* zu nennen. Im Sinne von *Teilhabe und Ermächtigung* soll es Menschen mit Einschränkungen, Lernschwierigkeiten oder Handicaps die Möglichkeit geben, die Gedenkstätte zu besuchen und sich mit der historisch-politischen Thematik, aber auch mit der Aktualität der Vorstellung von *lebenswert* auseinanderzusetzen. Um ein solches Bildungsangebot zu schaffen, um Barrieren und Benachteiligungen abzubauen – wohl wissend, dass auch viele andere Barrieren existieren –, entstand das bundesweit einzigartige Modellprojekt *Barrierefreie Gedenkstätte.* Maßgeblicher Projektpartner war hierbei die pädagogische Hochschule Ludwigsburg. In den Jahren 2014 bis 2016 entstanden verschiedene Materialien, die einen Besuch von Menschen mit Lernbehinderungen oder Lerneinschränkungen, sowohl was die Vor- und Nachbereitung, aber auch die Durchführung eines Besuchs der Gedenkstätte angeht, unterstützen. Die Erarbeitung fand konsequent zusammen mit einer Gruppe von Menschen mit Handicap aus dem Kreis Reutlingen statt. Zu den Materialien zählt ein ausführlicher Band in *Leichter Sprache* samt einer CD, ebenfalls in Leichter Sprache.[149] Die Dauerausstellung, und das meint in erster Linie die Texttafeln des Dokumentationszentrums, konnte durch eine Hörversion nachgerüstet werden. Weiter entstanden ein Faltblatt mit den barrierefreien Bildungsangeboten der Gedenkstätte und ein Lageplan, der Grafeneck 1940 und dessen Spuren im Heute aufzeigt. Am nachhaltigsten verändert hat die Arbeit der Gedenkstätte aber das Bildungs- und Seminarangebot, das im Rahmen des Projekts geschaffen wurde. Die sogenannten barrierefreien Seminare gehören heute zum festen Bestandteil der Gedenkstättenarbeit. Trotz mancher Vorbehalte – weniger aus den Reihen von Menschen mit Handicap als vielmehr aus deren Umfeld – wurden sie gut angenommen und auch ganz konkret nachgefragt. Ungefähr 10 Prozent der zur Zeit jährlich über 400 durchgeführten Seminare fallen hierunter.

An dieser Stelle soll noch das bis heute im Dokumentationszentrum installierte und als temporär gedachte Kunstwerk *Grafeneck 10654* von Jochen Meyder vorgestellt werden. Der Künstler, seit Jahrzehnten in der Region ansässig und biographisch verwurzelt, empfand zeitlebens eine Faszination des Grauens bezüglich der doch so konkreten wie gleichzeitig nahezu unvorstellbaren Zahl der 10.654 Opfer von Grafeneck. Mit seinem Werk, er modellierte und modelliert hierfür 10.654 Terrakotta-Figuren, möchte er an die Opfer von Grafeneck erinnern.

Bis heute berührt es die vielen tausend Besucher von Grafeneck. Die begleitenden Veranstaltungen, beginnend mit einer Vernissage im Dezember 2015 mit einem Konzert mit internationalen Musikern, erschlossen vielen neuen Besuchern die historische Dimension wie die gegenwärtige Aktualität der vielfältigen von Grafeneck berührten Themen. Ein Symposium in Münsingen ging hierbei der Frage nach, welche Spuren Grafeneck in Familiengeschichten und -gedächtnissen hinterlassen hat. Eine Frage, die sich am Ende einer Ära der Zeitzeugen letztmals stellt. Die Teilnehmer des Podiums waren auch hier die Zeugen der Zeugen. Das Kunstprojekt ist ganz gezielt als ein sich transformierendes, ein im Übergang befindliches Werk vom Künstler gedacht. Die Zahl der Figuren nähert sich der Zahl von 10.654 und wird sie mit der Zeit erreichen. Der Raum des Dokumentationszentrums verdunkelt sich sukzessive, und gleichzeitig lädt der Künstler die Besucher ein, Figuren mit sich zu nehmen. In seinen eigenen Worten: *Zur Erinnerung an das Geschehen können Besucher eine Figur mit nach Hause nehmen. Sie geben damit einem Opfer wieder einen Ort und eine Stimme. (…) Wenn sich die Figuren in der Welt verbreiten und als Botschafter für ein friedliches Zusammenleben der Menschen werben, dann verbreitet sich gleichzeitig die Idee des Projekts, während sich die Installation auflöst.*[150]

Grundgesetz und Erinnerungskultur der Bundesrepublik Deutschland

Ministerpräsident Winfried Kretschmann und Ehefrau Gerlinde Kretschmann beim Besuch von Gedenkstätte und Dokumentationszentrum in Grafeneck im März 2015. Links: Gedenkstättenleiter Thomas Stöckle.

Erinnerung an die Opfer ist ein Zweck, der sich selbst genügt, er ist im tiefsten Sinne des Wortes *Selbstzweck*. Gleichzeitig muss der Sinn der Erinnerung an vergangene Verbrechen immer wieder neu diskutiert und begründet werden. Geschichte ist von Menschen gemacht, frei nach dem Diktum von Karl Marx, der sinngemäß formulierte, dass es die Menschen sind, die ihre eigene Geschichte machen, aber sie machen sie stets unter den von ihnen vorgefundenen Bedingungen – heute nennen wir diese Bedingungen Strukturen. Das Besondere der Geschichte Grafenecks bleibt die unbestreitbare Tatsache, dass auf dem Gelände des Schlosses zwischen Januar und Dezember 1940 10.654 Menschen in einer Gaskammer ermordet wurden. Grafeneck und der deutsche Südwesten waren der Ausgangspunkt für die Ermordung geistig behinderter und psychisch erkrankter Menschen in Deutschland. Grafeneck wurde zu einem der ersten Orte systematisch-industrieller Ermordung von Menschen im Nationalsozialismus überhaupt und stand am Ausgangspunkt von Menschheitsverbrechen, die in den Vernichtungslagern des Holocaust wie Belzec, Treblinka, Sobibor und nicht zuletzt Auschwitz-Birkenau ihren traurigen Höhepunkt fanden. Grafeneck stand an einem der Wendepunkte deutscher Geschichte. Warum Erinnerung heute? Wie bereits gesagt: zuallererst der Opfer wegen. Damit wird gleichzeitig die Erinnerung an historische Verbrechen und historisches Unrecht bewahrt. Betrachtet man nationale Erinnerungskulturen im Vergleich, so war und ist dies eher die Ausnahme als die Regel. Der Nicht-Umgang mit historischer Schuld, nicht zu verwechseln mit einer längst erledigten Kollektivschulddebatte, hatte und hat verheerende Folgen und Konsequenzen gerade auch in postdiktatorischen Gesellschaften in Ost und West ebenso wie in Nord und Süd. Verdrängen, Verweigern, Leugnen und Verleugnen waren und sind trotz manch guter Argumente in letzter Instanz nicht heilsam und nicht funktional für demokratische Staatswesen. Vielmehr kommt es zu einer Beschädigung der Demokratie durch Schweigen und Beschweigen, wie es lange Zeit vorherrschend war und auch heute noch manchmal anzutreffen ist.

Politisch-historische Bildung kann, so sie professionell und gut gemacht wird, vorsichtig formuliert, zu Demokratie-, Werte- und Menschenrechtsbildung beitragen. Jan Philipp Reemtsma warnt jedoch vor einer übersteigerten Erwartungshaltung: *Genau genommen hat die NS-Vergangenheit gerade wegen des fast alle politischen Gruppierungen übergreifenden Konsenses ihrer verbrecherischen Natur besonders wenig Lernwert. […] Es ist das historisch Besondere, das sich so sehr der Anwendung sperrt. Und es ist dennoch das historisch Besondere, das uns drängt, es zu dokumentieren, zu analysieren – manches tatsächlich immer wieder neu – und Orte, die für diese Besonderheit stehen, zu Orten der Dokumentation und Analyse zu machen.*[151] Was sich theoretisch anhören mag, wird sehr schnell real, wenn man sich die Geschichte Grafenecks vergegenwärtigt. Hier wurden Menschen als *lebensunwertes Leben* ermordet. Die Denkfiguren, die dahinterstehen, waren die angebliche Vorrangigkeit des Volkes, der Gemeinschaft, der Nation, der Rasse: *Du bist nichts, dein Volk ist alles*. Ein *Lebenswert*-Konzept, das Wert im Sinne von sozialer Nützlichkeit, sprich Arbeitsfähigkeit und Produktivität, definierte. Das *Heilen des Volkskörpers durch Vernichten* der Kranken und Unproduktiven war das verbrecherische und mörderische Ziel der Diktatur der Biopolitik. Immer deutlicher hat die historische Forschung der letzten beiden Jahrzehnte die zentrale Rolle der Medizin und Mediziner herausgearbeitet. Sie entwickelten lange vor der NS-Zeit die maßgeblichen Konzepte des *gesunden Volkskörpers* und Konzepte der *Vernichtung*. Das Bild von den missbrauchten Wissenschaften, hier insbesondere der Medizin und der missbrauchten Wissenschaftler, sprich Mediziner, greift nicht nur zu kurz, sondern ist schlichtweg falsch. Zur Realisierung dieser Konzepte der *Heilung und Vernichtung* benötigten die Mediziner geradezu einen Staat wie den NS-Staat, und dieser war wiederum angewiesen auf die Funktionselite der Mediziner. Im sogenannten Nürnberger Ärzteprozess, dem ersten Nachfolgeprozess des Nürnberger Hauptkriegsverbrecherprozesses, waren es die Ärzte als erste Teilelite des NS-Staates, die auf der Anklagebank saßen: *Die Vereinigten Staaten von Amerika gegen Karl Brandt und andere*, so lautete der offizielle Titel der Anklageschrift. Hauptangeklagter Prof.

Dr. med. Karl Brandt war einer der »Euthanasie«-Beauftragten der *T4-Aktion*. Er wurde 1947 zum Tode verurteilt und 1948 hingerichtet. 2017, 70 Jahre nach Ende des Prozesses, richteten die Gedenkstätte Grafeneck, der Hospitalhof Stuttgart und der Lernort Geschichte zusammen mit der Landesärztekammer Baden-Württemberg gemeinsam den Studientag *Medizin ohne Menschlichkeit. 70 Jahre Nürnberger Ärzteprozess* aus. Im Mittelpunkt standen hierbei die historische und rechtliche Einordnung des Prozesses, der Anklagepunkt und die Angeklagten der NS-»Euthanasie«-Verbrechen ebenso wie die Fragen nach der Rolle der Medizin im Nationalsozialismus und die Aufnahme und Rezeption des Nürnberger Ärzteprozesses in der Ärzteschaft und ihren Standesvertretungen. Thematisiert wurden auch die fortdauernden Konsequenzen wie auch ethischen Fragestellungen, die Vergangenheit, Gegenwart und Zukunft untrennbar miteinander verbinden.

Auch unsere heutige Zeit ist keineswegs gefeit vor den Denkfiguren der Eugenik. Der langjährige Austausch und die Kooperation zwischen Gedenkstätte und baden-württembergischer Landesärztekammer setzte sich auch 2018 augenfällig fort mit der Anbringung einer Gedenk- und Erinnerungstafel am Dokumentationszentrum in Grafeneck seitens der Landesärztekammer. Die Inschrift lautet wie folgt: *Wir verneigen uns vor den Opfern der Tötungsanstalt Grafeneck. Wir bekennen uns zur Schuld der Ärzte an diesen Verbrechen. Wir mahnen, niemals wieder menschliches Leben für unwert zu erachten.* Unmittelbar schließt dieser letzte Gedanke an eine weitere Erkenntnis an. Nicht nur an den Gedanken, dass die Geltung der Menschenrechte als Norm erkennbar gefährdet erscheint, sondern auch an das Aufleben alter und verschwunden geglaubter *völkischer Ideen* und *völkischen Gedankenguts*. Heute erkennen wir, dass es sich auch bei der Rassenhygiene vor und während der NS-Zeit um eine Ausformung und Spielart *völkischen Denkens* handelte. Sie gab scheinbar wissenschaftliche und verbindliche

Antworten auf die stets immer gleichen Fragen von *Wert und Unwert* menschlichen Lebens, der Zugehörigkeit und Nicht-Zugehörigkeit oder, modern gesprochen, nach *Inklusion* und *Exklusion*. Die »Euthanasie«-Morde des NS-Staates machen deutlich, welch zentrales Grundrecht, welch elementares Recht verletzt wurde: das Recht auf Leben und die Unversehrtheit der Person. Diese Grundrechte, die heute als nicht verhandel- und veränderbarer Bestandteil des Grundgesetzes gelten, sind strikt geschaffen als individuelle Rechte des Einzelnen. Dass die Verbrechen nur möglich wurden durch die Zerstörung der Demokratie und der offenen Gesellschaft durch ihre Feinde und Gegner einerseits und den Ausbruch des Krieges als Rahmenbedingung andererseits, machen im Umkehrschluss die Lehren aus diesem Teil unserer Geschichte deutlich. Das Grundgesetz der Bundesrepublik Deutschland, das nur wenige Wochen vor dem Tübinger Grafeneck-Prozess verabschiedet wurde, ist als eine explizite Antwort auf die Verbrechen des NS-Staates im allgemeinen, aber auch der NS-»Euthanasie«-Verbrechen im Besonderen zu lesen und zu interpretieren. Wenn der Grundsatz, aus der Geschichte lernen zu wollen, Anwendung findet, dann hier. Artikel 1 des Grundgesetzes beinhaltet den Schutz der Menschenwürde. Er lautet in seinem ersten Absatz: *Die Würde des Menschen ist unantastbar*. Er gehört zu den tragenden Verfassungsgrundsätzen und hat elementare Bedeutung für alle anderen Bestimmungen des Grundgesetzes. Bewusst findet hier der Begriff der *Würde* Verwendung. Er steht diametral dem Begriff des *Werts* bzw. des *Unwerts* gegenüber. Letzterer koppelte den Wert des Menschen an seine Verwertbarkeit, an seine Produktivität und, in letzter Instanz, an seine Nützlichkeit für die Gesellschaft. In dieser Hinsicht ist er Ausdruck des Vorrangs der Gemeinschaft, im Nationalsozialismus als *Volksgemeinschaft* bezeichnet, vor dem Individuum. Die durch den Artikel 1 eingeleiteten Grundrechte verstehen sich in strikter Abgrenzung zu dieser Vorstellung als Individualrechte. Artikel 1 des GG besitzt einen zweiten Teil. Auch er ist von eminenter Bedeutung. Er lautet in Bezug auf die Würde des Menschen: *Sie zu achten und zu schützen ist Aufgabe aller staatlichen Gewalt.* Dies lässt sich als einen unmittelbaren Reflex auf die Verbrechen des NS-Staates lesen, waren diese doch auch und gerade Verbrechen des Staates. Ohne dessen Organe, Institutionen und Beamten wären Verbrechen der oben beschriebenen Größenordnung und Charakters – arbeitsteilige Großverbrechen mit arbeitsteiliger Täterschaft – überhaupt nicht denkbar und durchführbar gewesen. Durch die Bindung der staatlichen Gewalt an die Menschenwürde und die Grundrechte wird ausgedrückt, dass dem Staat oder einem wie auch immer gearteten Kollektiv kein Primat vor der Menschenwürde zukommt. Diese wird dabei auch nicht vom Staat verliehen, sondern wird als vorstaatlich gegeben gedacht. Mit diesem Grundrecht wird jeder Person ein Abwehrrecht gegen die staatliche Gewalt eingeräumt und gleichzeitig ein Schutzauftrag garantiert, der den Staat verpflichtet, den Einzelnen vor Verletzung der Menschenwürde zu bewahren. Das Grundgesetz nimmt im Folgenden jedoch keine nähere Definition der Menschenwürde vor. *Sie gilt prinzipiell dann als verletzt, wenn der Mensch zum bloßen Objekt gemacht wird.* Praktische Wirksamkeit entfaltet Artikel 1, Absatz 1 nur in Verbindung mit den nachfolgenden Grundrechten, die als Ausformulierung und Konkretisierung des Artikels 1 betrachtet werden. Von besonderer Bedeutung sind in unserem Zusammenhang weitere ganz konkrete Artikel des Grundgesetzes, nämlich zum einen Artikle 2, Absatz 2, der das *Recht auf Leben und körperliche Unversehrtheit* garantiert. Dieses zentrale Grundrecht wurde durch den NS-Staat millionenfach gebrochen.

Die Proteste und der Widerstand gegen die NS-»Euthanasie«-Verbrechen hoben immer wieder hierauf ab. Der katholische Bischof von Münster, Graf von Galen, führte in seiner Predigt im August 1941 aus, dass er bei den Strafbehörden

Anzeige wegen Mordes gestellt hatte. Die Proteste betonten wiederholt, dass die NS-»Euthanasie«-Maßnahmen auf keiner wie auch immer gegründeten gesetzlichen Grundlage fußten. Ebenso zentral für den kirchlichen Widerstand war nicht nur der Verweis auf jegliche staatliche Rechtsordnung, deren Grundlage das Recht auf Leben darstellt, sondern auch der Verweis auf eine göttliche Ordnung, die im 5. Gebot ein generelles Tötungsverbot ausspricht.

Zuletzt soll auf Artikel 3, Absatz 3 GG eingegangen werden, der besagt, dass niemand wegen seines Geschlechts, seiner Rasse, seines Glaubens, seiner religiösen oder politischen Anschauungen benachteiligt oder bevorzugt werden darf, und dessen letzter Satz lautet: *Niemand darf wegen seiner Behinderung benachteiligt werden.* Er wurde erst 1994 in das Grundgesetz aufgenommen. Er besitzt, so sagt es eine neuere Kommentierung des Grundgesetzes aus dem Jahr 2010, eher eine Appellfunktion und wird als Zugeständnis an den Zeitgeist bewertet. Dass er dies nicht länger bleibt, ist zu hoffen. Die Unterzeichnung der UN-Konvention zur Inklusion durch die Bundesrepublik Deutschland könnte hier ein wegweisender Schritt sein.

Das Grundgesetz und seine Maßstäbe lassen sich bis heute als Antwort auf die Geschichte und als eine Herausforderung begreifen, Gegenwart und Zukunft an gerade diesen zu messen. Ein Wissen über die Geschichte kann hierfür als Wegweiser dienen. Was die Geschichte selbst angeht, so vergeht diese eben gerade nicht – was so mancher still oder offen gehofft haben mag. Paradoxerweise rückt sie ein Stück näher, je weiter sie sich von uns entfernt. Noch nie war das Interesse an der Geschichte und der Gegenwart Grafenecks so groß wie in den letzten Jahren. Dies auch wider alle Prognosen bezüglich es *Endes der Zeitzeugenschaft*. Unzweifelhaft bringt diese eine Zäsur für die *Erinnerungskultur* in Deutschland mit sich, wie sie sich in den letzten zwei Jahrzehnten herausgebildet hat.

Gleichzeitig eröffnen sich dadurch auch neue Möglichkeiten. Trotz vielfältiger subtiler Kritik und einem alten und neuen Unbehagen an der Erinnerungskultur gilt es, diese zu verteidigen. Die Alternativen werden uns täglich vor Augen geführt. Staatlich verordnete Geschichtsbilder in den sogenannten *gelenkten Demokratien* ebenso wie in autoritären Systemen und Diktaturen sind wieder auf der Tagesordnung, ebenso eine neue Mythisierung, Heroisierung und Renationalisierung der Geschichte – Bilder und Kulte von Helden und Opfern. Aleida Assmann kommt in ihrem Buch *Der europäische Traum. Vier Lehren aus der Geschichte* zu einer sehr klaren Antwort und dankenswerterweise sehr pointiert formulierten Urteilen: *Die neue Erinnerungskultur ist eine historisch vollkommen neue Erfindung. Es gibt für sie weder historische Vorläufer noch Traditionen, an die sie sich anlehnen könnte.*[152] Sie ist hervorgegangen aus einer Ausnahmesituation von präzedenzlosen Menschheitsverbrechen. Assmann nennt hier den Holocaust. Man kann hier aber auch Grafeneck 1940 nennen. Der Bielefelder Historiker Hans-Walter Schmuhl sowie der Genozidforscher Boris Barth bewerten die NS-»Euthanasie«-Verbrechen als genozidale Verbrechen, als Genozide.[153] Neu, schreibt Aleida Assmann, ist an der Erinnerungskultur, dass diese von Verbrechen in der eigenen Geschichte handelt, dass sie selbstkritisch ist und der historischen Forschung bedarf – der historischen Wahrheit. Der Historiker kann nur versuchen, sich dieser anzunähern. Als ein solcher Versuch ist dieses Buch zu verstehen. Grafeneck als Geschichts- und Gegenwartsort wird sich weiter verwandeln. Was aber feststeht, ist die Erkenntnis, dass Grafeneck mit genau dieser Geschichte und Gegenwart ein ganz und gar einzigartiger Gedenkort ist und bleibt, nicht nur,was Baden-Württemberg angeht, sondern weit darüber hinaus.

ANHANG

Anmerkungen

1 BA Berlin R 96 I, 15.

2 Ebd., S. 1.

3 BA Berlin R 96 I, 15, S. 4.

4 Stöckle, Thomas: Grafeneck 1940. Die Euthanasie-Verbrechen in Südwestdeutschland, Tübingen 3. Aufl. 2012. Ders.: Grafeneck – Vergangenheit und Gegenwart, in: 1100 Jahre Dapfen. Geschichte, »Erinnerungen, Gomadingen 2004, S.130–164; Grafeneck 1940 – »Wohin bringt ihr uns?« – NS-»Euthanasie« im deutschen Südwesten. Geschichte, Quellen, Arbeitsblätter. Autoren: Franka Rößner und Thomas Stöckle, hrsg. von der Landeszentrale für politische Bildung Baden-Württemberg, Stuttgart 2011 (Reihe: Materialien). Gedenkstätte Grafeneck – Dokumentationszentrum. Ausstellungsband, Gomadingen 2007.

5 Der Grafeneck-Prozess 1949, Betrachtungen aus historischer, juristischer, medizinethischer und publizistischer Perspektive, hrsg. von Jörg Kinzig, Thomas Stöckle, Zwiefalten 2010. Tümmers, Henning: Justitia und die Krankenmorde. Der »Grafeneck«-Prozess in Tübingen, in: NS-»Euthanasie« und Erinnerung: Vergangenheitsaufarbeitung – Gedenkformen – Betroffenenperspektiven, hrsg. von Stefanie Westermann, Richard Kühl, Tim Ohnhäuser, Münster 2011, S. 95–122.

6 Hadamar. Heilstätte – Tötungsanstalt – Therapiezentrum, hrsg. von Uta George, Georg Lilienthal, Volker Roelcke, Peter Sandner, Christina Vanja (Historische Schriftenreihe des Landeswohlfahrtsverbandes Hessen, Quellen und Studien Bd. 12), Marburg 2006.

7 Faulstich, Heinz: Von der Irrenfürsorge zur »Euthanasie«. Geschichte der badischen Psychiatrie bis 1945, Freiburg/Br. 1993; Ders.; Hungersterben in der Psychiatrie 1914–1949. Mit einer Topographie der NS-Psychiatrie, Freiburg/Br. 1998. Wuttke, Walter: Medizin, Ärzte, Gesundheitspolitik, in: Das Dritte Reich in Baden-Württemberg. Hrsg. von Otto Borst, Stuttgart 1988, S. 211–234.

8 »Das Vergessen der Vernichtung ist Teil der Vernichtung selbst«: Lebensgeschichten von Opfern der nationalsozialistischen »Euthanasie«, hrsg. von Petra Fuchs, Maike Rotzoll, u. a., Göttingen, 2007. Hohendorff, Gerrit: Der Tod als Erlösung vom Leiden. Geschichte und Ethik der Sterbehilfe seit dem Ende des 19. Jahrhunderts in Deutschland, Göttingen 2013. NS-»Euthanasie« und Erinnerung: Vergangenheitsaufarbeitung – Gedenkformen – Betroffenenperspektiven, hrsg. von

Stefanie Westermann, Richard Kühl, Tim Ohnhäuser, Münster 2011. Westermann, Stefanie: Verschwiegenes Leid. Der Umgang mit den NS-Zwangssterilisationen in der Bundesrepublik Deutschland, Köln/Weimar/Bonn 2010. Opfer des Unrechts. Stigmatisierung, Verfolgung und Vernichtung von Gegnern durch die NS-Gewaltherrschaft an Fallbeispielen aus Oberschwaben, hrsg. von Edwin Ernst Weber, Stuttgart 2009.

9 Politische Biologie in Deutschland 1895–1945. Eine Dokumentation, hrsg. von Jochen-Christoph Kaiser, Kurt Nowak, Michael Schwarz, Berlin 1992.

10 Aly, Götz: Die Belasteten. »Euthanasie« 1939–1945. Eine Gesellschaftsgeschichte, Frankfurt/M. 2013; Die nationalsozialistische »Euthanasie«-Aktion »T4« und ihre Opfer. Geschichte und ethische Konsequenzen für die Gegenwart, hrsg. von Maike Rotzoll, Gerrit Hohendorf, Petra Fuchs, u. a., Paderborn 2010. Aktion T4 – 1939–1945. Die »Euthanasie«-Zentrale in der Tiergartenstraße 4, hrsg von Götz Aly, 2. Aufl. Berlin 1989; Henry Friedlander, Der Weg zum NS-Genozid. Von der Euthanasie zur Endlösung, Berlin 1997; Ernst Klee, »Euthanasie« im Dritten Reich. »Die Vernichtung lebensunwerten Lebens«, Frankfurt/M. 2010 (1. Aufl. 1983); Ernst Klee, Dokumente zur »Euthanasie«, Frankfurt/M. 1986 (1. Aufl. 1985); Ernst Klee, Was sie taten – Was sie wurden. Ärzte, Juristen und andere Beteiligte am Kranken- oder Judenmord, Frankfurt/M. 1990 (1. Aufl. 1986); Hans-Walter Schmuhl, Rassenhygiene, Nationalsozialismus, Euthanasie. Von der Verhütung zur Vernichtung »lebensunwerten Lebens« 1890–1945, 2. Aufl. Göttingen 1992.

11 Schmuhl, Hans-Walter: Das »Dritte Reich« als biopolitische Entwicklungsdiktatur. Zur inneren Logik der nationalsozialistischen Genozidpolitik, in: Tödliche Medizin. Rassenwahn im Nationalsozialismus, Berlin 2009, S. 8–21, hier S. 8. Ders.: »Euthanasie« und Krankenmord, in: Medizin und Nationalsozialismus: Bilanz und Perspektiven der Forschung, hrsg. von Robert Jütte, Wolfgang U. Eckart, Hans-Walter Schmuhl, Winfried Süß, Göttingen 2011, S. 214–255.

12 Aussage Eugen Stähle in Münsingen 1945 im Rahmen der Vorermittlungen des Grafeneck-Prozesses. Vgl. Stöckle, Thomas: Eugen Stähle und Otto Mauthe. Der Massenmord in Grafeneck und die Beamten des Innenministeriums; in: Stuttgarter NS-Täter. Vom Mitläufer bis zum Massenmörder, hrsg. von Werner G. Abmayr, Stuttgart 2009, S. 58–67.

13 Roth, Markus: Verfolgung, Terror und Widerstand im Dritten Reich, München 2015.

14 Herbert, Ulrich: Traditionen des Rassismus, in: Niethammer, Lutz u. a.: Bürgerliche Gesellschaft in Deutschland. Historische Einblicke, Fragen, Perspektiven, Frankfurt/M. 1990, S. 484ff.

15 Schmuhl, Rassenhygiene, Nationalsozialismus, Euthanasie, 1992.

16 Lebensunwert – zerstörte Leben. Zwangssterilisation und »Euthanasie«, hrsg. von Margret Hamm, Frankfurt/M. 2005.

17 Binding, Karl, Hoche, Alfred: Die Vernichtung lebensunwerten Lebens. Ihr Maß und ihre Form, Leipzig 1920.

18 Aktion T4 1939–1945. Die »Euthanasie«-Zentrale in der Tiergartenstraße 4, hrsg. von Götz Aly, 2. Aufl. Berlin 1989.

19 Schmuhl, Hans-Walter: »Euthanasie« und Krankenmord, in: Medizin und Nationalsozialismus: Bilanz und Perspektiven der Forschung, hrsg. von Robert Jütte, Wolfgang U. Eckart, Hans-Walter Schmuhl, Winfried Süß, Göttingen 2011, 214–255.

20 Aussage Karl Brandt, zit. nach Mitscherlich, A./Mielke, F. (Hrsg.): Medizin ohne Menschlichkeit. Dokumente des Nürnberger Ärzteprozesses, Frankfurt/M. 1989, S. 183f.

21 Auszug aus dem Nürnberger Dokument NO–426, zit. nach Klee, Ernst, in: Menschenverachtung und Opportunismus zur Medizin im Dritten Reich. Hrsg. v. Jürgen Peiffer, Tübingen 1992, S. 150.

22 Zit. nach: Aly, Götz: »Endlösung«. Völkerverschiebung und der Mord an den europäischen Juden, Frankfurt/M. 1995, S. 54f.

23 Ebd. und HStA Stgt. E 140, Bü. 61, fol. 1.; vgl. Wuttke, Walter: Medizin, Ärzte, Gesundheitspolitik, in: Das Dritte Reich in Baden-Württemberg. Hrsg. v. Otto Borst, Stuttgart 1988, S. 229.

24 Vgl. Interne Statistik der »T4«, sogenannte Hartheim-Statistik, vgl. Klee, 1989, S. 24.

25 Vgl. Wuttke (1988), S. 229.

26 Vgl. Übersicht über die Verteilung der in Heil- und Pflegeanstalten nicht mehr verwendeten Betten vom 3. August 1943: BA Berlin-R 95 I/6, Teilabdruck bei Petter, Wolfgang: Zur nationalsozialistischen »Euthanasie«: Ansatz und Entgrenzung, in: Der Zweite Weltkrieg. Analysen, Grundzüge, Forschungsbilanz, hrsg. von Wolfgang Michalka, München 1988, S. 819; vgl. Schmuhl, Hans-Walter: Reformpsychiatrie und Massenmord, in: Nationalsozialismus und Modernisierung. Hrsg. v. Rainer Zitelmann und Michael Prinz, Darmstadt 1991, S. 257f.; Baader, 1991, S. 19.

27 Schmuhl (1987), S. 258.

28 Schmuhl, Hans-Walter: Reformpsychiatrie und Massenmord, Darmstadt 1991, S. 239–266, hier S. 244.

29 Stöckle, Thomas: Grafeneck 1940, Tübingen 2012.

30 Staatsarchiv (StA) Sigmaringen, Wü 29/3, Nr. 1756, Aktenband 23.

31 Stöckle, Thomas: Grafeneck 1940, Tübingen 2012. Stöckle, Thomas: Die NS-»Euthanasie«-Verbrechen in Grafeneck 1939–1941, in: 60 Jahre Tübinger Grafeneck-Prozess, Zwiefalten 2011, S. 15–33.

32 Jäger, Herbert. Verbrechen unter totalitärer Herrschaft. Studien zur nationalsozialistischen Gewaltkriminalität, Frankfurt/M. 1982.

33 Arbeitsteilige Täterschaft. Kriminologische Perspektiven auf den Holocaust, in: Loewy, Hanno (Hg.): Holocaust: Die Grenzen des Verstehens. Eine Debatte über die Besetzung der Geschichte, Reinbek 1992, S. 160–165.

34 Schmuhl, Hans-Walter (1993): Philipp Bouhler – Ein Vorreiter des Massenmordes, in: Smelser, R./Syring, E./Zitelmann, R. (Hg.): Die braune Elite II. 21 weitere biographische Skizzen, Darmstadt 1993, S. 39–50.

35 Aussage Lammers, zit. nach Klee, Ernst: Dokumente zur »Euthanasie«, Frankfurt/M. 1986, S. 86f.

36 Vgl. Schmuhl (1992), S. 299.

37 Zit. nach Schmuhl (1992), S. 299.

38 Klee (1989), S. 78f.

39 Aly, Götz (1989), S. 12.

40 Ebd.

41 Schmuhl (1992), S. 195, und Klee (1989), S. 168f., weisen darauf hin, dass die Finanzierung durch den Reichsschatzmeister der NSDAP vorgenommen wurde.

42 Vgl. Aly (1989), S. 12.

43 Vgl. Schmuhl (1992), S. 194f.

44 Erlass des Reichsministerium des Innern, Abt. IV (Gesundheitsabteilung).

45 Zit. nach Schmuhl (1992), S. 197.

46 StA Sigm., Wü 29/3.

47 Morlok, 1990.

48 Samariterstiftung Stuttgart: Jahresbericht 1937.

49 StA Sigm., Wü 29/3.

50 StA Sigm., Wü 29/3.

51 Zit. nach Morlok, 1990, S. 18.

52 BA – Außenstelle Ludwigsburg, Ordner Euthanasie.

53 Ebd.

54 Seit Mai 1941 persönlicher Referent von Dr. Leonardo Conti (Reichsgesundheitsführer und Staatssekretär im Reichsinnenministerium). 1943 leitender Arzt des Reichssicherheitshauptamtes (RSHA), danach stellvertretender Leiter des Kriminalbiologischen Instituts des Reichskriminalpolizeiamtes bei Dr. Dr. Ritter.

55 BA – Außenstelle Ludwigsburg, Ordner Euthanasie.

56 Sauer,1998/2000; Scholtyseck 1999; Roser, »Lebensbilder aus Baden-Württemberg« 19 (1997).

57 Borgstedt, 1999.

58 BA – Außenstelle Ludwigsburg, Ordner Euthanasie.

59 Archiv Gedenkstätte Grafeneck, Abschrift – Erlass Nr. X 4791 g.(eheime) R.(eichssache), Stuttgart, den 12. Dezember 1939.

60 Raberg, Frank: Gottlob Dill (1885–1968), in: Lächele, Rainer/Thierfelder, Jörg (Hg.): Wir konnten uns nicht entziehen. 30 Porträts zu Kirche und Nationalsozialismus in Württemberg, Stuttgart 1998, S. 189–205.

61 Raberg, 1998, S. 198f.

62 BA – Außenstelle Ludwigsburg, Ordner Euthanasie.

63 BA – Außenstelle Ludwigsburg, Ordner Euthanasie.

64 BA – Außenstelle Ludwigsburg, Ordner Euthanasie.

65 Aussage Josef Oberhauser, 22.09.1961, AZ Ks 2/63 Generalstaatsanwaltschaft Frankfurt/M. gegen Professor Werner Heyde u. a., zit. nach Klee, 1989, S. 102.

66 Stöckle, 1999.

67 StA Sgm., Wü 29/3.

68 Röhm, Eberhard (1997): Mariaberg zwischen Rassenhygiene und »Euthanasie«-Morden, in: Eder, Karl Rudolf, a. a. O., S. 47–80.

69 »Das vergeß ich nie mehr, solange ich lebe …«. Dokumentation über Sterilisation und Euthanasie in der Gustav Werner Stiftung zum Bruderhaus Reutlingen 1933–1945, Reutlingen 1990.

70 Aly, Medizin gegen Unbrauchbare, 1985, S. 17f.; Klee, »Euthanasie« im NS-Staat, 1999 (1985), S. 221.

71 zit. nach Pröllochs, 1990, S. 29f.

72 Stöckle, 1994.

73 StA Sigm., Wü. 29/3, Nr. 1757, Aktenband 30/8.

74 HStA Stgt. E 151 KVI; Bü. 511.

75 Wochenberichte der Heilanstalt Christophsbad Göppingen an das Staatsministerium des Inneren in Stuttgart, HStA Stuttg., E 151 K II, Bü. 567–568.

76 Erlass des Württembergischen Innenministers Nr. X 4006 vom 19. September 1940, Altreg. PLK Weissenau.

77 Archiv der Gedenkstätte Grafeneck, Abschrift.

78 Stöckle, 1996.

79 StA Sigm., Wü 29/3.

80 ZfP Winnenden, Altreg.

81 Faulstich, 1993.

82 Scheuing, 1997.

83 Rückleben, 1981; Freudenberger/Murr 1990.

84 Borgstedt, 1999.

85 Pralle, 1999; Ferdinand, Horst: Karl Pflaumer, in: Baden-Württembergische Biographien, Bd. 1, hrsg. von B. Ottnad, Stuttgart 1994, S. 266–271.

86 Spruchkammerakte Schmid StA Ludw. El 902/14, zit. nach Borgstedt, 1999, S. 620.

87 Borgstedt, 1999, S. 620.

88 Scholtyseck, 1999; Sauer, 1998/2000.

89 Syre, 1999.

90 Archiv Gedenkstätte Grafeneck, Kopie der Niederschrift vom 31. Oktober 1939. Es ist unterzeichnet vom Vorsitzenden der Samariterstiftung, Nathanael Fischer, und *Für den Reichsverteidigungskommissar in Württemberg*, Dr. Stähle.

91 StA Sigm., Wü. 29/3, Nr. 1757, Aktenband 30/8.

92 Zit. nach Rüdenburg, 1996, S. 38f.

93 Richarz, 1987, S. 152–175; Stockdreher 1999.

94 Von Cranach/Siemen (Hg.), 1999; Siemen, 1999.

95 Klee, Was sie taten – Was sie wurden, 1998 (1986), S. 85–87, Siemen, 1999, S. 434.

96 Gleinig/Gabrysch, 1983.

97 Peschke, 1992.

98 Freudenberger/Murr 1990; Rückleben, 1981.

99 Kalusche, 1997.

100 StA Sigm., Wü 29/3.

101 StA Sigm., Wü 29/3.

102 Zit. nach Morlok, S. 35f.

103 Müller, S. 389.

104 StA Ludw., E 191, Bü. 6861, Schreiben Mailänder an Ministerialdirektor Dill vom 22. Februar 1940, zitiert nach Müller, S. 389.

105 Zit. nach Morlok, S. 38.

106 StA Sigm., Wü 29/3.

107 Stiefele, S. 261.

108 Stiefele, S. 266.

109 Landeswohlfahrtsverband Württemberg-Hohenzollern (Hg.), 1989.

110 StA Ludw. Repertorium E 180 a II, Bü 76.

111 Archiv Reutlingen-Rappertshofen, Aussage des Hausarztes der LFA Reutlingen, Obermedizinalrat Dr. Oskar Beutter, am 18.12.1947.

112 Altreg. Behindertenheim Ellwangen.

113 Ebd.

114 StA Sigm. Wü 29/3, Nr. 1758, Aussage Tobie Schramm, 11. Januar 1948.

115 Abschrift, Archiv Gedenkstätte Grafeneck.

116 Zit. nach Klee, S. 138.

117 Zit. nach Klee, S. 138.

118 BA – Außenstelle Ludwigsburg, Ordner Euthanasie.

119 Ebd.

120 Ebd.

121 Ebd.

122 Ebd.

123 Ebd.

124 StA Sigm., Wü 29/3, Aussage Wilhelm E., Oberpfleger der Heilanstalt Winnental am 20. April 1948.

125 Ebd.

126 Dapp, 1991 (1990).

127 Museum im Ritterhaus Offenburg (Hg.): Franz Karl Bühler. Offenburg 1864 – Grafeneck 1940, Offenburg 1993.

128 Lang, 1996; Lang 2001.

129 LKA, GA 4956, Steinen, 21. Aug.1940, zitiert nach Rückleben, S. 97f.

130 Zit. n. Klee, Ernst: »Euthanasie« im NS-Staat. Die »Vernichtung lebensunwerten Lebens«, Frankfurt/M. 1989, S. 158.

131 StA Ludw. E 191, Bü. 6861.

132 HStA Stgt., E 151/53, Bü. 577.

133 HStA Stgt. E 151/09, Bü. 458.

134 StA Ludw. E 180 a II, Bü. 82.

135 Archiv Reutlingen-Rappertshofen.

136 Stadtarchiv Reutlingen: Auszug aus der Kriegschronik der evangelischen Kirchengemeinde.

137 LKA Stuttgart D 1, 103.

138 Ebd.

139 Archiv Gedenkstätte Grafeneck, Abschrift.

140 Richter, Gabriel, 1994/95, hier S. 271.

141 Röhm, Eberhard: Mariaberg zwischen Rassenhygiene und »Euthanasie«-Morden, in: Eder, Karl Rudolf: 150 Jahre Mariaberger Heime. Beiträge zur Geschichte geistig behinderter Menschen, Gammertingen 1997, S. 47–80, hier S. 65.

142 Schmuhl, 2001.

143 Rößner, Franka: »Im Dienste der Schwachen«. Die Samariterstiftung zwischen Zustimmung, Kompromiss und Protest 1930–1950, Nürtingen 2. Aufl. 2012.

144 Stöckle, Thomas: Gedenkstätte Grafeneck – Dokumentationszentrum. Ausstellungsbuch, Grafeneck 2018.

145 Ebd.

146 Horkheimer, Max/Adorno, Theodor: Dialektik der Aufklärung, Frankfurt/M. 1988/1944; Baumann, Zygmunt: Moderne und Ambivalenz. Das Ende der Eindeutigkeit, Hamburg 2005; Mommsen, Hans: Modernität und Barbarei. Anmerkungen aus zeithistorischer Sicht, in: Max Miller und Hans-Georg Soeffner (Hg.): Modernität und Barbarei. Soziologische Zeitdiagnose am Ende des 20. Jahrhunderts, Frankfurt/M. 1996, S. 137–155; Nachtwey, Oliver: Entzivilisierung. Über regressive Tendenzen in westlichen Gesellschaften, in: Heinrich Geiselberger

(Hg.): Die große Regression. Eine internationale Debatte über die geistige Situation der Zeit, Frankfurt/M., S. 215–231; Elias, Norbert: Über den Prozess der Zivilisation. Soziogenetische und psychogenetische Untersuchungen, Bd. 2: Wandlungen der Gesellschaft. Entwurf zu einer Theorie der Zivilisation, Frankfurt/M. 1976/1939; Beck, Rainer: Risikogesellschaft. Auf dem Weg in eine andere Moderne, Frankfurt/M. 1986; Zitelmann, Rainer/Prinz, Michael (Hg.): Nationalsozialismus und Modernisierung, Darmstadt, 1991; Schmuhl, Hans-Walter: Reformpsychiatrie und Massenmord, in: Rainer Zitelmann und Michael Prinz (Hg.): Nationalsozialismus und Modernisierung, Darmstadt 1991, S. 239–266; Hohendorf, Gerrit: Der Tod als Erlösung vom Leiden. Geschichte und Ethik der Sterbehilfe seit dem Ende des 19. Jahrhunderts in Deutschland, Göttingen 2013.

147 Wohin bringt ihr uns? Euthanasiemorde in Württemberg – Gedenkorte der Diakonie, hrsg. vom Diakonischen Werk Württemberg, Stuttgart 2009.

148 https://www.planet-schule.de/wissenspool/spuren-der-ns-zeit/inhalt/sendungen/grafeneck–1940-die-mordfabrik-auf-der-schwaebischen-alb.html; https://www.planet-wissen.de/geschichte/nationalsozialismus/nationalsozialistische_rassenlehre/euthanasie-grafeneck–100.html, Stand: 5.12.2019.

149 Priwitzer, Sebastian, Gedenkstätte Grafeneck-Dokumentationszentrum. Begleitbuch in leichter Sprache, Grafeneck-Gomadingen 2016.

150 Kunstprojekt Grafeneck 10654. Gedenken. Mahnung. Hoffnung, von Jochen Meyder, Grafeneck 2018.

151 Reemtsma, Jan-Philipp: Wozu Gedenkstätten?, in: Aus Politik und Zeitgeschichte 25–26, 2010, S. 3–9, hier S. 9.

152 Assmann, Aleida: Der europäische Traum. Vier Lehren aus der Geschichte, München 2018.

153 Schmuhl, Hans-Walter: Das »Dritte Reich« als biopolitische Entwicklungsdiktatur. Zur inneren Logik der nationalsozialistischen Genozidpolitik, in: Tödliche Medizin. Rassenwahn im Nationalsozialismus, Berlin 2009, S. 8–21; Jütte, Robert/Eckart, Wolfgang U./Schmuhl, Hans-Walter/Süß, Winfried (Hg.): Medizin und Nationalsozialismus. Bilanz und Perspektiven der Forschung, Göttingen 2011; Barth, Boris: Genozid. Völkermord im 20. Jahrhundert. Geschichte, Theorien, Kontroversen, München 2006.

Quellen/Quellenbestände

Hauptstaatsarchiv Stuttgart – HStAS

HStAS EA 3/101 Bü 11; HStAS, EA 8/151, Bü 48; HStAS Q 1/22 Bü 144; HStAS Q 1/35 Bü 242;

HStAS E 130b Bü 1146; HStAS E 151/09 Bü 458; HStAS E 151/21 Bü 1369; HStAS E 151/52;

HStAS E 151/53 Bü 246; HStAS E 151/54 Bü 200.

Generallandesarchiv Karlsruhe – GLAK

GLAK 309 Nr 5052; GLAK 463 Nr 2972, 2974;

Staatsarchiv Ludwigsburg – StAL

StAL E 180 a II Bü 6, 571, 874, 931, 968, 974, 996, 1007; StAL E 191 Bü 6861, 7052;

StAL EL 20/1 III Bü 530, 3412; StAL EL 48/2 I Bü 138, 139, 140, 1073, 1078, 3008;

StAL EL 51/1 I Bü 3226; StAL EL 251 II Bü 1023; StAL EL 317 III Bü 134, 153, 202;

StAL EL 902/8 Bü 15826; StAL EL 902/20 Bü 48086, Nr 65363; StAL EL 902/23 Bü 7920, 7921;

StAL EL 904/2 Nr 11096; Nr 49490, Nr 66909; StAL EL 905 Bü 253, Bü 254;

StAL F 234 I Bü 998, 1177, 1549; StAL F 235 III; StAL Ks 19/62.

Staatsarchiv Sigmaringen – StAS

StAS Wü 1 T 1 Nr. 34; StAS Wü 2 T 1 Nr. 1337, 1338; StAS Wü 29/3 T 1 Nr. 1752;

StAS Wü 29/3 T 1 Nr. 1753; StAS Wü 29/3 T 1 Nr. 1754; StAS Wü 29/3 T 1 Nr. 1755;

StAS Wü 29/3 T 1 Nr. 1755a; StAS Wü 29/3 T 1 Nr. 1756; StAS Wü 29/3 T 1 Nr. 1757;

StAS Wü 29/3 T 1 Nr. 1758.

Staatsarchiv Freiburg – StAF

StAF C 20/1 Nr. 932; StAF F 176/1 Nr. 782, 818.

Bundesarchiv Berlin

BArch R 96-I/6; BArch R 96-I/15; BArch R 96-I/16; BArch R 179.

Archive

Hauptstaatsarchiv Stuttgart – HStAS
Staatsarchiv Ludwigsburg – StAL
Staatsarchiv Sigmaringen – StAS
Generallandesarchiv Karlsruhe – GLAK
Staatsarchiv Freiburg – StAF
Bundesarchiv Berlin –BArch
Landesarchiv Nordrhein-Westfalen
Stadtarchiv Stuttgart
Stadtarchiv Nagold
Zentrum für Psychiatrie Zwiefalten, Registratur
Zentrum für Psychiatrie Südwürttemberg Weissenau, Registratur
Mariaberg, Registratur
Christophsbad Göppingen, Registratur
Diakonie Stetten, Historisches Archiv

Literatur

Aly, Götz: Die Belasteten. »Euthanasie« 1939–1945. Eine Gesellschaftsgeschichte, Frankfurt a. M. 2013.

Aly, Götz: »Endlösung«. Völkerverschiebung und der Mord an den europäischen Juden, Frankfurt a. M. 1995.

Aly, Götz (Hg.): Aktion T4 1939–1945. Die »Euthanasie«-Zentrale in der Tiergartenstraße 4, 2. Aufl. Berlin 1989.

Assmann, Aleida: Der europäische Traum. Vier Lehren aus der Geschichte, München 2018.

Baader, Gerhard/Peter, Jürgen (Hg.): Public Health, Eugenik und Rassenhygiene in der Weimarer Republik und Nationalsozialismus, Frankfurt/M. 2018.

Bayertz, Kurt/Weingart, Peter: Rasse, Blut und Gene. Geschichte der Eugenik und Rassenhygiene in Deutschland, Frankfurt a. M. 1988.

Berger, Sara: Experten der Vernichtung. Das T4-Reinhardt-Netzwerk in den Lagern Belzec, Sobibor und Treblinka, Hamburg 2013.

Binding, Karl/Hoche, Alfred: Die Vernichtung lebensunwerten Lebens. Ihr Maß und ihre Form, Leipzig 1920.

Blasius, Dirk: »Einfache Seelenstörung«. Geschichte der deutschen Psychiatrie 1800–1945, Frankfurt a. M. 1994.

Borgstedt, Angela: »Nicht Gnade mit den Kranken, sondern Vernichtung der Pflegebefohlenen zu einem abscheulichen Staatszweck«: die juristische Aufarbeitung der sogenannten »Euthanasie« im Freiburger »Grafeneck-Prozess«, in: Rechtshistorische und andere Rundgänge, 2018, S. 41–52.

Borgstedt, Angela: Widerstand gegen die »Euthanasie«-Verbrechen, in: Mut bewiesen. Widerstandsbiographien aus dem Südwesten, hrsg. von Angela Borgstedt, Sibylle Thelen und Reinhold Weber, Stuttgart 2017, S. 353–358.

Borgstedt, Angela: Auftakt zur Vernichtung. Der Polenfeldzug und die »Aktion T4«, in: Tribüne: Zeitschrift zum Verständnis des Judentums 48, H. 191, S. 125–131.

Bock, Gisela: Zwangssterilisation im Nationalsozialismus. Studien zur Rassenpolitik und Frauenpolitik, Opladen 1986.

Brand-Clausen, Bettina/Röske, Thomas/Rotzoll, Maike (Hg.): Todesursache Euthanasie – Verdeckte Morde in der NS-Zeit, Heidelberg 2002.

Braß, Christoph: Zwangssterilisation und Euthanasie im Saarland 1935 bis 1945, Paderborn 2004.

Brändle, Gerhard: Namen, nicht Nummern – »Euthanasie«-Verbrechen der Nationalsozialisten an Menschen aus Pforzheim, Pforzheim 2013.

Burkhardt, Annika: Das NS-Euthanasie-Unrecht vor den Schranken der Justiz. Eine strafrechtliche Analyse, Tübingen 2015.

Christ, Verena: Täter von Grafeneck. Vier Ärzte als Angeklagte im Tübinger »Euthanasie«-Prozess 1949, Stuttgart 2020.

Cranach, Michael von/Eberle, Susanne/Hohendorf, Gerrit/Tiedemann, Sibylle von (Hg.): Gedenkbuch für die Münchner Opfer der nationalsozialistischen »Euthanasie«-Morde, Göttingen 2018.

Cüppers, Martin: Die Verwirklichung des Undenkbaren. Die Aktionen »T4« und »Reinhard« mit ihren Akteuren, in: Fotos aus Sobibor. Die Niemann-Sammlung zu Holocaust und Nationalsozialismus, hrsg. von Bildungswerk Stanislaw Hantz und der Forschungsstelle Ludwigsburg der Universität Stuttgart, Berlin 2020, S. 85–102.

Endlich, Stefanie u. a.: Tiergartenstraße 4. Geschichte eines schwierigen Ortes, Berlin 2014.

Erfasst, verfolgt, vernichtet. Kranke und behinderte Menschen im Nationalsozialismus. Ausstellungskatalog, Berlin 2014.

Frei, Norbert (Hg.): Medizin und Gesundheitspolitik in der NS-Zeit, München 1991.

Freimüller, Tobias: Bürgertum, Rasse und Eugenik, in: Wie bürgerlich war der Nationalsozialismus?, hrsg. von Norbert Frei, Göttingen 2018, S. 144–153.

Friedlander, Henry: Der Weg zum NS-Genozid. Von der Euthanasie zur Endlösung, Berlin 1997.

Friedlander, Henry: Viktor Brack. Parteimann, SS-Mann und Mordmanager, in: Ronald M. Smelser/Enrico Syring (Hg.): Die SS. Elite unter dem Totenkopf. 30 Lebensläufe, Paderborn 2000, S. 88–99.

Fuchs, Petra/Rotzoll, Maike/Hohendorf, Gerrit (Hg.): »Das Vergessen der Vernichtung ist Teil der Vernichtung selbst«. Lebensgeschichten von Opfern der nationalsozialistischen »Euthanasie«, Göttingen 2007.

Gegen das Vergessen – Mit der Geschichte lernen. Beiträge zur »Euthanasie« im Nationalsozialismus und die Bedeutung des Erinnerns für die

Gegenwart, **hrsg. von Kontaktgespräch Psychiatrie gemeinsam mit IRRTUM Zeitungsinitiative,** Berlin 2017.

George, Uta: Kollektive Erinnerung bei Menschen mit geistiger Behinderung. Das kulturelle Gedächtnis des nationalsozialistischen Behinderten- und Krankenmordes in Hadamar. Eine erinnerungssoziologische Studie, Bad Heilbrunn 2008.

Hadamar. Heilstätte – Tötungsanstalt – Therapiezentrum, **hrsg. von Uta George/Georg Lilienthal/ Volker Roelcke/Peter Sandner/Christina Vanja,** Marburg 2006.

Hamm, Margret (Hrsg.): Lebensunwert – zerstörte Leben. Zwangssterilisation und »Euthanasie«, Frankfurt a. M. 2005.

Hedwig, Andreas/Petter, Dirk (Hg.): Auslese der Starken – »Ausmerzung« der Schwachen. Eugenik und NS-»Euthanasie« im 20. Jahrhundert, Marburg 2017.

Henke, Klaus-Dietmar (Hg.): Tödliche Medizin im Nationalsozialismus, Köln 2008.

Herbert, Ulrich: Traditionen des Rassismus, in: Lutz Niethammer u. a. (Hg.): Bürgerliche Gesellschaft in Deutschland. Historische Einblicke, Fragen, Perspektiven, Frankfurt a. M. 1990, S. 472–488.

Hinz-Wessels, Annette: Tiergartenstraße 4. Schaltzentrale der nationalsozialistischen »Euthanasie«-Morde, Berlin 2015.

Hinz-Wessels, Annette: Antisemitismus und Krankenmord. Zum Umgang mit jüdischen Anstaltspatienten im Nationalsozialismus, in: Vierteljahreshefte für Zeitgeschichte 61 (2013), S. 65–92.

Hinz-Wessels, Annette/Petra Fuchs/Gerrit Hohendorf/Maike Rotzoll: Zur bürokratischen Abwicklung eines Massenmords. Die »Euthanasie«-Aktion im Spiegel neuer Dokumente, in: Vierteljahreshefte für Zeitgeschichte 53 (2005), S. 79–107.

Hohendorf, Gerrit: Der Tod als Erlösung vom Leiden. Geschichte und Ethik der Sterbehilfe seit dem Ende des 19. Jahrhunderts in Deutschland, Göttingen 2013.

Hohendorf, Gerrit/Eberle, Susanne: Zwangssterilisation und Patientenmorde im Nationalsozialismus – ein Überblick, in: Michael von Cranach u. a. (Hg.): Gedenkbuch für die Münchner Opfer der nationalsozialistischen »Euthanasie«-Morde, Göttingen 2018, S. 29–56.

Holtmann, Everhard: Völkische Feindbilder. Ursprünge und Erscheinungsformen des Rechtspopulismus in Deutschland, Bonn 2018.

Jäger, Herbert: Verbrechen unter totalitärer Herrschaft. Studien zur nationalsozialistischen Gewaltkriminalität, Frankfurt a. M. 1982.

Jäger, Herbert: Arbeitsteilige Täterschaft. Kriminologische Perspektiven auf den Holocaust, in: Hanno Loewy (Hg.): Holocaust: Die Grenzen des Verstehens. Eine Debatte über die Besetzung der Geschichte, Reinbek 1992, S. 160–165.

Jenner, Harald: Quellen zur Geschichte der »Euthanasie«-Verbrechen 1939–1945 in deutschen und österreichischen Archiven. Ein Inventar, Berlin 2003.

Jenner, Harald/Klieme, Joachim (Hg.): Nationalsozialistische Euthanasieverbrechen und Einrichtungen der Inneren Mission – Eine Übersicht, Reutlingen 1997.

Jütte, Robert/Eckart, Wolfgang U./Schmuhl, Hans-Walter/Süß, Winfried (Hg.): Medizin und Nationalsozialismus. Bilanz und Perspektiven der Forschung, Göttingen 2011.

Kaiser, Jochen-Christoph/Nowak, Kurt/Schwartz, Michael (Hg.): Eugenik, Sterilisation, Euthanasie. Politische Biologie in Deutschland 1895–1945. Eine Dokumentation, Berlin 1992.

Kammerhofer, Andrea: »Bis zum 1. September 1941 wurden desinfiziert: Personen: 70.273«. Die »Hartheimer Statistik«, in: Tötungsanstalt Hartheim. Oberösterreich in der Zeit des Nationalsozialismus, Bd. 3, hrsg. vom Oberösterreichischen Landesarchiv und dem Lern- und Gedenkort Schloss Hartheim, 3. Aufl. Linz 2013, S. 117–130.

Kaminsky, Uwe: Zwangssterilisation und »Euthanasie« im Rheinland. Evangelische Erziehungsanstalten sowie Heil- und Pflegeanstalten 1933–1945, Köln 1995.

Kaminsky, Uwe: Eugenik als Sozialutopie und Gesellschaftspolitik, in: Andreas Hedwig und Dirk Petter (Hg.): Auslese der Starken – »Ausmerzung« der Schwachen. Eugenik und »Euthanasie« im 20. Jahrhundert, Marburg 2017, S. 13–25.

Klee, Ernst: »Euthanasie« im Dritten Reich. »Die Vernichtung lebensunwerten Lebens«, Frankfurt a. M. 2010 (1983).

Klee, Ernst: Dokumente zur »Euthanasie«, Frankfurt a. M. 1985.

Klee, Ernst: Was sie taten – Was sie wurden. Ärzte, Juristen und andere Beteiligte am Kranken- oder Judenmord, Frankfurt a. M. 1990 (1986).

Knigge, Volkhard: Die Zukunft der Erinnerung, in: Aus Politik und Zeitgeschichte 25/26 (2010), S. 10–16.

Kühl, Stefan: Ganz normale Organisationen. Zur Soziologie des Holocaust, Frankfurt/M. 2014.

Merkel, Christian: »Tod den Idioten« – Eugenik und Euthanasie in juristischer Rezeption vom Kaiserreich zur Hitlerzeit, Berlin 2007.

Mitscherlich, Alexander/Mielke, Fred (Hg.): Medizin ohne Menschlichkeit. Dokumente des Nürnberger Ärzteprozesses, Frankfurt a. M. 1989.

Nowak, Kurt: »Euthanasie« und Sterilisierung im »Dritten Reich«. Die Konfrontation der evangelischen und katholischen Kirche mit dem Gesetz zur Verhütung erbkranken Nachwuchses und der »Euthanasie«-Aktion, 3. Aufl. Göttingen 1984.

Petter, Wolfgang: Zur nationalsozialistischen »Euthanasie«: Ansatz und Entgrenzung, in: Wolfgang Michalka (Hg.): Der Zweite Weltkrieg. Analysen – Grundzüge – Forschungsbilanz, München 1988, S. 814–826.

Reemtsma, Jan-Philipp: Wozu Gedenkstätten?, in: Aus Politik und Zeitgeschichte 25/26 (2010), S. 3–9.

Rohrbach, Philipp/Schwanninger, Florian (Hg.): Beyond Hartheim. Täterinnen und Täter im Kontext von »Aktion T4« und »Aktion Reinhard«, Innsbruck 2019.

Roth, Markus: Verfolgung, Terror und Widerstand im Dritten Reich, München 2015.

Rotzoll, Maike/Hohendorf, Gerrit/Fuchs, Petra u. a. (Hg.): Die nationalsozialistische »Euthanasie«-Aktion »T4« und ihre Opfer. Geschichte und ethische Konsequenzen für die Gegenwart, Paderborn 2010.

Sandner, Peter: Verwaltung des Krankenmordes. Der Bezirksverband Nassau im Nationalsozialismus, Gießen 2003.

Schmuhl, Hans-Walter: Zwangssterilisation, in: Jütte, Robert (Hg.): Medizin und Nationalsozialismus. Bilanz und Perspektiven der Forschung, Göttingen 2011, S 201–213.

Schmuhl, Hans-Walter: »Euthanasie« und Krankenmord, in: Jütte, Robert (Hg.): Medizin und Nationalsozialismus. Bilanz und Perspektiven der Forschung, Göttingen 2011, S 214–255.

Schmuhl, Hans-Walter: Vom Krankenmord zum Judenmord. Verschüttete Verbindungslinien zwischen zwei nationalsozialistischen Vernichtungsaktionen, in: Roland Müller (Bearb.): Krankenmord im Nationalsozialismus. Grafeneck und die »Euthanasie« in Südwestdeutschland, Stuttgart 2001, S. 71–84.

Schmuhl, Hans-Walter: Das »Dritte Reich« als biopolitische Entwicklungsdiktatur. Zur inneren Logik der nationalsozialistischen Genozidpolitik, in: Tödliche Medizin. Rassenwahn im Nationalsozialismus, Berlin 2009, S. 8–21.

Schmuhl, Hans-Walter: Rassenhygiene, Nationalsozialismus, Euthanasie. Von der Verhütung zur Vernichtung »lebensunwerten Lebens« 1890–1945, 2. Aufl. Göttingen 1992.

Schmuhl, Hans-Walter: Reformpsychiatrie und Massenmord, in: Rainer Zitelmann und Michael Prinz (Hg.): Nationalsozialismus und Modernisierung, Darmstadt 1991, S. 239–266.

Süß, Dietmar: »Ein Volk, ein Reich, ein Führer«. Die deutsche Gesellschaft im Dritten Reich, München 2017.

Süß, Dietmar: Leistung, Aufstieg und Vernichtung., in: VfZ 62 (2014), S. 453–467.

Süß, Winfried: Der »Volkskörper« im Krieg. Gesundheitspolitik, medizinische Versorgung und Krankenmord im nationalsozialistischen Deutschland 1939–1945. München 2003.

Tödliche Medizin. Rassenwahn im Nationalsozialismus. Begleitbuch zur Ausstellung, hrsg. vom Jüdischen Museum Berlin, Göttingen 2009.

Westermann, Stefanie/Kühl, Richard/Ohnhäuser, Tim (Hg.): NS-»Euthanasie« und Erinnerung: Vergangenheitsaufarbeitung – Gedenkformen – Betroffenenperspektiven, Münster 2011.

Westermann, Stefanie: Verschwiegenes Leid. Der Umgang mit den NS-Zwangssterilisationen in der Bundesrepublik Deutschland, Köln 2010.

Wildt, Michael: Die Ambivalenz des Volkes. Der Nationalsozialismus als Gesellschaftsgeschichte, Frankfurt/M. 2019.

Wildt, Michael: Biopolitik, ethnische Säuberungen und Volkssouveränität. Eine Skizze, in: ders.: Die Ambivalenz des Volkes. Der Nationalsozialismus als Gesellschaftsgeschichte, Frankfurt/M. 2019, S. 91–113.

Wildt, Michael: Volk, Volksgemeinschaft, AfD, Hamburg 2017.

Zinn, Alexander: »Aus dem Volkskörper entfernt«? Homosexuelle Männer im Nationalsozialismus, Frankfurt/M. 2018.

Südwestdeutschland/Grafeneck

Berninger, Stefan: Zwangssterilisation im Nationalsozialismus, Mannheim 1992.

Bidlingmaier, Rolf: Die Metzinger Opfer der Euthanasie, Spuren 2010, S. 50–56.

Bing-von Häfen, Inga: Die Verantwortung ist schwer … Euthanasiemorde an Pfleglingen der Zieglerschen Anstalten, Ostfildern 2013.

Bornhäuser, Doris: Oskar B. Bruchsal 1899 – Grafeneck 1940. Eine biografische Annäherung, Reutlingen 2013.

Dapp, Hans-Ulrich: Emma Z., Stuttgart 1985.

Die Geschichte der Einrichtungen für Menschen mit Behinderung und die Behindertenhilfe im Rems-Murr-Kreis, hrsg. vom Landratsamt Rems-Murr-Kreis, Winnenden 2012.

»Euthanasie« im NS-Staat. Grafeneck 1940, hrsg. von der Landeszentrale für politische Bildung Baden-Württemberg, Stuttgart 2000.

Falkenstein, Sigrid: Annas Spuren. Ein Opfer der NS-»Euthanasie«, München 2012.

Faulstich, Heinz: Von der Irrenfürsorge zur »Euthanasie«. Geschichte der badischen Psychiatrie bis 1945, Freiburg i. Br. 1993.

Faulstich, Heinz: Hungersterben in der Psychiatrie 1914–1949. Mit einer Topographie der NS-Psychiatrie, Freiburg i. Br. 1998.

Freudenberger, Klaus/Murr, Walter: Wo bringt ihr uns hin? Deportation und Ermordung behinderter Menschen aus der Anstalt Kork im Jahre 1940, Kehl-Kork 1990.

Friedel, Josef H.: Gegen das Vergessen: Die NS-Verbrechen der Euthanasie an Menschen der Stiftung Liebenau, Meckenbeuren 2008.

Fritz, Gerhard: Zu den bürokratischen Abläufen der »Euthanasie« und ihren Auswirkungen in Backnang, in: Backnanger Jahrbuch 19 (2011), S. 128–153.

Fritz, Gerhard: Nationalsozialistischer »Euthanasie«-Mord an Angehörigen mehrerer Murrtal-Gemeinden: Althütte – Aspach – Großerlach – Kirchberg, Murr – Murrhardt – Oppenweiler – Spiegelberg – Sulzbach, Murr, in: Backnanger Jahrbuch 21 (2013), S. 133–155.

Grafeneck 1940 – »Wohin bringt ihr uns?« – NS-»Euthanasie« im deutschen Südwesten. Geschichte, Quellen, Arbeitsblätter. Autoren: Franka Rößner und Thomas Stöckle, hrsg. von der Landeszentrale für politische Bildung Baden Württemberg (Reihe: Materialien), Stuttgart 2011.

Hausen, Maike: Dem Unsagbaren künstlerisch begegnen: Auseinandersetzungen mit den »Euthanasie«-Morden von Grafeneck, in: Entrechtet – verfolgt – vernichtet: NS-Geschichte und Erinnerungskultur im deutschen Südwesten, hrsg. von Peter Steinbach u. a., Stuttgart 2016, S. 196–203.

Hinz, Erhard: Die Aktion T4, die Täter und ihre Neckarsteinacher Opfer, in: Geschichtsblätter Kreis Bergstraße 47 (2014), S. 236–256.

Hofmann, Christian: »Das Vergessen der Vernichtung …«: Stolpersteine für Opfer der »Euthanasie« aus Bietigheim, Bissingen und Untermberg, Blätter zur Stadtgeschichte 17 (2019), Seite 106–147.

Hofmann, Christian: »In eine andere Anstalt verlegt …«: die Calwer Opfer des nationalsozialistischen Krankenmords, in: Einst und Heute (2017/18), S. 149–168.

Hofmann, Christian: »Verlegt in eine unbekannte Anstalt«: die Landesfürsorgeanstalt Markgröningen im System von Zwangssterilisation und Krankenmord im Dritten Reich, in: Ludwigsburger Geschichtsblätter 70 (2016), S. 101–112.

Holzer-Böhm, Edith: Euthanasie-Opfer aus Schorndorf, in: Heimatblätter 25 (2011), S. 72–91.

Janzowski, Frank: Die NS-Vergangenheit in der Heil- und Pflegeanstalt Wiesloch. »… so intensiv wenden wir unsere Arbeitskraft der Ausschaltung der Erbkranken zu«, Ubstadt-Weiher 2015.

Kalusche, Martin: »Das Schloss an der Grenze«. Kooperation und Konfrontation mit dem Nationalsozialismus in der Heil- und Pflegeanstalt für Schwachsinnige und Epileptische Stetten i. R., 2. Aufl. Hamburg 2011.

Kinzig, Jörg: Der Grafeneck-Prozess vor dem Landgericht Tübingen. Anmerkungen aus strafrechtlicher Sicht, in: ders./Thomas Stöckle (Hg.): 60 Jahre Tübinger Grafeneck-Prozess. Betrachtungen aus historischer, juristischer, medizinethischer und publizistischer Perspektive, Zwiefalten 2011, S. 35–54.

Kinzig, Jörg/Stöckle Thomas (Hg.): Der Grafeneck-Prozess 1949. Betrachtungen aus historischer, juristischer, medizinethischer und publizistischer Perspektive, Zwiefalten 2010.

Kleinmann, Susanne: Nationalsozialistische Täter und Täterinnen in Ausstellungen: am Beispiel der Gedenkstätte Grafeneck auf der Schwäbischen Alb. Schwäbische Heimat 68 (2017), 4, S. 458–464.

Knittel, Susanne C.: Unheimliche Geschichte. Grafeneck, Triest und die Politik der Holocaust-Erinnerung. Erinnerungskulturen/Memory Cultures 7, Bielefeld 2018.

Knittel, Susanne C.: Grafeneck, das »Euthanasie«-Programm der Nationalsozialisten und das Unheimliche in der Geschichte, in: Thomas Müller/Paul-Otto Schmidt-Michel/Franz Schwarzbauer: Vergangen? Spurensuche und Erinnerungsarbeit. Das Denkmal der Grauen Busse, Zwiefalten 2017, S. 33–51.

Knittel, Susanne C.: Die Textur der Erinnerung: Grafeneck in der Literatur, in: Entrechtet – verfolgt – vernichtet: NS-Geschichte und Erinnerungskultur im deutschen Südwesten, hrsg. von Peter Steinbach u. a., Stuttgart 2016, S. 204–216.

Knittel, Susanne C.: Remembering Euthanasia. Grafeneck in the Past, Present, and Future, in: Bill Niven/Chloe Paver (Hg.): Memorialization in Germany since 1945, Basingstoke 2010, S. 124–133.

Krause, Heike: »… der Vater zählt die Tränen«. Gmünder Opfer der »Euthanasie«, in: Einhorn – Jahrbuch Schwäbisch Gmünd 36 (2009), S. 183–192.

Krause, Heike/Maisch, Andreas (Hg.): »Ausmerzen«. Eugenik, Zwangssterilisierung und Krankenmord in Schwäbisch Hall 1933–1945, Schwäbisch Hall 2009.

Kretschmer, Manfred: Die Heilanstalt Weißenau 1933–1945, in: Peter Eitel (Hg.): Ravensburg im Dritten Reich. Beiträge zur Geschichte der Stadt, Ravensburg 1997, S. 361–378.

Lang, Hans-Joachim: »Ich erstatte Anzeige von einem außergewöhnlichen Verbrechen, das an mir verübt wird«. – Wie Kolomann K. aus Tübingen ein Opfer der »Euthanasie« wird, in: Hermann J. Pretsch (Hg.): »Euthanasie«. Krankenmorde in Südwestdeutschland, Zwiefalten 1996, S. 128–135.

Lang, Hans-Joachim: Weggeworfen wie ein angebissener Apfel. Von einem Psychiater, der seinen Bruder dem Krankenmord auslieferte, in: Roland Müller (Bearb.): Krankenmord im Nationalsozialismus. Grafeneck und die »Euthanasie« in Südwestdeutschland, Stuttgart 2001, S. 55–67.

Lang, Hans-Joachim: Der Grafeneck-Prozess in der zeitgenössischen Berichterstattung, in: Jörg Kinzig/Thomas Stöckle (Hrsg.): 60 Jahre Tübinger Grafeneck-Prozess. Betrachtungen aus historischer, juristischer, medizinethischer und publizistischer Perspektive, Zwiefalten 2011, S. 62–69.

Mack, Cécile: Die badische Ärzteschaft im Nationalsozialismus, Frankfurt/M. 2001.

Muth, Rosemarie: Als die »grauen Busse« kamen …, in: Die Mörin (2011) 68, S. 11–26.

Martin, Elke (Hg.): Verlegt. Krankenmorde 1940/41 am Beispiel der Region Stuttgart, Stuttgart 2011.

May, Johannes u. a.: »Euthanasie« in den staatlichen Heilanstalten Zwiefalten und Schussenried. Die Rechtfertigung, Vorbereitung und Durchführung der »Vernichtung lebensunwerten Lebens« in der nationalsozialistischen Aktion T4, Zwiefalten 1991.

Müller, Ferdinand: Rassenpolitik und Erbgesundheit im Nationalsozialismus: die Ermordung von 345 Bewohnerinnen und Bewohnern aus dem St. Josefshaus Herten im Rahmen der Aktion T4 vom 26.7. bis 2.12.1940, in: Leben unterm Hakenkreuz, Rheinfelden/Baden 2010, S. 181–223.

Müller, Roland (Bearb.): Krankenmord im Nationalsozialismus. Grafeneck und die »Euthanasie« in Südwestdeutschland, Stuttgart 2001.

Müller, Martin-Eitel: Euthanasie und Sterilisation in Winnental 1933 bis 1945, in: 175 Jahre Heilanstalt Winnenden, Ubstadt-Weiher 2009, S. 165–196.

Müller, Thomas: Erinnern und Gedenken – Wie begegnet unsere psychiatrische Klinik unserer NS-Vergangenheit, in: Ders./Paul-Otto Schmidt-Michel/Franz Schwarzbauer: Vergangen? Spurensuche und Erinnerungsarbeit. Das Denkmal der Grauen Busse, Zwiefalten 2017, S. 55–67.

Müller, Thomas/Schmidt-Michel, Paul-Otto, Schwarzbauer, Franz (Hg.): Vergangen? Spurensuche und Erinnerungsarbeit. Das Denkmal der Grauen Busse, Zwiefalten 2017.

Müller, Thomas/Kanis-Seyfried, Uta/Reichelt, Bernd und Schepker, Renate (Hg.): Psychiatrie in Oberschwaben. Die »Weissenau« bei Ravensburg zwischen Versorgungsfunktion und universitärer Forschung, Zwiefalten 2017.

Müller, Thomas (Hg)/Floridia, Pietro (Autor)/Düsberg, Kirsten Maria (Übers. aus dem Ital.): T4. Ophelias Garten. Drama in zwei Akten, Zwiefalten 2016.

Müller, Thomas/Reichelt, Bernd/Kanis-Seyfried, Uta (Hg.): Nach dem Tollhaus. Zur Geschichte der ersten Königlich-Württembergischen Staatsirrenanstalt Zwiefalten. Psychiatrie, Kultur und Geschichte in historischer Perspektive, Band 1, Zwiefalten 2012.

Müller, Thomas/Kinzig, Jörg/Stöckle, Thomas: Die deutsche Psychiatrie, der Patientenmord im Nationalsozialismus, die juristischen Folgen und die Erinnerungspolitik, in: Türkisches Jahrbuch für Studien zu Ethik und Recht in der Medizin 2/3 (2010), S. 29–60.

Museum im Ritterhaus Offenburg (Hg.): Franz Karl Bühler. Offenburg 1864 – Grafeneck 1940. Bilder aus der Prinzhorn-Sammlung, Offenburg 1993.

Naeve, Detlev: Geschichte der Pflegeanstalt Heggbach und des Kinderasyls Ingerkingen im Nationalsozialismus 1933–1945, Eitorf 2000.

Peschke, Franz: Ökonomie, Mord und Planwirtschaft. Die Heil- und Pflegeanstalt Wiesloch im Dritten Reich, Bochum/Freiburg 2012.

Pretsch, Hermann J. (Hg.): »Euthanasie«. Krankenmorde in Südwestdeutschland, Zwiefalten 1996.

Proske, Wolfgang: Der Standesbeamte von Grafeneck: Jakob Wöger, in: Ders. (Hg.): Täter, Helfer, Trittbrettfahrer. NS-Belastete von der Ostalb, Münster/Ulm 2010, S. 257–264.

Priwitzer, Sebastian: Gedenkstätte Grafeneck-Dokumentationszentrum. Begleitbuch in leichter Sprache, Grafeneck-Gomadingen 2016.

Proske, Wolfgang: Der Standesbeamte von Grafeneck: Jakob Wöger: *03.05.1897 in Steinheim a. A., † 03.12.1962 in Esslingen, Kriminal-, SD- und Standesbeamter, zuletzt SD-Obersturmführer, in: Täter, Helfer, Trittbrettfahrer, 2. Aufl. 2016, S. 257–264.

Rauh, Philipp: Von Verdun nach Grafeneck: Die psychisch kranken Veteranen des Ersten Weltkriegs als Opfer der nationalsozialistischen Krankenmordaktion T4, in: Babette Quinkert/Philipp Rauh/Ulrike Winkler (Hg.): Krieg und Psychiatrie 1914–1950, Göttingen 2010, S. 54–74.

Reichelt, Bernd/Müller, Thomas: Von Marokko nach Württemberg. Robert Poitrot – »médecin-commandant« der französischen Besatzungstruppen in der südwürttembergischen Psychiatrie, 1945–1946. In: Thomas Müller/Uta Kanis-Seyfried/Bernd Reichelt/Renate Schepker (Hg.): Psychiatrie in Oberschwaben. Die »Weissenau« bei Ravensburg zwischen Versorgungsfunktion und universitärer Forschung. Zwiefalten 2017, S. 235–254.

Rexer, Martin: »Die berüchtigten grauen Busse …« – ein Mythos? Ein Beispiel für Rezeption und Fiktionalisierung der NS-Krankenmorde, Schwäbische Heimat, 71 (2020), 1, S. 22–32.

Röhm, Eberhard: Mariaberg zwischen Rassenhygiene und »Euthanasie«-Morden, in: 150 Jahre Mariaberger Heime. Beiträge zur Geschichte geistig behinderter Menschen, Gammertingen 1997, S. 47–80.

Rößner, Franka: »Im Dienste der Schwachen«. Die Samariterstiftung zwischen Zustimmung, Kompromiss und Protest 1930–1950, 2. Aufl. Nürtingen 2012.

Rößner, Franka: Opfer staatlicher Gewalt – Gedenkstättenarbeit am Beispiel Grafeneck, in: Siegfried Frech/Frank Meier (Hg.): Unterrichtsthema Staat und Gewalt. Kategoriale Zugänge und historische Beispiele, Schwalbach/T. 2012, S. 117–137.

Rößner, Franka/Stöckle, Thomas: Christian Wirth und Jakob Wöger. Polizeibeamte und ihr Einsatz beim Massenmord in Grafeneck, in: Hermann G. Abmayr (Hg.): Stuttgarter NS-Täter, Stuttgart 2009, S. 82–89.

Rüdenburg, Bodo: Die »Rückkehrer« aus Grafeneck in der Heil- und Pflegeanstalt Zwiefalten: die Zurückstellungen der Tötungsanstalt Grafeneck, dargestellt anhand von 120 Krankenakten, in: Thomas Müller/Bernd Reichelt (Hg.): Nach dem Tollhaus. Zur Geschichte der ersten Königlich-Württembergischen Staatsirrenanstalt Zwiefalten, Zwiefalten 2012, S. 150–153.

Rumpf, Andrea: »Das Ende der Illenau«: Vortrag zur Einweihung des Mahnmals für die Opfer der NS-Gewaltherrschaft in Achern (»Gedächtnislücke«) am 18.12.2015, in: Acherner Rückblicke 6 (2016), S. 166–201.

Rumpf, Andrea: Die Heil- und Pflegeanstalt Illenau im sog. »Dritten Reich« und deren Auflösung im Jahr 1940: von der Zwangssterilisation zur Euthanasie, in: Acherner Rückblicke 5 (2011), S. 66–86.

Scheck, Manfred: »Eugenik« und »Euthanasie« in Vaihingen: NS-Verbrechen an Behinderten – erste Erkenntnisse, in: »In Leid und Freud«, Vaihingen an der Enz 2014, S. 161–172.

Scheuing, Hans Werner: »… Als Menschenleben gegen Sachwerte gewogen wurden.« Die Geschichte der Erziehungs- und Pflegeanstalt Mosbach/Schwarzacher Hof und ihrer Bewohner 1933–1945, 2. Aufl. Heidelberg 2004.

Scheuing, Hans-Werner: Anstalten der Inneren Mission in Baden und Euthanasie, in: Udo Wennemuth (Hg.): Unterdrückung, Anpassung, Bekenntnis. Die evangelische Kirche in Baden im Dritten Reich und in der Nachkriegszeit, Karlsruhe 2009, S. 117–142.

Schmidt-Michel, Paul-Otto: Post wohin? Briefe von Angehörigen der Opfer der Aktion T4, in: Thomas Müller/Paul-Otto Schmidt-Michel/Franz Schwarzbauer: Vergangen? Spurensuche und Erinnerungsarbeit. Das Denkmal der Grauen Busse, Zwiefalten 2017, S. 71–91.

Schmidt-Michel, Paul-Otto/Müller, Thomas: Der Umgang mit Angehörigen der Opfer der Aktion »T4« durch die NS-Behörden und die Anstalten in Württemberg, in: Psychiatrische Praxis bis 1945 (2018), S. 82–88.

Schneider, Wolfgang Christian: Die Chronik der Stadt Stuttgart 1933 bis 1945 und die »Ausscheidung Minderwertiger«, in: Franz Mehring

Gesellschaft Stuttgart (Hg.): Wild und Verschlafen. Jugend nach 1960, Weingarten 1985, S. 232–310.

Schlaich, Ludwig: Lebensunwert? Kirche und Innere Mission Württembergs im Kampf gegen die »Vernichtung lebensunwerten Lebens«, Stuttgart 1947.

Schönhagen, Benigna: Von der medizinischen Aussonderung zur »Vernichtung lebensunwerten Lebens«, in: Marlene P. Hiller (Hg.): Stuttgart im Zweiten Weltkrieg, Gerlingen 1989, S. 117–133.

Seibold-Völker, Renate: Ermordet in Grafeneck: Helene Krötz: »ein unwertes Leben«, in: Heimatblätter 25 (2011), S. 63–71.

Silberzahn-Jandt, Gudrun: Esslingen am Neckar im System von Zwangssterilisation und »Euthanasie« während des Nationalsozialismus. Strukturen – Orte – Biographien, Esslingen 2015.

Silberzahn-Jandt, Gudrun/Naßl, Josef: Gedenkbuch für die Ulmer Opfer von NS-Zwangssterilisation und »Euthanasie«-Morden. »… aber ich hoffe, dass ich nicht verloren bin«, hrsg. von Dokumentationszentrum Oberer Kuhberg Ulm e.V. (DZOK) und dem Haus der Stadtgeschichte Ulm – Stadtarchiv Ulm durch Nicola Wenge und Michael Wettengel, Ulm 2020.

Spiller, Stefan: »Kennt ihre Umgebung, empfindet deutlich, wenn ihr Unrecht geschieht.« Die Pfullinger Opfer der NS-»Euthanasie«-Morde in biographischen Skizzen, hrsg. von Geschichtsverein Pfullingen e. V., Pfullingen 2015.

Peter Steinbach/Thomas Stöckle/Sibylle Thelen/Reinhold Weber (Hrsg.): Entrechtet – verfolgt – vernichtet. NS-Geschichte und Erinnerungskultur im deutschen Südwesten, Stuttgart 2016.

Stöckle, Thomas: Täter und Täterbiographien. Am Beispiel der Gedenkstätte Grafeneck für die Opfer der NS-»Euthanasie«, in: Gespaltene Erinnerung? Diktatur und Demokratie an Gedenkorten und Museen in Baden-Württemberg, hrsg. von der Landeszentrale für politische Bildung Baden-Württemberg, Stuttgart 2019, S. 45–49.

Stöckle, Thomas: Forschungsüberblick auf Landesebene. Zwangssterilisation und NS-»Euthanasie«. Die Verbrechen in Baden-Württemberg 1933–1945, in: NS-Zwangssterilisation und -»Euthanasie«, in: Mitteilungen 70 (2019), hrsg. vom Dokumentationszentrum Oberer Kuhberg Ulm, S. 3–5.

Stöckle, Thomas: Gedenkstätte Grafeneck – Dokumentationszentrum. Ausstellungsbuch, Grafeneck 2018.

Stöckle, Thomas: Heinrich Hermann (1879–1961) – Leiter der Taubstummenanstalt Wilhelmsdorf und sein Widerstand gegen die »Euthanasie«-Morde, in: Mut bewiesen. Widerstandsbiographien aus dem Südwesten, hrsg. von Angela Borgstedt, Sibylle Thelen und Reinhold Weber, Stuttgart 2017, S. 369–380.

Stöckle, Thomas: Das Denkmal auf dem Schlossplatz in Stuttgart, in: Vergangen? Spurensuche und Erinnerungsarbeit – Das Denkmal der Grauen Busse, hrsg. von Thomas Müller, Paul-Otto Schmidt-Michel, Franz Schwarzbauer, Zwiefalten 2017, S. 243–251.

Stöckle, Thomas: Grafeneck 1940 – die Verbrechen von Zwangssterilisation und NS-»Euthanasie« in Baden und Württemberg 1933–1945, in: Peter Steinbach/Thomas Stöckle/Sibylle Thelen/Reinhold Weber (Hg.): Entrechtet – verfolgt – vernichtet. NS-Geschichte und Erinnerungskultur im deutschen Südwesten, Stuttgart 2016, S. 143–195.

Stöckle, Thomas: Die »Aktion T4«. Die »Vernichtung lebensunwerten Lebens« in den Jahren 1940/41 und die Heilanstalt Christophsbad in Göppingen, 2. Aufl. Göppingen 2016.

Stöckle, Thomas: Grafeneck 1940. Die Euthanasie-Verbrechen in Südwestdeutschland, 3. Aufl. Tübingen 2012.

Stöckle, Thomas: Die NS-»Euthanasie«-Verbrechen in Grafeneck 1939 bis 1941, in: Jörg Kinzig/Thomas Stöckle (Hg.): 60 Jahre Tübinger Grafeneck-Prozess. Betrachtungen aus historischer, juristischer, medizinethischer und publizistischer Perspektive, Zwiefalten 2011, S. 15–33.

Stöckle, Thomas: Die Reaktionen der Angehörigen und der Bevölkerung, in: Maike Rotzoll/Gerrit Hohendorf/Petra Fuchs u. a. (Hg.): Die nationalsozialistische »Euthanasie«-Aktion »T4« und ihre Opfer. Geschichte und ethische Konsequenzen für die Gegenwart, Paderborn 2010, S. 118–124.

Stöckle, Thomas: Eugen Stähle und Otto Mauthe. Der Massenmord in Grafeneck und die Beamten des Innenministeriums, in: Hermann G. Abmayr (Hg.): Stuttgarter NS-Täter. Vom Mitläufer bis zum Massenmörder, Stuttgart 2009, S. 58–67.

Stöckle, Thomas: Die Gedenkstätte Grafeneck – pädagogische Annäherungen, in: Zeitgemäße Bildungskonzepte zu Nationalsozialismus und Holocaust, hrsg. von der Landeszentrale für politische Bildung Baden-Württemberg, Stuttgart 2009, S. 68–75.

Stöckle, Thomas: Grafeneck 1939/1940: Die Diakonischen Einrichtungen Württembergs und die NS-»Euthanasie«-Morde, in: Wohin bringt ihr uns? Euthanasiemorde in Württemberg – Gedenkorte der Diakonie, hrsg. vom Diakonischen Werk Württemberg, Stuttgart 2009, S. 10–13.

Stöckle, Thomas: Die nationalsozialistischen »Euthanasie«-Morde in Südwürttemberg 1940/1941. Grafeneck und die Heil- und Pflegeanstalten Weißenau, Zwiefalten und Schussenried, in: Andreas Schmauder u. a. (Hg.): Erinnern und Gedenken. Das Mahnmal Weißenau und die Erinnerungskultur in Ravensburg, Konstanz 2007, S. 111–127.

Stöckle, Thomas: »Euthanasie«-Verbrechen in Südwestdeutschland – Geschichte und Erinnerung: Die Gedenkstätte Grafeneck, in: Konrad Pflug/Ulrike Raab-Nicolai/Reinhold Weber (Hg.): Orte des Gedenkens und Erinnerns in Baden-Württemberg, Stuttgart 2007, S. 127–133.

Stöckle, Thomas: Mariaberg in der Zeit des Nationalsozialismus – oder »So etwas hat man noch nie erlebt, solange die Welt steht«, Mariaberg 2007.

Stöckle, Thomas: Grafeneck – Vergangenheit und Gegenwart, in: Gemeinde Gomadingen (Hg.): 1100 Jahre Dapfen. Geschichte – Erinnerungen, Gomadingen 2004, S. 130–164.

Stöckle, Thomas: Die Landesfürsorgeanstalt Rabenhof/Ellwangen in der Zeit des Nationalsozialismus und die »Euthanasie«-Aktion T4 1940/41, Ellwangen 2002.

Stöckle, Thomas: Die Landesfürsorgeanstalt Reutlingen-Rappertshofen und die »Euthanasie«-Aktion T4, Reutlingen 2000.

Stöckle, Thomas: Die Heilanstalt Winnenden im Nationalsozialismus und die Euthanasie-Aktion T4 in den Jahren 1940/41, in: Stadt Winnenden (Hg.): Winnenden gestern und heute. Von Papsttöchtern, Bettelreisenden, Revolutionären und anderen Menschen in unserer Stadt, Winnenden 1999, S. 119–170.

Stöckle, Thomas: Die nationalsozialistische »Aktion T4« in Württemberg, in: Hermann J. Pretsch (Hg.): »Euthanasie«. Krankenmorde in Südwestdeutschland, Zwiefalten 1996, S. 15–26.

Trefz, Bernhard: »Ungeheilt in eine andere Anstalt verlegt …«: das tragische Schicksal der Backnanger »Euthanasie«-Opfer, in: Backnanger Jahrbuch 19 (2011), S. 154–171.

Tümmers, Henning: Justitia und die Krankenmorde. Der »Grafeneck«-Prozess in Tübingen, in: Stefanie Westermann/Richard Kühl/Tim Ohnhäuser (Hg.): NS-»Euthanasie« und Erinnerung: Vergangenheitsaufarbeitung – Gedenkformen – Betroffenenperspektiven, Münster 2011, S. 95–122.

Waskiewicz, Dagmar: Spurensuche. »Else Ehekircher«. Ein vergessenes Opfer der Euthanasie, 2. Aufl. Gerolzhofen 2017.

Weber, Edwin Ernst: »Im großen Wagen muß der Teufel sitzen …« Quellen zur Deportation von 90 Sigmaringer Psychiatrie-Patienten in den Tod, in: Hohenzollerische Heimat 65 (2015), S. 39–42.

Weber, Edwin Ernst (Hg.): Opfer des Unrechts. Stigmatisierung, Verfolgung und Vernichtung von Gegnern durch die NS-Gewaltherrschaft an Fallbeispielen aus Oberschwaben, Stuttgart 2009, S. 107–118.

Wiesing, Urban: Von ärztlicher Moral und ihrer Verletzung, in: Jörg Kinzig/Thomas Stöckle (Hg.): 60 Jahre Tübinger Grafeneck-Prozess. Betrachtungen aus historischer, juristischer, medizinethischer und publizistischer Perspektive, Zwiefalten 2011, S. 54–61.

Wohin bringt ihr uns? Euthanasiemorde in Württemberg – Gedenkorte der Diakonie, **hrsg. vom Diakonischen Werk Württemberg,** Stuttgart 2009.

Wolf, Isolde: »Mein Leben war nur Hingabe und Aufopferung an der Menschheit«: Pauline Kneissler: *1900 in Kurdjumovka/Ukraine, † unbekannt, Krankenschwester, 1939 NSDAP, Blockleiterin der NSV, in: Täter, Helfer, Trittbrettfahrer, Band 3, 3. Aufl. 2017, S. 110–118.

Wuttke, Walter: »O, diese Menschen«. Das Leben in der Ulmer Anstalt »Oberer Riedhof« im Nationalsozialismus, Blaubeuren 2005.

Zacher, Eberhard: Chronik der Erinnerungsarbeit in Grafeneck, Münsinger Jahrbuch 3/4 (2011), S. 115–125.

Bildnachweis

S. 26: Volk und Rasse. Illustrierte Monatszeitschrift für deutsches Volkstum 10 (1936), S. 335, sowie Schulbuch »Biologie für höhere Schulen«, 1940.

S. 38: Bundesarchiv Berlin.

S. 41: aus: »Euthanasie« in Hadamar. Die nationalsozialistische Vernichtungspolitik in hessischen Anstalten, hrsg. vom Landeswohlfahrtsverband Hessen, Kassel 1991, S. 62.

S. 60, 61: Thomas Stöckle: Die »Aktion T4« und die Heilanstalt Christophsbad in Göppingen, 2. Aufl. 2016, S. 9.

S. 62: Landesarchiv Nordrhein-Westfalen.

S. 66: Hessisches Hauptstaatsarchiv Wiesbaden.

S. 66 rechts: © Hauptstaatsarchiv Stuttgart, alle Rechte vorbehalten.

S. 90 oben: Stadtarchiv Nagold.

S. 90 unten: Landesarchiv Baden-Württemberg.

S. 128 oben und vordere Umschlagseite: Stiftung Liebenau.

S. 128 unten: Diakonie Stetten, Historisches Archiv.

S. 177: Albrecht Arnold, Dettingen/Erms.

S. 202: Markus Niethammer, Reutlinger General-Anzeiger.

Alle anderen: © Bildarchiv Gedenkstätte Grafeneck. Fotografen der Farbfotos ab S. 181: Alexander Fischer, Andreas Fink und Thomas Stöckle